媒|介|与|实|验
传媒艺术博士文库
主编 王方 孙为

新媒体环境下观看范式的重构

陈琰 ◎ 著

中国传媒大学出版社
·北京·

序　言

　　观看范式蕴含了特定时期的"所知的东西和所信仰的东西",也就是布迪厄所说的"作为信仰的空间的生产场",它深刻地反映出与特定时代和文化相适应的眼光。本书正是从这些范畴的相互关系中展开的,思考媒介化观看的发展轨迹和演进路径。当代社会"技术化观式"成为观看范式的基本趋势,新媒体的发展催生了大量的高科技视觉文化产品和电子媒介图像,各种新媒介的介入使图像以更迅猛的速度冲击着人类的生活,从而对人类的思维模式和行为方式产生深远影响。观看范式正在最深刻的意义上影响和规范着现代人的思维指向与现代生活的逻辑形式,可以说,观看媒介重新塑造了人类的视觉经验。技术的演进和观看范式的相互影响使得观看潜藏的意义开始显现,成为一个研究方向和议题。本书主要通过考察媒介技术的演进导致观看范式的性质和特征的一系列变化,研究观看行为是如何从自然属性一步步过渡到机械属性的。本书通过总结新的观看范式呈现出的种种规律,研究在这个大的变革下,人们的观看方式和感知方式的转变。

观看作为一种人类与生俱来的能力，与心理活动、社会发展、技术进步息息相关，视觉文化研究的切入点涉及诸多领域，学术分支多元，研究脉络比较分散、片段，没有统一的理论基础，这个在前文的背景介绍中已经说明，在此不再赘述。本书从与媒介化观看联系较多的几个领域入手，希望在不同学术思想交集处，以不同角度审视观看行为。由于本书是从观看这一角度进入的，探索视觉文化研究，所以首先要在宽泛的视觉文化领域里确立视觉艺术为具体的研究对象。对于视觉文化的研究最早可以追溯到1913年，因为摄影的发明和电影的诞生，使得人类的视觉范式发生了历史性的变革，引起了理论家的关注。1913年，匈牙利学者贝拉·巴拉兹发表了一系列理论专著《视觉与人类》《可见的人类》《电影的精神》《电影美学》，呼吁人们对视觉文化的关注。1936年，本雅明发表了《机械复制时代的艺术作品》，这部论著提出了非常新颖的观点，反思了媒介技术对受众审美的影响。这种方法论为其后的视觉文化研究提供了可资借鉴的样板。20世纪60年代后，视觉问题摆脱了单一的艺术或媒介视角，走向了泛文化视野、多元方法的新格局。海德格尔的哲学、梅洛·庞蒂的现象学、罗兰·巴特的符号学、福柯的知识考古学、鲍德里亚的社会学、拉康的精神分析学、麦克卢汉的媒介传播等与视觉和观看相关的内容，都成为视觉文化研究重要的组成部分，也是本书的理论基础。

本书在撰写期间，笔者曾大量借鉴国外的视觉文化研究，特别是社会学领域的研究成果，因为这方面的研究侧重媒介技术对视觉性的影响，尤其强调政治经济、意识形态、身份认同、主体建构等多维度的社会批判和反思。居伊·德波的《景观社会》、鲍德里亚的《拟像与拟仿》、道格拉斯·凯尔纳的《媒介奇观》、米尔佐夫的《视觉文化导论》、马尔科姆·巴纳德的《理解视觉文化的方法》等都为本书的形成奠定了基础。

我国的视觉文化研究开始于20世纪90年代，国内学者一般停留在介绍的层面，很少有深度的研究性专著。令人印象深刻的有南京大学周宪教授的《视觉文化的转向》，该书以理论联系国内的媒体状况探讨了视觉文化复杂的社会文化意义。作者着重分析视觉文化出现的社会的、历史的、文化的根源,对当下社会生活中的文化现象从视觉文化的角度进行反思,从而揭示出隐藏在现象背后的复杂的文化含义。此外,他的《中国传媒文化研究》以跨学科的研究视野聚焦中国当下独特的传媒景观,考察了当代传媒的文化现象。书中涉及了诸多电视栏目、电影和视频的实例。吴琼编著的《视觉文化的奇观》,提出对视觉文化的研究不仅仅是对"视觉"的研究,更是对"视觉性"的文化学研究,是以后现代视角对"视觉性"进行质疑,是对当下"奇观"社会的描绘。编著者对视觉文化研究的学术谱系做了梳理,主要解决了三方面的问题:(1)视觉何以成为一个哲学问题?(2)当下的社会呈现出一种"奇观化"景象,在这个文化表征下探讨"视觉性"的意义和重要性;(3)在文化研究的语境内重新思考了视觉文化研究的重要性。段炼编著的《艺术学经典文献导读书系·视觉文化卷》选译了当代西方视觉文化研究关于视觉艺术的很多重要文献,让笔者由此窥视西方当代视觉文化研究的整个发展进程和变化趋势。就论文方面,本书在撰写中也考察了很多,集中在《文学评论》《文艺理论研究》《文化研究》《电影艺术》《现代传播》这几本杂志上。在众多研究学者中,比较突出的有周宪、张晶、金慧敏、吴琼等。很多论文相当具有启发性,比如周宪的《视觉文化:从传统到现代》、汪振城的《媒介变革中的文化转向与审美位移》、高字民的《从影像到拟像——图像时代视觉审美范式研究》等。在这些论述当中,学者们明确地提出了视觉范式的概念,并对文化史上视觉范式的样态做了很多分析与研究,这些文章成为本书鲜活的理论资源。

通过大量文献的梳理,笔者认为,目前当下国内对视觉文化的研究主要包括以下几个方面:(1)视觉文化的本质属性、学科特征以及谱系研究;(2)对视觉文化考察、研究的方法;(3)视觉范式的历史演进;(4)视觉政体的形成与发展;(5)视觉文化对文学、文艺学的挑战;(6)审美文化与图像文化之争;(7)景观社会中图像的拟像与仿真;(8)视觉快感下的视觉暴力与眼球经济;(9)视觉文化与现代性、后现代性;(10)视觉符号与视觉语言的建构;(11)视觉素养;(12)新媒体技术下的数字美学研究。

综上所述，国内外的先贤大哲、专家学者都在各自领域对视觉文化进行了充分的论证和思索，为我们去理解观看、视觉文化、媒介化发展提供了广阔的视野、丰富的材料和系统的研究。但是，就观看范式、媒介演进和新媒体环境三者之间所存在的事实关联和理论关联而言，还没有人从这一角度切入做深入的整理和分析。此外，就目前的研究来看，存在理论涉及广、体量庞杂等问题，过多的研究都是对目前存在的一些现象和问题的争论；相反，对一些核心概念的梳理以及基本理论的建构却相对匮乏，特别是对于观看范式的研究，目前集中于从摄影、电影、电视等媒介出发，单一地对各种影像审美机制做一些具体的批评和分析，对新媒体环境下观看范式和美学逻辑的建构，还有很多基础性的研究工作亟待完善。有鉴于此，本书以观看范式的媒介化演进为线索，力图找寻新媒体环境下人类观看范式的嬗变以及其内在逻辑，以求在当代视觉文化理论建构方面做一些基础性的工作。观看范式概念的提出，在学理上有三个渊源：第一个渊源，观看在文化中占据非凡地位，当代的哲学表达与思想论辩，往往与观看行为相联系，观看问题对人类文化的演进与发展起着至关重要的作用；第二个渊源在于观看范式概念的提出，这一概念契合视觉文化的当代性，即在新媒体环境下，我们对视觉文化的关注和对视觉观看的研究不再仅仅限于视觉对象——造型艺术的狭小领域，而是把以"观看方式"为主导的各种复杂因素都考虑进去；第三个渊源则是观看史和媒介进化史之间的伴生关系。我们可以说人类的观看史就是一个被媒介化了的过程史，媒介技术的发展带来了整个社会的视觉转向，新媒体技术在媒介上的运用，使得一个真正的"机械性观看时代"全面到来。

本书将三个渊源综合，侧重于从审美角度研究新媒体环境下观看范式的变化与发展，以期从更具体的层面把观看范式的研究进一步细化和深化。第一章是将媒介技术形态演进的历史作为切入点，探讨媒介技术发展对观看范式的影响，探寻观看行为在媒介演进过程中的变迁轨迹。在这个过程中，人们对于时间和空间的认知关系一直在发生改变，数字技术对人们的时空观产生了很大的影响。第二章以此为切入点，研究人们是如何在时空的无限性中追求视觉的功能,加大视觉和时空的沟通与联系的。在被媒介化的观看过程中,人已经不再是原初意义上的人。正是基于此,本书第三章的研究重点从当代电子媒介的技术文化逻辑入手,探讨媒介对观看共同体内部诸因素——观看主体、心理接受、审美意识等方面产生的具体影响。通过第三章的论证,我们看到,每一种"观看方式"的改变都代表一种新的思维方式和社会文化生活方式的改变。本书始终贯穿的基本思路就是对视觉文化进行批判性的分析,所以在第四章,通过对新媒体环境下媒介化观看的特点进行梳理和界定,从符号化到数字化,从虚拟化到数据化的发展过程,考察媒介化观看发展到今天,它所呈现的模式、关系、影响等一系列的改变以及由此带来的影响与变化。最后,本书通过反思新媒体环境下,人们所面临的一系列观看困境,批判当下的文化语境中观看主体的主动性与被动性的失衡现象,在此基础上,提出营造和谐的观看方式和提高观看素养的倡导。这种思考或许也有助于我们实现媒介化观看新的革命,有助于我们走出视觉文化的种种。

目 录

序　言　/ 1

前　言　/ 1

第一章　媒介演进下观看范式的嬗变　/ 25
第一节　媒介化观看的萌芽阶段——观看法则的探索与确立　/ 27
第二节　媒介化观看的发展阶段——技术化中介化了的间接观看　/ 35
第三节　媒介化观看的勃兴阶段——新媒体环境下的虚拟化观看　/ 45
第四节　观看范式发展的总体趋势　/ 47

第二章　观看时空的数字化重构　/ 57
第一节　从真实空间向虚拟空间的演变　/ 58
第二节　从自然时间的完整到媒介时间的断裂　/ 107

第三章　新媒体环境下观看主体的重塑　/ 119
第一节　主体身份的改变　/ 120
第二节　数码化身的出现——虚拟自我　/ 127

第三节　新型观看关系的变化与建立　/ 141

第四节　观看场域中各要素的变化　/ 149

第五节　观看的全感官参与——从视听结合审美到全感官的

联觉体验　/ 158

第六节　观看心理的变化　/ 172

第四章　技术性观看下的生存图景　/ 193

第一节　新媒体环境下观看范式的特点　/ 194

第二节　图像人的生存症候——"E"世界的"异化"生存　/ 218

结　语　/ 243

参考文献　/ 246

前　言

一、观看范式问题的研究

观看是人类的本能,看似是自然的生理行为,从其本质上说,更是一种复杂的文化活动,因为它直接决定了我们对世界的理解与把握。正如贡布里希所说:"'看'这个过程的发生不是人的被动接受而是人的主动发现。"在这个过程中,人们一直在追寻一种"正确的观看"。人们发明了各种媒介手段去拓展自己的观看能力,在观看范式的历史演进中,观看的媒介起着至关重要的作用。麦克卢汉说,"媒介即讯息",媒介不是空洞无物的载体,作为一个主动的因素,它自始至终一直影响着观看行为。研究人类的文明史和文化史,我们可以清楚地发现,人的观看行为自始至终就没有离开过观看媒介的制约,从纳喀索斯临湖而照到柏拉图的洞穴理论,从文艺复兴的透视法的发明再到暗箱和镜子装置的出现,在经历了摄影术的发明、电影和电视的蓬勃发展后,我们可以说:人类的观看史同时也是一个被媒介化的过程史。媒介技术的发展带来了整个社会的视觉转向,这一潮流一直延续到今天。人们对视觉的狂热、图像的疯狂增殖和整个社会的奇观化呈现,成为现代社会的特点,可以说,"世界通过视觉机器被编码成图像"。① 到了新媒体时代,随着科学技术在观看媒介上的运用,一个真正的"机器性观看的时代"全面到来了。新的观看媒介让观看机制变得更加精密和复杂,这种革新不仅仅体现在观看技术和观察手段上,而是它在更大程度上使得观看主体、观看对象、观看媒介以及被媒介化后形成的新的观看场域都发生了巨大的变化。在此基础上,一种新的观看范式被构建起来,可以这样说,新媒体技术使得观看行为被彻底媒介化了。近年来,众多学者开始关注这个问题,围绕着视觉的媒介化演变,形成了一个颇为热闹的知识场。

本书希望通过考察观看这一行为在视觉文化谱系背景下的发展变化,力图在纷繁芜杂的现象中梳理出一条线索,系统而全面地关注观看这种看似日常的行为是如何被时代和媒介的发展所改变的。人们在奇观化影像下的生活方式以及由此面临的观看困境都在本书的研究范围之内。因为我们坚信,观看方式的演变必然伴随着不同时期媒介的生产与传播的历史,同时也代表了不同时代的人们在视觉活动背后所蕴含的视觉经验变化的历史,新媒体技术的发展使得这种变化发生了革命式的改变,与之对应的是很多社会现象和文化现象的出现。正如学者王正廷所说:"于历史而论,一部人类文明史,必然是一部媒介的发展创造史;于文化而论,它必然是一定媒介系统作用下的文化,一种媒介的创制与推广,往往孕育了一种新的文化或文明。"②考察观看与媒介的关系,是我们研究视觉文化的一个非常有效的途径。因此,本论题把观看行为纳入"观看范式"的研究范畴当中,通过把不同时代人们的观看方式及其视觉观念的嬗变当作研究对象加以梳理,找出其内在的逻辑线索,进而研究这个视觉文化系统。

本书希望在研究观看的视觉文化意义的同时,发现当下人类视觉生存的危机与面临的挑战,通过在现代性语境中考量视觉文化问题,揭示出隐含在现象背后复杂的文化意义。相信这一研究是理论研究本身的需要,是对思想史的再度审读,更是一种对当代文化的重新认知。

---

① 吴琼.视觉文化的奇观[M].北京:中国人民大学出版社,2005:12.
② 王正挺.传播:文化与理解[M].北京:人民出版社,1998:202.

二、国内外相关理论研究

20世纪初以来的近一个世纪时间里,西方各门学科立足于各自的学科视域和理论思想对视觉文化进行关注和阐释,概括起来有以下几个路向:

(一)影视学领域

事实上,对于视觉文化研究概念的提出发起于影视视觉领域。1913年,贝拉·巴拉兹首次提出电影是一种独立的艺术形式,他说:"一种新的视觉文化将取代印刷文化。"[①]这是"视觉文化"概念首次被提出,他在专著中进一步补充认为,在今后的社会发展中,人的思想被大量复制并凭借技术进行有效传播,人们不再凭借文字而是通过直接的视觉体验,使可理解的思想变成可见的思想。他是"视觉文化"这一提法的首倡者,也由此拉开了视觉文化研究的序幕。影视学研究肇始于电影这种新媒介研究视域,且在视觉文化研究中具有奠基意义。随着影视艺术发展,很多电影理论家投入到视觉文化研究当中去,诸多理论家从影像运动的角度,探讨镜头的运动、视觉元素的构图原则、镜头的匹配和叙事技巧、色彩表征下的视觉象征,使视觉文化的研究内涵变得更加丰富。

(二)艺术领域中的图像学研究

视觉文化研究还源于艺术领域中以绘画为主导对象的艺术史研究。关于艺术史与视觉文化的关系,学界有三种不同的观点:"第一种观点认为视觉文化研究是对艺术史尤其是西方美术史一种必要的延伸;第二种观点认为视觉文化与艺术史彼此相独立,是一个新的研究焦点,它更应该与数字化、虚拟化时代的视觉技术联系起来;最后一种观点则认为视觉文

---

① 巴拉兹.电影美学[M].何力,译.北京:中国电影出版社,1982:28.

化研究是建立在对传统艺术的威胁和颠覆的基础上的。"[1]无论上述哪种观点,我们都可以清晰地看见,视觉文化不仅根植于艺术史的研究与发展之上,也根植于在此基础上开创的图像学(iconology)研究。图像学对于艺术品的视觉象征意义的阐释有非常重要的影响。英国艺术史家迈克尔·巴克森德尔(Michael Baxandall)率先开始了对视觉文化观的研究,他的理论直接影响了其后的研究者,米歇尔在他的理论基础上把"图像学"的概念引入到视觉文化研究中来。

(三)心理学领域的视知觉的认识性研究

早期的视觉传播研究者大都从心理学和美学角度切入,其中,格式塔理论学派的研究为人们认识视知觉奠定了基础。知觉心理学研究认为,视觉不是行为主义上的对客观对象的机械反应,而是一个主体主动创造的过程。认知心理学派的阿道夫·阿恩海姆,他在他的论著《艺术与视知觉》中着重强调了在艺术品欣赏中视知觉的认知特性。他的另一部专著《视觉思维》突破了艺术和美学的角度,从更广义的角度探讨视觉思维的特性。他认为视觉不是简单的功能性行为,不是对现实机械性的反应和记录,而是充分肯定了观看的主动性和创造性。视觉观看的每一步都在进行判断,它不是存在于观看行为之后而是贯穿于整个观看行为的始终。此外,阿恩海姆的研究领域还涉及电影视觉的表现手段等多领域,他的理论是理解视知觉的基础。

贡布里希在此基础上提出了视觉艺术阐释的"旁观分享"理论,认为人在看的过程中,认知活动始终存在,所谓的"纯真之眼并不存在",图像对于观者是一种"约定俗成的符号"。

(四)哲学领域对于视觉符号的研究

视觉如同语言是一种符号。这一脉络包含广泛,从语言学、存在主

---

[1] M DIKOVITSKAYA.The study of the visual after the cultural turn[M].New York:The MIT Press,2005.

义,到人类学、精神分析、意识形态、符号学、叙事学等。在索绪尔看来,语言是一个封闭的符号系统,不是符号本身产生意义,而是通过符号间的组合关系产生意义。美国符号学家皮尔斯在此基础上扩充了对符号的研究——图像符号(Icon)、标志符号(Index)、象征符号(Symbol)。从严格的意义上来说,无论是符号学理论还是话语理论,更多的是被用于文本的解读而非观看。它的诉求在于要求人们绝对客观,摆脱个体视觉的主观性。在这套知识体系下,观看变成一种可以学习的能力。更为重要的是,这种能力如果和意识形态分析里涉及主体性的理论结合,对于表征的分析就非常方便了。分析"观看"背后的意识形态动机,阶级、种族、性别成为关键词。在此基础上,符号学关注作者的动机、观察的角度、观看的视角以及对身份的认同等方面。总的来说,符号学以符号或代码,以文本图像为研究重点。

与此同时,德国存在主义现象学的代表胡塞尔否定了传统观念,他不认为理性主义的纯粹视觉与经验视觉是二元对立的关系,而认为知觉是观看对象向观看者生活经验的"意向性"敞开。在胡塞尔的理论体系中,意向性、悬置、直观是关键词,他把观看行为定义为直观,所有的观看不过是一种先验经验的还原。他的理论侧重于对意识的研究,也就是对意识的意向性活动的研究,现象直观要从直观中"观看"到事物的本质和发掘出意义。"回到事实本身"就是胡塞尔现象学的要求,他的现象学还原方法就是依照这个要求展开的。胡塞尔现象学还原方法包括现象学的悬置、本质的还原和先验的还原。胡塞尔的理论表明观看态度的变化,悬置意味着终止判断,以中立化的姿态对现象与问题存而不论,通过对本身原初的认识方法的悬置,改变我们看待事物的存在价值和状态,达到实现事物的本质还原并最终上升到先验还原当中。他的理论对当代艺术实践和艺术理论发挥了相当大的作用,影响到了萨特的存在主义观看和罗布格里耶的唯物主义式观看。此后,法国存在主义哲学家萨特在《影像论》、德国哲学家海德格尔在《林中路》中,对胡塞尔的观点都有一脉相承的论述。

从胡塞尔到海德格尔,从梅洛庞蒂到其后的萨特,这些现象学理论学者为我们提供了丰富的观看的理论论述,因为他们的研究,对视觉符号的结构研究已经成为观看研究不可或缺的理论资源。

此外,符号学者罗兰·巴特使用符号学以及现象学的方法讨论摄影,扩展了视觉文化研究的视野。法国著名电影理论家、电影符号研究大师克里斯蒂安·梅茨对电影语言结构学进行研究,他在《论电影的意义》一书中用符号学的角度探讨电影语言,使得视觉文化研究有了更广泛的文化角度,之后他又把心理学理论引入《想象的能指:精神分析与电影》一书中去,使得电影符号学成为视觉文化传播的重要理论分支。

(五)从社会学文化学角度对于视觉文化的批判与建构

随着视觉技术的发展和大众文化生产消费的扩大,一些学者开始对视觉文化的技术性、消费性、意识形态性进行批判和研究。

其一是文化批判。这类研究所要面对的是现代社会当中出现的各种文化现象。德国法兰克福学派和英国伯明翰学派认为,传媒的现代化发展使得文化的传播越来越为大众所接受,受众的观看范围虽然扩大了,但是在观看中仍然处于被动,观众不仅不能决定观看的内容,就连观看的方式也受到制约。很多学者就此提出自己的观点,如本雅明对摄影文化研究的"技术观""灵晕观"(《机械复制时代的艺术品》),霍克海姆和阿多诺把媒介技术作为一种"异化"意识的"启蒙辩证法"理论(《启蒙辩证法》),马尔库斯的"单向度的人"理论(《单向度的人》),哈贝马斯将技术作为一种意识形态的"交往异化理论"(《技术和作为意识形态的科学》),德波的"奇观理论"(《景观社会》),以及近期对网络虚拟技术的批判,如法国保罗·维希留的"虚拟对真实的统治"(《视觉机器》)。

其二是后现代主义研究。20世纪70年代以来西方进入后工业社会,学者们对视觉文化的研究转为对文化的意识形态和意义的构建。主要代表理论有:法国福柯的"监视"(《监视与惩罚:监狱的诞生》);英国劳拉·穆尔维的"视觉快感理论"(《视觉快感与叙事电影》);美国苏珊·桑塔格的"摄影政治理论"。其中,苏珊·桑塔格对摄影作品和摄影本体的批评涉及了哲学、艺术、历史大众文化等多种角度,以文化批评的视角研究摄影图像的传播。其后,鲍德里亚对数字影像研究提出了"拟像理论"(《拟仿与拟像》)。

(六)观看心理与受众分析方面的研究

阿恩海姆的《艺术与视知觉》一书对观看心理做了大量的分析。他把心理学和艺术现实有效连接,通过将格式塔心理学应用于视觉艺术领域,详尽地解析了观看行为和心理诱因间的关系,充分地肯定了视觉是人类认识活动中最有效的感官。在现代心理学研究领域,由丹尼斯·麦奎尔著,刘燕南等译的《受众分析》一书,对受众的概念和历史演变进行了梳理,系统总结了各种受众理论和受众研究。这些理论为视觉文化研究提供了理论滋养。

(七)媒介传播的研究

随着资本主义现代化进程的发展,人们的观看行为受现代传媒和商品社会消费主义的影响,使媒介传播的研究路径产生了变化,开始转向媒介文化和观众研究,带有明显的现实主义倾向。如加拿大学者哈罗德·英尼斯的"媒介偏向"理论,英尼斯在对传播史的研究中发现了媒介的偏向性,他认为历史是一个时间范畴,传播是隶属于空间范畴的,媒介巧妙地将时间与空间有效地融合起来,随着技术的发展,媒介就有了时间和空间上的偏向性。加拿大学者麦克卢汉师承英尼斯,虽然后来两人观点有所分歧,但是麦克卢汉早期的观点还是受其影响,在此基础上,麦克卢汉提出"媒介即讯息""媒介是人的延伸"。美国的波兹曼在《娱乐至死》一书中谈到,印刷文化加速了"娱乐时代"的到来,这直接导致"阐释年代"的消逝,他还具体阐释了这一过程与观看行为的联系。保罗·莱文森沿袭了麦克卢汉的观点,他把视线投注在数字媒介的"人性化趋势"上(《数字麦克卢汉》《软利器》)。

美国学者尼葛洛庞帝的《数字化生存》一书详细分析了信息技术的概念、趋势、应用,在他的描述中,我们清晰地看见了数字时代的宏伟蓝图。《数字化生存》预言了经济全球化时代下不可阻挡的数字化浪潮,数字化和新媒体的研究成为这个时代的显学,各国学者都投入到新媒体技术的研究当中。日本东京大学水越伸教授的专著《数字媒介社会》,从多角度描绘了数字技术条件下未来媒介社会的形成与发展。加拿大学者文森特·莫斯克在《数字化崇拜》一书中把赛博空间定义为崇拜的对象,认为电脑已经演变成共享生活的一种环境,在这种背景下,电脑传播已经变成了真实生活并有可能开辟人类主体生活的新领域。自此很多学者投入到数字技术的应用发展研究中。这些理论成了对于新媒介形态进行研究的经典理论基础。

从传播学、新闻学角度进行数字媒介视觉传播研究的论著非常多,比如《视觉传播:形象载动信息》一书,主要关注新技术的运用如何改变了视觉信息在传播活动中的地位这一问题。在书中,作者保罗·M·莱斯特介绍了视觉感知的原理和视觉说服中的价值取向问题。作者特别强调人眼对于各种不同媒体视觉感知的不同,从个人的、历史的、技术的、道德的、文化的、批评的角度给予论述与总结,对读者有很大的启示。保罗·梅萨里教授长期致力于研究传播效果、视觉传播以及新媒体研究,他的《视觉素养:图像、头脑和现实》一书,主要研究受众对视觉信息的解读。美国学者桑德拉·莫瑞亚蒂对视觉学术研究的历史做了梳理,著有《视觉传播概念图谱》《视觉传播理论:追本溯源》等著作。

我国对数字媒介的影响研究的专著也逐渐展开,如李四达教授的《数字媒体艺术概论》《数字媒体艺术史》以及《数码影像概论》侧重于数字媒介的影响研究,通过对数字媒体艺术的起源、演化、发展历史和现状逐一分析,从艺术的角度对数字媒体艺术进行介绍、分析。同样,廖祥忠的《数字艺术概论》一书也是介绍媒体艺术变革的一部作品。这本书在研究的整体框架和理论线条上,力图体现出技术和艺术的融会贯通,比较全面地介绍了数字技术平台上的新技术、新观念、新知识。他的另一本编著《重构美学:数字媒体艺术本性》则专门立足于美学,通过对美学发展的现代语境的剖析和对数字媒体艺术的多方位审视来理解和诠释数字媒体艺术的本质,尤其是数字媒体艺术环境下美学的现代转向和重构。这本书在数字媒体环境下对美学进行三个层面的研究:第一,美学重构的发生和流变;第二,美学重构的当代语境;第三,重构美学。虽然该书立足的是美学维度,但是作者的研究方法和开阔的视野对本书很有帮助,其中对于多媒体环境的研究对笔者的帮助很大。此外,张文俊编著的《数字新媒体概论》则对数字媒体艺术涉及的相关概念、技术讲解、服务介绍、趋势分析做了全面和基本的介绍,对一些专业知识有了一定程度的廓清。黄鸣奋的《西方数码艺术理论史》非常详尽地介绍了西方自1950年以来形成和发展的数码艺术理论,通过长期的积累和考察,作者掌握了大量的资料,从数码编程的艺术潜能、数码文本的艺术价值、数码媒体的艺术功能、数码文化的艺术影响、数码现实的艺术渊源、数码进化的艺术取向等层面全面剖析了数字理论的要旨。

由于数字媒介的发展对视觉文化带来了极大的影响,很多学者从数字电影、电视、手机等不同类型的媒介,分析大文化背景下数字影像的发展与变革。比如:北京大学的张浩达教授,他撰写的《新媒介与互联网广告》比较深入地分析了网络电视和数字电影在新媒体环境下的观看特点;北京大学彭吉象教授的专著《数字时代的中国电视》,就国内外数字电视的发展做了全面的介绍;中国人民大学匡文波教授的《手机革命:新媒体中的新革命》,对手机媒体未来的发展前景做了大胆的预测。

如果说上述论著都是从新媒体研究的角度对于相关领域进行总体介绍的话,以下学者则更侧重于视觉媒介以及相应的媒介视觉文化的研究。如复旦大学主编的《图像时代:视觉文化传播的理论阐述》(2005)以及相关的传播学研究;又如李晓虎关注数码技术所引发的"后技术影像时代"对现代以来的商业理性、单向度话语、大众传媒的突破等视觉文化的传播特征(《视觉文化传播时代的后技术影像转型》);学者曾玉梅的《网络时代视觉传播对行为的影响》,从传播学的角度阐释了视觉传播对人们生产、消费、交往等多方面的影响;王永志的《对网络视觉传播的批判性思考》则从批判理论的角度指出网络视觉传播在给受众带来便利的同时,也加大了消极因素的不良影响,观点令人耳目一新。这些研究紧随当下媒介发展的新趋向,对很多新现象、新问题做了视觉文化的传播阐释。

三、基本思路

观看产生了革命性的历史巨变,由此人们的审美认知也发生了变化,最终反过来对人们的社会生活产生影响。虽然这种变化使人类的感知进一步获得延伸,但同时也给人类的观看造成了困扰。这就涉及技术(媒介)进步与艺术表现、沉浸观看与震惊审美、技术膜拜与价值体现、审美认知与社会实践等多重范畴。本书正是从这些范畴的相互关系中展开关于媒介化观看的叙述和思考的,但可资借鉴的因素如此多元,可能会使论者陷入迷雾之中。为了规避这样的可能,本书的研究主要从视觉媒介的技术分析、审美主体的心理分析和当代社会的文化分析这三个方面入手,涉及的研究方法主要如下:

(一)跨学科研究

视觉文化研究本身就是一个跨学科的研究。周宪指出:"从目前视觉文化研究的参与者和学科形态来说,这一新的研究领域跨越了哲学、社会学、历史学、美学、文学理论、比较文学、符号学、文化史、艺术史、语言学、大众文化研究、电影研究、媒介研究、传播学等诸多学科,并与现代性、后现代主义、女权主义、后殖民主义等研究相交叉。"[①]视觉文化研究主要的理论框架为结构主义和精神分析学说,以现代社会出现的后现代的文化表征为研究对象,通过对当下社会的"图像转向"现象的思考,进一步构建现代社会的主体,研究视觉现象中包含的文化表征,揭示其中蕴含的看

---

① 周宪.视觉文化的转向[M].北京:北京大学出版社,2008:24.

与被看之间的辩证关系,以及在这种辩证关系中观看呈现的变化和发展。观看的行为和观看主体、观看对象以及观看状态有关,还牵涉到观看中的力量主宰,制约观看的诸多因素,因此,只用任何一种单一的学科方法来作为最好的研究方法的思路是行不通的,必须进行跨学科研究。对于跨学科研究,罗兰·巴特是这样解释的:"要进行跨学科研究,挑选一个'学科'(一个主题)而后扩展到它周围的两三门学科是不够的。跨学科研究旨在创建一门不属于任何一门学科研究的新对象。"[①]本书创建的新对象"观看范式"的研究,是在"视觉文化研究"的文化范畴内所包含的一个方向,作为后现代学术语境下出现的一种学术思潮。根据这一研究主题,本书将要涉及的学科包括美学、传播学、符号学、社会学、大众文化研究、媒介研究等,并需要与现代性、后现代主义、结构主义、日常生活实践理论等研究相交叉。由于具有跨学科的综合性,视觉文化研究方法会有利于观看范式的研究,使本书更具有理论统摄性、自觉性,从而实现不同理论层面的跨界沟通。

(二)文本分析研究

基于所选择的"观看范式的媒介化"这一研究视角,本书将要对大量的文本进行分析和阐释,进而从中总结出其形式共性和文化属性。因此,文本分析中的形式与风格主义、阐释学等具体方法将会适用于本书的写作。在对具体文本的形式与风格分析中,本书将主要借鉴贝尔的"有意味的形式"的理论观点和潘诺夫斯基的图像学分析法。因而,在书稿的撰写中,本书搜集了非常丰富的文本信息,选取了大量画作、影视作品、影像装置和多媒体艺术进行分析和阐释,从而凸显观看范式和主体的深层联系。

[①] 米尔佐夫:什么是视觉文化[M]//陶东风,等,编译.文化研究:第(3)辑.天津:天津社会科学院出版社,2002:5.

四、整体构架与题旨

本书的基本思路为媒介技术的演进导致观看范式的性质和特征的变化。这里既有技术层面的原因,也有人为的追求。新媒体技术的发展,使得"观看"在观看媒介的帮助下拓展了对世界观看的范围,由此带来新的观看范式的转变,更深层次地引起了人们感知方式的变化。本书的具体思路如下:

第一,通过媒介的发展,发现观看行为的变化,揭示其中蕴藏的社会的、心理的原因。观看在当代文化中占据非凡地位。眼睛对于古希腊人具有形而上的意义,当代的哲学表达与思想论辩,每每都与视觉或者观看行为联系在一起。结合人类发展的历史,观看问题对人类文化的演进和发展起着至关重要的作用。对相信"正确观看"观的人来说,所有的问题都会被归结为观看的问题。正确的观看——勘破事物,由表及里,以深度的认知获悉普遍的真理,这样的观看发生在一定的社会条件之下,民众经过理性的启蒙从蒙昧中解脱,技术水平达到一定程度,有了对发展进步的渴望和需求。科学技术是推动经济发展的最佳手段,也是最好的认知工具,本书从观看媒介和观看方法历时性变革的角度,探讨观看是如何在这些媒介中发展变化的。

第二,当观看被媒介化后,观看的主体也发生了变化。"看"这个行为本身就是观看主体与观看对象或世界生成的经验关系或存在关系。这种关系不是自然单纯的,而是发生在特定的社会情境和语境当中的。在各种类型的观看行为背后,以及与错综复杂的眼光的交互作用中,一个含义复杂的"视觉场"生成了。由于观看媒介技术的发展,观看主客体在复杂的"视觉场"的运转中发生了很大的改变。媒介不仅仅是一个观看机器,它更像是一个复杂的"文本"或"能指系统",是一个有意义的欲望陈述装置。本书以此来探究观看所包含的文化关系究竟发生了哪些改变,这一研究路径会使我们寻找到媒介技术的发展与观看之间复杂的意义关联。在对媒介化观看的研究中,本书着重于观看系统内部的权力配置以及新型观看关系的建立,其中包括机器化和技术化的视觉再现模式建构了什么样的主体,该主体呈现出怎样的改变。

第三,本书试图探讨观看媒介化后,人类对空间的认知方式的改变,侧重于对视觉文化内涵的挖掘与分析。其中,主体核心部分是观看媒介化后,人们对时间与空间的重新认知与感受。对于时间与空间,我们必须"观"之,只有"观"之才可能从整体上把握对时空的认知,进而形成一种关系。我们说空间是可视的,但是空间的无限性又让其不可见。在这对矛盾中,人类通过不懈地追求视觉的功能,加大了视觉与空间的沟通。随着新媒体技术的发展,当下人类的时空观发生了很大的变化,关于空间与时间的视觉,除了与光、颜色、形象相关外,还与凝固的形态和距离联系在一起。因此本书也是从以上几个角度开始进入的。

第四,本书将思考引申,在今天的图像富裕甚至过剩的时代,我们生活在被包裹甚至重压的情境之下,巨大的变化体现在观看媒介和人类感官的融合,媒介技术不再是观看工具,也不仅仅是一种意识形态,它已经和人的感觉融合在一起了。人类已经被异化了,技术经验和身体存在经验很难分开,媒介已经嵌入到人的生命中。当我们深深为图像所困之时,我们应如何应对图像时代的种种矛盾带给我们的质疑和憬悟?

最后,笔者会在新媒体环境下,对被媒介化后的观看特点作出总结。在新媒体的研究和视觉文化发展方面,对于观看的媒介化演进还是一个新兴的视角和研究领域。本书从这个角度切入,是对观看范式的媒介化发展进行梳理,进而发现其中的规律,总结出这些改变并且揭示出其中蕴含的原因是本书着重论证的部分。

五、研究目的与意义

第一,本书界定了媒介化观看的三个发展阶段,有利于将观看的媒介化过程进行有效的区分,通过对媒介演进与观看范式变化的梳理,廓清了长期混沌含糊的表述，对认识两者之间的互动关系和其中潜藏的规律提炼有着积极作用。

第二，本书归纳了媒介化观看后所形成的几种虚拟空间的样式，阐释出它们各自的特点，对新的时空观念进行了区分和整理。从"观看"的角度探讨新媒体对时空的改变，既是全面认识新媒体重塑环境的一环，也是探讨艺术审美在新媒体环境下变化规律的组成部分，这些都对媒介艺术的学科建设有着积极的作用和意义。

第三，从"观看"的角度探讨"观看主体"的变化，在某种程度上为新媒体文化研究打开了一个新思路。"异化"导致观看主体变化。媒介塑造环境、建构环境，浸润其中的人开始走向人机共生的新阶段。主题研究涉及观看心理、观看权利、观看场域等多方面，对这些问题的研究将有助于我们把握视觉文化的脉络。

第四，本书总结了媒介化观看在新媒体环境下所呈现的新特点和发展的新方向，相信在诸多相关研究中有一定的价值补充与进一步研究的参考。

六、相关概念的内涵与界定

(一) 观看行为的划分与特点

观看是人类日常生活中最普遍的行为。观看的发生似乎是由眼睛的无意识形成的，简单地说，观看就是物体投射到视网膜上形成的一种生理感知，所以长久以来，观看行为被认为是一种生物现象和自然现象。其实人类的观看非常复杂，因为它牵涉到主体、对象、环境、心理等诸多方面。在早期的文学、美学和哲学领域中，很多研究者都注意到观看行为本身的多义性。圣维克多的雨果把观看行为界定为"认识""思考"和"观照"三个层次。他认为，针对不同的观看对象，观看呈现出不同的意义指向。比如，当眼睛面向的是有形世界的时候，我们的观看是一种观照，观照使得观看主体突破自己进入到观看环境中,将原来与之无关的观看对象和它发生联系。从这个角度上说,主体的意义被拓展和丰富了。而思考面对的是一种更高形式的观看,是一种无形的观念形态。思考的观看使得观看主体反之于与自身,使主体自身获得最大限度的延展,这对主体来说,是一种补充,更是一种建构。认识则是一种直接的、浅层的、肉体本身的观看,而由观照到思考则使观看上升到了精神层面的沉淀。圣维克多的理查德在此基础上做了更深入的分析,他在论著《透视》中把观看分为两种类型——"单纯的注视"与"勤勉的观看"。"首先,我们称单纯的看是视觉最初能感受、能看到的东西,视觉在勤勉的注视中力求正确地把握事物的形式,不是满足于仅仅感受到印象,而是要对事物进行深入的考察。"①这种划分首先确定了观看是一种认知行为。"单纯的观看"是认知的初级阶段,而"勤勉的注视"则更高级,它可以借助人的理性对所看之物加以梳理辨识,形成更为完整的观念。他认为任何一次观看都是这感性接触和理性认知相结合的结果,是人的内在力量和外在力量合理的相辅相成。托马斯·阿奎那则延续了柏拉图心灵之眼和肉体之眼的学说,认为肉体之眼代表人的肉体本能,而心灵之眼则是理性认知,视觉活动其实是人的心灵之眼统治并驾驭肉体之眼的过程。

(二)观看范式

1.范式的定义

人怎么看和看什么并不是纯然透明的、天真的和毫无选择的、纯自然的眼光。视觉方式强调的是眼睛的物理属性,作为人的生理器官和感觉器官,我们对周遭世界的认识和把握都是通过眼睛实现的,所以我们习惯把观看称为观察世界的一种方式。但是,观看的一系列行为看似自然而然,其实牵涉到心理学,它不仅仅是自然的还是社会的,它不仅仅是客观的还是主观的。我们为什么这样看而不是那样看?这样看代表了人怎样

---

① 塔塔科维兹.中世纪美学[M].褚朔维,等,译.北京:中国社会科学出版社,1991:87.

的选择？什么样的看是"正确的观看"？这些疑问都需要在一定的语境中去解释，涉及一系列社会文化和心理问题。人类几千年的文明史在不断地说明，不同的历史时期，人们的视觉活动千差万别，即便是同处于一个历史时期，人与人之间的视觉偏好也是各有不同的。因此视觉范式概念的提出，本身就比视觉方式有了更深层次的递进，意味着人类观看方式的形成和演变是社会"合力"的结果。这个过程一直就是一个历史演变的渐进进程，涉及诸多复杂因素。例如，社会的生产生活、民族的传统习俗、个人的知识文化背景和情感心理状态、生活经验等等。

本书所研究的是观看范式而不是观看方式，是因为前者的内涵与外延更加丰富。研究"观看范式"首先要廓清"范式"的概念。美国学者托马斯·库恩（Thomas Kuhn）提出了"范式（Paradigm）"的概念，在他的专著《科学革命的结构》中，他第一次提出范式的概念。它可以被解释成模式、类型、范畴，进一步特指一个历史时期中作为学术共同体的成员在思想上所共有的信念、价值，以及在科研上共享的前提和范例。由此，范式作为对研究具体学科发展方向的研究途径被确定下来，成为成员们共同遵循的学术信念和价值标准。总的来说，范式有如下特点：第一，它得到了一个学术群体中绝大多数人的承认，成员共同遵守相关的假说和前提，在共同性的指引下，人们发现问题、解决问题。第二，这个学术上的共同体（community），不仅在理论观点上保持一致性，并且几乎持有共同或相近的世界观。当意见不一致的时候，占多数的观点成为主流范式，少数派会被逐渐分化、消解。第三，不同学术体系之间的范式不可通约，学术观点互相抵牾，彼此交锋。如果学者之间在观点上缺乏冲突，那么可以认为他们的学术体系在范式上比较接近。由此我们可以看出，范式的形成除了在方式上的类型化和特点化外，它还蕴含着社会与历史的因素，包括经济、文化、民族等方面的影响，这是一个由科学理论要素和大众心理要素以及哲学思考沉淀的结构复杂的网络。

把观看和范式联系在一起，实际上是想强调人类观看活动的复杂性，在更深的层面把社会文化和人的心理活动进行有效联系。观看行为不仅是一种感知能力,而且这种行为的发生是带有主动性、选择性、方向性的。周宪曾提出过"视觉范式",他对这个概念的内涵和意义做了阐释:"视觉范式,亦即特定时代人们(尤其是那个时代的艺术家和哲学家)的'看的方式'。它蕴含了特定时期的'所知的东西和所信仰的东西',包孕了布尔迪厄所说的作为信仰的空间的生产场,因此塑造了特定时代和文化适应的眼光。恰如科学的革命是范式的变革一样,视觉文化的演变也就是看的范式的嬗变。视觉文化史就是视觉式的演变史。"①约翰·伯格曾经在论著《观看之道》中强调观看的发生是要在观看主体和被观看的对象之间建立一种有效的连接。在这个意义上,伯格的"观看之道"本质上就是一种视觉范式。"道"在中国哲学体系中有着丰富的内涵,可以引申为做事的途径、方法、本源、本体、规律、原理、境界、终极真理和原则等,所谓观看之"道"就是观看范式。观看范式包括:观看的途径、方法、主体以及原理、规律等与观看行为相关的多方面。可以说,伯格的观点和周宪的这段话为本书的写作提供了方法论上最重要的理论支撑。

  观看范式的提出是对视觉范式的进一步细化。如果说视觉范式是指视觉文化领域特定群体所共同持有的信念、价值、技术模式和规则,那么,观看范式则从属于这个体系之下,是一种新的认识和讲述世界的方式。它统一了人们在观看某类视觉文本时的基本前提,制定相同的观看规则,使不同的观看主体在统一的规则中获得有效的视觉经验,并指导以后的实践与生活。从观看范式这个角度来探讨人类的视觉活动,重点强调观看的主体以及观看所使用、依凭的媒介和技术,而把观看对象放在从属地位上。这样的研究较之于对视觉范式的研究显得更加集中,从而在分析人类视觉行为所蕴含的社会文化和心理时将会更加准确和具体。此外,为了区别众多研究侧重于对观看认知维度的论述,本研究特意加强了观看与审美之间的联系,把对观看范式的表述限定在审美层面上。

---

① 周宪.视觉文化:从传统到现代[J].文学评论,2003(6):147-155.

2.观看范式范畴内的观看特点

(1)观看具有社会性

观看不是一种完全客观的行为,每一次观看的发生都牵涉到观看主体的主体意识,是观看主体与观看对象互相作用的结果。视觉心理学家鲁道夫·阿恩海姆说:"人们发现,当原始经验材料被看作是一团无规则排列的刺激物时,观看者就能够按照自己的喜好随意地对它进行排列和处理,这说明,观看完全是一种强行给现实赋予形状和意义的主观性行为。事实上,没有一个从事艺术的人能够否认,个人和文化是按照它们自己的'图式'来塑造世界的。同时,格式塔学派的研究向人们宣称,人们面对着的世界和情景是有着自身的特征的,而且只有以正确的方式去感知,才能够把握这些特征,观看世界的活动被证明是外部客观事物本身的性质与观看主体的本性之间的相互作用。"①观看是人类特有的一种行为方式,区别于其他动物性单纯的"器官的活动",而人又是社会性动物,人类的活动带有专属的文化性和社会性,观看也是人类文化行为活动的一种,甚至人类的观看是创造文明、延续文明的方式,我们的观看和人类文明共生共存。人类的观看不仅具有生物学和物理学上的意义,也具有社会文化学上的意义,我们将"观看方式"也界定于观看和理解世界的方式。约翰·伯格说:"正是观看确立了我们在周围世界的地位……"②

(2)观看具有主体选择性

无论是生物学者还是哲学家都不否认,观看的发生不是被动的,而是一种积极主动的选择性结果。有时候我们明明看见了却"视而不见",有时候我们刚刚看见过某物但是却完全记不得它的样貌。那是因为一次有效的观看不是被动的呈现而是一种有选择的创造。阿恩海姆说:"视觉不是对元素的机械复制,而是对有意义的整体结构式样的把握。"③观看是一种主动性的、创造性的活动,人们在观看的同时把纷繁芜杂的现象加以

---

①③ 阿恩海姆.艺术与视知觉[M].滕守尧,朱疆源,译.成都:四川人民出版社,1998:6.
② 伯格.观看之道[M].戴行钺,译.桂林:广西师范大学出版社,2005:1.

厘清和辨识,方便自身对客观世界的理解和把握。我们还看到,不同主体因为性质不同,所形成的观看方式的习惯也不尽相同,这往往与主体的地域性、民族性、时代性和生产生活方式相关。随着时代的发展,人们的观看方式发生了极大的改变,可以说,人类观看事物和外部世界的变化导致了他们对外部世界理解和认知的差别。观看是展开(只看到想看到的)和遮蔽(对其他视而不见)的同时在场,它主动筛选,积极过滤外部视像,按照观看主体的喜好、任务、需求、问题、观点等进行有目的、选择性的聚焦。

(3)观看具有主体意向性

布勒松的决定性瞬间着眼于视觉的纯粹性,但是这种纯粹很难达到。观看体现着观看者主观的"意向性"。"意向性"是现象学中的重要概念,是指意识活动的指向性。观看主体的意向性,体现出主体的一种精神趋向、情感取向和心理指向。艺术家的观看最具有意向性,他们的观看与他们的精神、心理和审美休戚相关,是他们内在心灵世界的体现。约翰·伯格说:"我们观看事物的方式,受知识与信仰的影响。中世纪的人相信地狱作为实体的确存在,对于他们,火的视觉含义必与今日的相异。可是他们的地狱观念,既同他们灼痛的体验有关,更与火焰染成灰烬的景象紧密结合。"①这充分说明,在观看行为的发生过程中,主体的意向性生发出对观看方式的选择,体现了人的观看目的。观看的复杂性在于很多时候,我们看到的(see)并非真正看到的,而更可能是我们"知道"的(know)。观看和人的主体意象性相互渗透、相互重叠。人先期经验的预先铺设和投射决定了观看的发生,看到却未留意的事物是自在事物,看到而被注意的事物是自为之物。看,就是进入一种呈现的世界。歌德说:"显现与分离是一个意思。"我们可以把这句话理解为,在观看过程中,眼睛自动对焦把被看之物从背景中分离,使之显现。梅洛·庞蒂说:"物体形成一个系统,在这个系统中,如果不把其他物体隐藏,一个物体就不能作为对象呈示。

---

① 伯格.观看之道[M].戴行钺,译.桂林:广西师范大学出版社,2005:2.

在视觉中,当我把目光移向局部景象时,这部分景象就变得生动,而其他物体则退到边缘,被悬置,尽管它们依然在那里。"①巴特的运动符号学阐明:"目光总是在寻找:某样东西、某个人。这也是一种不安的符号:对于一种符号有着特殊的动力;它们的力量超出它。"②

(4)观看与思维紧密相连

观看行为一直与思维联系在一起,阿恩海姆将它称为"视觉思维"。观看行为是可以体现出视觉思维的心理机制的。艺术的创作总是以一定的视觉方式为前提的,我们可以从艺术作品中体会到创作者创作的艺术理念,换言之,体会到艺术家的思维模式,这其中包含了艺术家本人的家庭背景、时代环境对他的影响,等等。此外,儿童的童真之眼也是一个很好的例子,我们可以从孩童的习作中感受到他们天马行空的想象,虽然没有规范的艺术技法,但是他们的习作完全出于心灵的直觉而自发显现出来。与之相似的是远古社会初民的一些文化遗迹,表现出他们固有的观看方式和思维方式。这些例子都说明,人类的观看不是简单的视网膜投影,而是和思维方式紧密联系的。在一次视觉活动中,视觉思维的心理机制发生作用,人们会选择相应的观看方式完成观看。这个观看方式的选择就是思维方式的体现。阿恩海姆说:"换句话说,每一次观看活动就是一次'视觉判断'。'判断'有时候被人们误以为是只有理智才有的活动,然而,'视觉判断'却完全不是如此。这种判断并不是在眼睛观看完毕之后由理智能力作出来的,它是与'观看'同时发生的,而且是观看活动本身之不可分割的一部分。"③观看夹杂着选择与预判,每时每刻地接受视觉信息。外部世界完全涌入到视网膜,大脑不可能逐一接受,感知系统承载不了难受的信息重荷,我们的信息系统也会因为无法存储而面临崩溃。

(三)观看媒介的定义

"观古今用人,必因媒介。"这段文字中的媒介出自《旧唐书·张行成

---

① 庞蒂.知觉现象学[M].姜志辉,译.北京:商务印书馆,2003:100.
② 巴特.显义与晦义[M].怀宇,译.北京:百花文艺出版社,2005:323.
③ 阿恩海姆.艺术与视知觉[M].滕守尧,朱疆源,译.成都:四川人民出版社,1998:3.

传》。其中的"媒"最早指的是媒人,在《诗经卫风氓》里有这样的诗句"匪我愆期,子无良媒",后来,媒介被引申为事物发展的诱因,比如"见誉而喜者,佞之媒也"(《文中子·魏相》)。这段文字中的"介"字,则呈现出它介入活动或组织之中表现出的一种动态的状态,被用来指称居于两者之间的中间物。英语中"媒介"的表达为"media"(复数 medium)。

根据运用场合的不同,人们对"媒介"概念的理解也会有所不同。在很多学者的表述中,对媒介的认识很有分歧。有人把它和符号的概念相混淆:"媒介是指承载并传递信息的物理形式,包括物质实体核物理能。前者如文字、各种印刷品、记号、有象征意义的物体、信息、传播器材等;后者如声波、光、电波等。"① 有时它与传播形式相混:"媒介是一个简单方便的术语,通常用来指所有面向广大传播对象的信息传播形式,包括电影、电视、广播、报刊、通俗文学和音乐。"② 有时它与载体、渠道、讯息纠缠:"媒介就是传递大规模信息的载体,是通讯社、报纸、杂志、书籍、广播、电视、电影等总称,一般称之为大众媒介。"

加拿大传播学者马歇尔·麦克卢汉(Marshall McLuhan)持有一种泛媒介观,他认为,广义上说,在观看时所凭借的一切物质或信息传递的载体都可以纳入媒介的范畴,它可以是一种渠道、一种中介物、一种工具或一种技术手段。从狭义的角度来看,那些作为技术的媒介角度来考量媒介与人的关系的广播、电视、网络等都被定义为观看媒介,比如手机、平板电脑等小型个体媒介等都可以被纳入这个范畴。"媒介不是通向世界的桥梁,媒介构成了世界本身;世界不是借由媒介来表现,世界就存在于媒介中;人不是透过媒介去认识世界,人就生活在媒介的世界里。"③

与物理意义的环境不同,由媒介构成的环境是我们身体的延伸,借助于媒介,人们获得对外部世界的认知。唐·伊德认为,媒介与人构成了一

---

①② 胡正荣.传播学总论[M].北京:中国传媒大学出版社,1997.
③ 范龙.媒介即讯息:麦克卢汉对媒介本质的现象学直观[J].浙江大学学报(人文社会科学版),2008(2):189-195.

种"具身"(embodiment)的生存关系。它"构成了我们生活世界的背景"①。

麦克卢汉的媒介批评描绘出了一种乌托邦式的媒体图像,他的相关理论与动态描述带有极强的预言色彩,很多在今天的生活中已经成为生活常态。他特别强调人的知觉与知识的延伸,"媒介"在很大程度上促进了人际沟通的达成。同时他第一次让我们意识到,媒介本身虽是非人的讯息,除了具有再现意义外,还包含有特殊的作为环境的意义。换句话说,媒介构成了一个世界,人们被包裹其中。此外,他的媒介理论所强调的延伸性是一种动态的描述,认为媒介的发展是一种世界的运转与变动,一种总体性的动态呈现。这种动态的发展更是一种"发生"或"创生"的动态,意味着媒体连接着人的感知、想法,人们利用媒介,与此同时,人的所有感官、感知与知识都被媒介激发出来,产生出一种心理与生理的磨难和快感。

综上所述,"媒介"的概念可以被定义为"形式"的媒介,或者是做"材料"的媒介,也可被引申为"传播"的媒介等三个指向。基于这三个路向,观看媒介包含以下特征:

首先,观看媒介是基础性的技术。媒介的发展就是技术进步的过程。依照麦克卢汉的理论,所有辅助观看的技术工具都要从媒介的观点上来重新理解、把握、分类,把媒介中本质的东西作为最基本的东西,不把观看技术、观看机器当作纯技术去思考,要着重把技术与人的内在联系结合在一起。

其次,媒介是人的延伸。人类任何的技术进步,人和工具的发展,都是媒介的成长,是人体的延伸。借助于媒介,人们获得对外部世界的认知。

最后,媒介即讯息。媒介不仅仅是一种工具形式,它的作用不仅在于

---

① 伊德.让事物"说话"——后现象学与技术科学[M].韩连庆,译.北京:北京大学出版社,2008:57.

内容的传达，其本身就构成了一种感知模式。同理，观看媒介不仅是形式，它本身也是内容。媒介是本体，用哪种媒介观看，讯息就以哪种方式呈现。媒介不仅决定了主体的感知模式，也决定了客体的结构模式。人通过观看媒介去认识世界，世界通过媒介得以呈现。

在这个意义上，本书所提到的"观看的媒介"指的是人们在观察、理解世界时所凭借和依附的技术和手段，它是人类视觉的延伸，也是人们发现社会、形成认知的基础。

第一章

媒介演进下观看范式的嬗变

观看在文化中占据非凡地位,当代的哲学表达与思想论辩,每每都与视觉或者观看行为联系在一起,如维根斯坦的"不要听,但要看"、萨特的"注视本体论"、伽达默尔的"视域融合"、拉康的"镜像理论"、福柯的"全景敞视主义"、德波的"景观社会"、德勒兹的"见与述的博弈"、罗蒂的"自然之境"、德里达的"书写的可视性"、列维纳斯的"面孔的踪迹"。视觉思维根植于古希腊人的哲学思量和日常言语,理论(theory)就是由"观看"(theoria)演化而来的。眼睛是最可靠的器官,相信视觉是认识世界的首要方式。结合人类发展的历史,观看问题对人类文化的演进和发展起着至关重要的作用。

我们每天都在观看,在浩繁的世界图景中,大家都想看得更多、看得更远,以期获得一种"正确"的观看。与此同时,人们在看的时候也积累了很多观看的经验,观看范式在这个过程中慢慢地沉淀形成,它像一面镜子折射着现实生活中的林林总总,同时也是一个入口,让我们得以窥见观看背后所蕴含的诸如种族、性别、阶级、意识形态等多方面的问题。对相信"正确观看"观的人来说,所有的问题都会被归结为观看的问题。苏格拉底强调的"看什么"的问题,到了柏拉图这里问题变成了"怎么看",其实就是如何"正确地观看"。观看不再仅仅是对事物最大限度的接触,而是追索表象后的真理;真理不再是对自身所呈现的无蔽状态,而是符合理念对事物的揭示,"对无蔽者的追问转移到外观之显现上,从而也转移到对于这种外观的看以及看的正确性和正当性上了"①。真相就是观看

---

① 海德格尔.柏拉图的真理学说[M].孙周兴,译.北京:商务印书馆,2000:265.

(真)与理念的投射(相)的并轨,正确地观看——勘破事物,由表及里,以深度的认知获悉普遍的真理。这样的观看发生在一定的社会条件之下,民众经过理性的启蒙从蒙昧中解脱,媒介技术达到一定程度,有了对发展、进步的渴望和论证。眼睛作为生理器官,与观看对象之间并不是直接的对应关系,观看的生成还需要借助媒介,媒介的发展有赖于科学技术的进步。本章从观看媒介和观看范式历时性变革的角度,探讨观看范式是如何在媒介的变化和发展中改变的。

第一节
媒介化观看的萌芽阶段——观看法则的探索与确立

一、镜中之像——客观世界的再现和自我的认知

观看的历史就是一部技术进步的历史。镜子的发明在人类视觉史与思想史上是一次重要的事件。人类对镜子的需要源于水鉴,静止的水面无疑是人类首次照见自己的媒介。在人类视觉技术条件简陋的时期,镜子成为人类观察世界和自身的最早的视觉工具。《圣经》开篇,耶和华以自己的形象创造了人;中国的神话中,女娲临池照镜,以水和泥,捏出人形。无论是进化说还是神创说,镜像都成为人类发展的关键,人们在镜面的介质中发现自己,在自我的镜像中产生困惑——我是谁?无论东方还是西方,在神创说中,人们坚信人是神的复制品与模拟物,而镜子变成了观察自身的凭借。在各国的文学史上,镜像还往往与欲望相联系,在对自我的确认中引发自恋。最著名的"观看者",是古希腊神话中的翩翩少年纳克索斯,他在观看中迷失自己,被水中幻象诱惑,沦为镜子的祭品。纳

克索斯的凝眸自恋,镜子令他看到自然对他隐藏的那部分,而与镜像的对话,正体现了一种倾听的时间流程。因为唯有借助镜子这种媒介,"我"才能避开他人的窥视目光,逐步建立起私密空间,最终拥有单独面对自我的权利。镜子延伸了视觉,产生了不可触摸的影像。

西方文化注重镜像原理和学说,柏拉图在《理想国》中谈到诗的创作,举了镜子的例子。他说:"从荷马起,一切诗人都只是模仿者,无论是模仿德行,或是模仿他们所写的一切题材。"①他认为创作诗歌就像人以手持镜,制造出各种各样的事物,强调镜子是对周遭世界的客观呈现。他认为艺术家没有什么稀奇之处,无非是对现实的模仿,制造影像而已,只要你"迅速地旋转一面镜子——你可以很快地在镜子中制造出太阳、天空、大地和你自己以及其他动物、植物……"②此后,把文学艺术比喻为镜子就成为一个经典比喻被确立下来了。柏拉图还有一个著名的关于洞穴的比喻:人类过于相信自己主观的感受,如同被束缚于洞穴里的囚犯,由于身体被捆绑,使得人们的活动受限,唯一能活动的是他们的目光。他们的目光又不得不投注于眼前的洞壁,人背后光台上的火光把人们的活动影像投射到洞壁上,囚徒们想当然地把这些晃动的影像当作了真实的自己。柏拉图通过这个形象的比喻试图告诉世人,这个洞穴就是我们所处的真实世界,而我们就是那群囚犯,背后光台和光影就是一种镜子式的观看,人们将看到的投影当成了生活的真实,而远离了阳光下的真理。柏拉图用镜子和洞穴理论向我们表达了这样的观点:"镜子映现事物只能在外形上毕肖现实,却达不到真正的实体。因为作为本质的理念是人所无法企及的,模仿理念的自然本身就是虚幻的存在,不管艺术怎样竭力去丝毫不差地再现自然,都会由于自然这个再现对象的虚假性而导致艺术自身离真理越来越远。"

尽管如此,文艺复兴的艺术家们依然尊崇自然现实的真实性,并把追求对现实的模仿当作品鉴艺术作品的标准。在艺术家们的创作观念中,

---

① 柏拉图.文艺对话集[M].朱光潜,译.北京:人民文学出版社,1997:87.
② 艾布拉姆斯.镜与灯[M].郦稚牛,张照进,童庆生,译.北京:中国社会科学出版社,2003:94.

自然就是真实的,艺术要想达到真实,唯一的办法就是模仿自然,越是相像,离真实本身就越接近。达·芬奇说道:"画家的心应该像一面镜子,永远把它所反映事物的色彩摄进来。前面摆着多少事物,就摄取多少形象。明知除非你有运用你的艺术对自然所选出的一切形状都能描绘(如果你不看它们,不把它们记在心里,你就办不到这一点)的那种全能,就不配做一个好画师。"①这种观点进一步阐明,镜子的功能就是对客观世界的再现。

在随后的很多美学话语中,画家常常被比作镜子,画家的眼睛和内心是澄明的,客观地"反射"(再现)事物。达·芬奇的"镜子说",其核心的理念就是艺术再现自然。显然,达·芬奇并不认同以往的唯心观点,他不认为艺术是科学的附属,而是把绘画就当作一门科学,以视觉作为基础,确认眼睛是自然界中一切可见事物的唯一模仿者。亚里士多德则认为:理智是镜子与眼睛合一之物,镜子本身不是图像,但是它能反射图像。有了镜子,观看形成了三足鼎立的关系——物象、镜子和观看者。人们对镜子这种介质的要求是平整光滑,反映出人对世界的观看要求真实。这种诉求被移植到艺术当中,就是当时对艺术家的要求。如同镜子客观再现物质世界,镜子变成了美学中模仿说和再现说的一种隐喻和象征。同时,镜子作为一种观看媒介,使得观看关系第一次发生重大突破。

西方的认识论和知识论秉持镜像理论,认为观看通过介质,被观看的事物可准确地通达到意识之中。Speculum(金属镜、反射镜)、Specular(镜子般的、如镜似的)和 Speculation(推测、思索)属于同一词根,就非常巧妙地反映出西方人对镜子与观看之间关系的认知。镜子出现之前,人类是世界的旁观者,作为媒介的镜子一旦进入人们的生活,观看发生了改变。双目与镜中的眼睛对视,"我"成为可见的、被见的。观者变成被观者,看的行为从镜子中呈现出来,看被赋予了双重性,凝视的对象正是自身,在对世界的客观认识的基础上,直接推动了人对自我的认知。

---

① 伍蠡甫.西方文论选:上卷[M].上海:上海译文出版社,1979:183.

在西方观看理论随后的发展中,镜子又一次充当了重要的角色。拉康的镜像理论就是运用精神分析理论,对人类认知世界和自我重新解读。拉康的镜像理论,有很多关于眼睛和凝视(gaze)的论述。在他看来,眼睛作为一种欲望机器,能让人们从观看中获得快感,同时眼睛又是被充分象征化、秩序化的器官,因为人们只会看见他想看或者能够理解和接受的东西,所以人有时候会"视而不见",看同样的事物,人们也会"仁者见仁,智者见智"。其原因就在于,眼睛这一器官受到了象征秩序的控制与掌握。凝视使我们的眼睛可以逃脱象征秩序的囚禁,因为凝视不等同于一般意义上的观看(look、see),凝视使观看主体携带并投射了人的欲望,人们从象征秩序的禁锢中逃离进入到想象的关系中。拉康用"观视驱动"这一概念把我们拉回到了婴幼儿的镜像阶段,即观看行为中包含着欲望的因素。这一理论,在早期人类的艺术观里得到了印证。"艺术的意义就是将凝视变成一种了悟:了悟到欲望和匮乏的绝对。"①"所谓艺术是对凝视的诱惑和对凝视的驯服。"②古希腊著名的趣闻轶事——宙克西斯和帕拉修斯的比赛,对这一理论做了很好的诠释。宙克西斯画的水果引得小鸟啄食,志得意满的宙克西斯急不可耐地要揭开帕拉修斯的画帘,这才发现帘幕是画的本身。胜负由此而定,用拉康的理论阐释,宙克西斯的画作达到了以假乱真的程度,混淆了真实与虚幻,诱发了凝视,观众进入了想象的世界;帕拉修斯引诱了宙克西斯的凝视,因此,"艺术并非是分享内心的和谐,而是分享欲望与匮乏,并非争夺欲望,而是互相维持对幻想的抛弃"。③今日的我们依然在并非真实本身而仅仅是真实的影像中陶醉。

拉康的镜像理论就是从结构主义精神分析角度阐发人类通过镜子的观看,懂得了"我"的含义,进入到语言的逻辑,从而也进入到社会和文化的体系而真正为人。他认为,6到18个月是人个体生命和主体形成的最重要阶段。这个时期的婴儿在镜子面前无法辨识自己的镜中形象,镜像阶段,正是"主体的形成过程"。在自我与他人的二元对立之中,他把看

---

①②③ 戴锦华.电影批评[M].北京:北京大学出版社,2004:158.

到的形象指认为另外一个人而无动于衷,随着成长的继续,他开始意识到镜中之像和自己的联系。可是对这种联系又包含了双重的误读,他把自己的镜中像指认为另一个孩子,是将"自我"指认成"他者"的过程;而当他将镜中形象指认为自己时,他又将幻想当成了真实,镜子使他混淆了真实与虚构,人们自此对镜像开始了终生的迷恋。在拉康的表述中,出现了一个第三者——主体。主体和自我并不是重合的,而是自我形成过程中建构出来的产物。主体也可称为"他我"或"我他"。主体的自我建构过程都会经历把自我想象成他人,把他人确定为自我的过程。在所有的哺乳动物中,人类的婴幼儿时期最为漫长,在这段时间,婴儿不能自主控制身体,不能准确地感知和把握自己的身体,他的生命与外界唯一的联系就是眼睛,孩子照镜子的过程,使他获得了一种掌控的幻觉,通过自己的动作"牵动"了镜像,那是自己或者另外一个人,快乐感由此产生。在自然界中,很多聪明的动物都会在第一次遭遇镜子时产生同样的困惑,它们往往认为那是它们的一个同类,可是有趣的是,和人类不同,当它们发现这不过是一个虚幻的影子时,它们往往不屑一顾,兴趣全无。这可以看作是人与动物的某种区分,我们可以说人是情感动物、思想动物、语言动物或者——"镜恋动物"。镜像阶段是婴幼儿获得语言的阶段,同时也是人类脱离镜像阶段的幻觉而进入秩序的阶段。拉康认为,人类并非运用语言来指代缺席与匮乏的存在,而是语言掏空现实,使之成为欲望。科学表明,孩子在学习语言阶段,"我"是最后出现的人称指代,他们习惯用第三人称指代自己,这印证了拉康的理论——此时镜像阶段还没过去。自我对象化的过程也是一个自我确认的过程,随着认知慢慢形成,一个"我"中有"他"、"他"中有"我"的主体开始确立。

镜子反射图像但不是图像本身,镜子能反射万物,生成了镜子、图像和观者的在场关系。镜子的反射不是变形的,它的逼真性和中介性是它最大的媒介特性。这也反映出它的媒介原则,即物象、镜像和凝视者之间的同一性,成为模仿说和再现说的隐喻和象征。镜子作为视觉媒介,使视觉的反观性成为可能,观者成为被观者,而看与被看之间,显示出视线的复杂性和互动性。因而自从有了镜子，便肇始我是谁、从哪里来、到哪里去的诘问，人们开始思索世界的本源，宇宙的生成。苏格拉底曾经强调的"敬畏与诧异"的眼睛，自此以后发生了根本性的改变，西方哲学开始转向形而上的探索。

二、透视法则与暗箱机制——视觉法则的初步确立

焦点透视法(perspective)、明暗对照法(chiaroscuro)、透视缩短法(ershortening)以及相面术(physiognomy)，源于西方中世纪对光的形而上学含义的迷恋，是数理逻辑和上帝意志的完美契合。阿尔贝蒂在《论绘画》中，谈到了当时画家们常常选用和创造新的视觉法则的原因，他们认识到感官世界是不可靠的。人们希望找到一个安全并且有效的观察方式，可以对绘画中表现出的物体进行数学化的检查，从而建立起一个可以有标准便于量化的可见性视觉系统准则。这样世间万物都屈从于眼睛编织的在线系统，从此混沌的世界被区分为作为客体的"你"与主体的"我"，从此人不再是消极的观看者或被观看者，而是主动的搜寻者与仲裁者。为了创造出一种模仿物等同原物的幻觉，文艺复兴时期的艺术家们都试图创造新的视觉法，以建立一种感知上的幻觉，使得观者认为模仿物就是原物本身，这样通过观看，人们获得了强烈的真实感与逼真感。在作品中，每一个物体都被精心地组织和安排，以获得一种新的空间关系。在这种关系中，观看者的位置被确定，通过这种秩序的观看，会获得空间的某种延伸，观看者对画面的认同感提高了，绘画成了一个观看者参与其中而又具有自我独立性的真实的微观世界。

伯格认为："透视法是欧洲艺术独有的，它最初在文艺复兴初期确立起来。透视法是将万物集中于观者眼睛之中心，恰似灯塔射出的一束光线——只不过它不是向外射出的光线，而是向内统摄事物的外观形态。透视法将这些外观形态称之为真实。透视使得单眼成为可视世界之中心，万物皆汇聚于这只眼睛并消失于无限远的灭点。可视的世界是为观

者而安排的,就好像宇宙曾被认为是上帝所安排的那样。"①

伯格的论述涉及很多概念,暗示了视觉接触的世界是有序和预设的,"中心""灯塔""安排"都带有宗教意义上的上帝视角的隐喻。有了透视法,人在观看中发现了自己,眼睛的位置是主观性视角。在观看中,"我"的态度开始观照事物,主体的崇拜性被激发出来。"Eye"(眼睛)与"I"(我)谐音,暗示着观看与主体意识等量齐观。透视法营造的三维空间是一种理性的、科学的空间,画面中的所有人与物都被放进了时空框架和因果秩序当中。透视法的创立为艺术家提供了再现世界的媒介,艺术家可以自由、准确地把世界变成(看作)图像。我们发现画家的视点汇聚成一点,指定其为视线发散、聚焦之处。焦点是整个视觉金字塔的顶端。正是由于对焦点的确认,使得画面有了远与近、高与低的三维立体显现,立体的世界经过投射被转译到二维平面之上。这套观看的法则使得当时的人们相信,只要遵守这套法则,万事万物都可以用这种方法构成图像,结果跟从窥视孔的哪一个点看到的原貌都全然相同。这个过程是以观看行为作为模型的。在这个过程中,眼睛占据了制高点,成为超越其他一切感官的"上帝之眼",其他的知觉被弱化,连觉、通感等综合感应都不复存在。从中世纪禁锢中挣脱出来的人们不再视上帝为唯一的真神,也就是说,人类发现自己是有理性的,在自己发明的装置和准则中,体会到了观看的快感。人类自认为已经取代了上帝,通过对观看的秩序化安排,使得自身成为存在者(亦即对象、客体)的标准和中心。人们能够发现真理,并相信自己有能力控制这个世界。在这个过程中,人选择眼睛作为视觉工具凝视万物,同时放弃了其他感受世界的方式,因为透视法的观看意味着那种冷静的、静态的、单一的观看方式,身体的存在被剥离出来。透视法是一种观看机制,它是一种理性认识下的公式,绝不是真实生活中的肉眼感知。透视法是为了使视觉图像看上去像它所再现的事物,在眼睛和对象之间确定纯粹客观的对应关系,在视觉结构中建立观看的规则和范例,并

---

① JOHN B.Ways of seeing[M].New York:Penguin,1972:16.

通过将之诉诸观看者的行为而把持着对视觉的垄断权。艺术史家欧文·潘诺夫斯基(Erwin Panofsky)发表了一篇《符号透视》的文章,在文中他提出中央透视法只是一种逻辑构造,它受制于我们如何看待个体在世界受世界本身秩序的影响,而较少受我们渴望对世界进行完美模仿的冲动的影响,是一种将我们自身投射到可见世界的方式。中心透视是一种观看媒介,通过它使得现实物体能够按照绘画者的观念,以自己为中心来观照世界,投射自身。

透视法高度概括抽象的视觉表达,将眼睛、大脑和物象之间的复杂互动简单化,特别是这种观看把眼睛简化为一只,对世界做出"虚构",这就是暗箱——单眼机制的由来。暗箱是一种观看装置,通过暗箱事物能够精准地成像;同时它也是一种技术实践,它像一个魔盒,包罗万象,收录万物,它代表着一套完整的知识系统。笛卡尔痴迷于研究眼球的生理机体,研究光学和成像原理。小孔成像的原理让我们发现,眼睛捕捉的视网膜影像是颠倒的,但是我们可以顺利地把这种印象还原过来,"方位正确的视像,是一种感官向另一种感官转换的结果"[1]。笛卡尔对蜗牛眼球的解剖,确认了知觉的产生不仅仅依赖于视网膜而且生成于大脑,因此他认为,视网膜形成的影像未必等同于大脑真正感知的影像。笛卡尔承认眼睛的观看,但他拒绝相信眼睛的判知。在笛卡尔的理念中,心理是暗箱,是真理之源,是正确地看,他说:"就算没有眼睛,我们也能看到东西。"[2]暗箱因为固定的观察位置,内部与外部的显著划分,在形成了对观看的一种正确认知的同时也昭示了主体感知与客体呈现的区隔。小孔对应一个确切的视觉点,由此出发,世界被秩序地定位与定义,暗箱机制因而成为一种接近客观真理的观看装置。单一的视点是设定性的,现实中的观看是两只眼睛不断调节,我们不可能用一只眼睛看世界,但是单一视点使得图像具有了稳定性,由此带来事物在眼睛中的稳定性。物有定形,视有定点。暗箱机制和透视法开启了文艺复兴壮丽的图景,世界在这样的观看

---

[1] 麦克卢汉.理解媒介:论人的延伸[M].何道宽,译.北京:商务印书馆,2000:241.
[2] 北京大学哲学系外国哲学史教研室.西方哲学原著选读[M].北京:商务印书馆,1982:366.

规则下被组织、设定以及呈现。

文艺复兴的透视法对于绘画产生了深远的影响：(1)它昭示了技术性绘画时代的到来,力求再现视觉幻象与现实世界的对应关系,要求画家给予绘画一种科学的态度。(2)画家和观看者的视角都被设定,现实世界成为一个对象,成为一个可以被研究、被把握的世界。从这个时候开始,世界就逐渐被理解为图像,当代世界被图像化的历史帷幕自此揭开。透视法与暗箱不只是一种对生活观看的操作技术或装置,利用它们,观看行为在主客体之间发生作用,世界被定义为"视觉对象"。人们通过赋予这个世界视觉的秩序而把世界变成了图像。这个时期,人们对观看的要求是希望修正身体的知觉,纠正生理和心理的局限,用一种规则、高效的方式,准确地观看、有序地呈现出来。这正是笛卡尔的视觉理论,思想再也不愿与可视之物联结,而是按照自己的主观意愿重构可视之物。

第二节
媒介化观看的发展阶段——技术化中介化了的间接观看

一、摄影术——瞬间的凝滞与时空的存留

暗箱机制的发展直接导致了摄影术的发明。柏拉图要求穿越"理念之光"进行观看,理念是一种中介,摄影术就是一种中介,以"机械之眼"勘破世界。这是视觉技术史上的一次巨大飞跃,深刻地改变了视觉范式。摄影从绘画中获得给养,在吸收与借鉴各种传统的视觉形式的审美资源的基础上,始终想展现自己的独特性和独立性,一直有突破传统艺术观看

方式的冲动。摄影从诞生之初就一直在形成属于自己的审美观看方式，努力发挥属于摄影本体的艺术潜能。摄影是工业的产物，规定了怎样看，看到什么，从此那种随心所欲的身体本能性观看被单一的摄影式的观看所置换。世界被裁切，以便能进入到矩形的取景框内。我们的肉眼不再是自由地、活泼地，能任意地与事物自由接触地观看了。照相机和镜子不同，对于光影与色彩细腻微妙的感知被统一在标准胶片上。照片成了长久的影像存在，它在再现物的同时具有保存功能，而不仅仅是一个反射器。这种改变给人们提供了不在场的观赏可能。因此，照片作为一种视觉文化中普遍存在的图像资料，对人们关于历史、当下世界以及自我身份认同具有重要的建构作用。摄像机利用镜头与焦距设定了一个距离，两头分别是观看者与客观世界，与此同时，巧妙地把自己排除在两者之外。通过照相机的观察和记录，正在发生的事态凝固下来，这个瞬间不仅仅是一个连续时间轴上的切片，它也是一个知觉跨度的延伸，它把世界保存其中。"摄影对时间的一种瞬间夸张性的捕捉，是对现实存在的捕捉和凝固。它是展示在一定的空间、一定的时间里的各种事物在另外的一切事物的基础之上同时出现的图像；摄影是对这种真实的天衣无缝的完整性(the seamless integrity)的宣布。"[1]观看媒介发展的历程与摄影艺术的发展有着千丝万缕的联系。1878年，麦布里奇首次用拍摄奔跑着的马的照片使离散的动作有序化，看上去和实际的动态一样连贯。将运动的图像也就是将连续的时间可视化是摄影的革命。利用摄影，人类开始参与对时间本身的操纵，捕捉它并完成对它的重新配置。

镜像依赖于物象、镜子和观者的同时性在场，它对时间和空间的依赖表现出它的缺陷。而照片正如麦克卢汉所说的："照片当然既消除时间的差别，又消除空间的距离。它消除了我们民族疆界的障壁，使我们卷入人类的大家庭。"[2]按照他的理论，相机就是人类视线的延伸，人们开始学会

---

[1] ROSALNID K.The originality of the avant-gardes and other modernist myths[M].Cambridge：MIT-Press,1988：107.

[2] 麦克卢汉.理解媒介[M].何道宽,译.北京：商务印书馆,2000：247.

如何去看。此前只有专业的画家才拥有发现美的眼睛,而普通人的观看则充满了随意性和偶然性。有了照相机,这种状况被改变,视觉被赋予了探索、发现的能力。摄影的过程也是对视觉选择的过程,选择记录什么、呈现什么的同时,其实就意味着放弃了什么。人们在观赏照片的时候,"看"不仅是对所记录东西的一种感知,更是一种理解和解释过程。用阿恩海姆的理论来说,视知觉的过程其实就是思维过程:"任何一个人的眼力,都能以一种朴素的方式展示出艺术家所具有的那种令人羡慕的能力,这就是那种通过组织的方式创造出能够有效地解释经验的图式能力。因此,眼力也就是悟解能力。"①

摄影作品强调构图原则,强调视觉中心点,摄影机通过创作预设了某种看的范式,告诉我们什么是值得看的。桑塔格说过:"摄影剥掉了传统观看方式的干燥外皮的同时,制造了另外一种习惯性观看方式:既紧张又冷漠,既牵挂在心又超然独立;醉心于无价值的琐碎细节,纠缠于相互冲突的东西之中。但摄影的观看必须不断地由新的震撼力来更新,无论是在主题上还是技术上,以便给人以突破平庸想象力的印象。因为在摄影家革命的挑战下,观看倾向于适应摄影……一度需要独具慧眼才能看到的东西,如今任何人都看得出来。"②正如桑塔格所指出的,摄影不仅仅记录了社会生活,更重要的是,它确立了看的法则,照片教会了我们如何看。如果说绘画第一次塑造了人们观看世界及自我的方式,那么照相术重新建构了新的观看法则,透过照相机的镜头,人们拓展了目光所及的时间和空间。视觉艺术家莫霍利·纳吉认为摄影创造或扩大了八种观看方式,它们分别是:"抽象化的、具象的、迅速的、强化的、深刻的、共时性的以及扭曲的。"③摄影是一种新的视看方式,它使得观看从静态观看向动态发展,使得观看视角从宏观走向微观,使得观看行为变得复杂,从实像过渡到虚像。人们通过不断开发摄影的功能,研究摄影的技术和美学,使自己

---

① 伯格.观看之道[M].戴行钺,译.桂林:广西师范大学出版社,2002:53-54.
② 桑塔格.论摄影[M].刘大基,等,译.长沙:湖南美术出版社,1999:115.
③ 桑塔格.论摄影[M].刘大基,等,译.长沙:湖南美术出版社,1999:132.

的"观看"方式更加丰富,拓展了自身观看经验的更多可能。人们的观看范式向前演进,突破了长久以来占统治地位的全景式凝视方式。这种观看范式的发展,彻底改变了西方文化艺术几千年所固守的传统,带来了观看方式上的大变局。

从镜子到摄影,人类进入到机械复制时代,较之于镜子的反射功能,摄影术将现实世界简化为一个凝滞的瞬间,这既是对绘画写实的祛魅和否定,又是一种对现实的简化和美化。大家坚信不疑的观看法则——透视法被打破了,它所倡导的把画家和观众置于中心地位的方式被无情粉碎,随之而来的是,人们看待绘画作品的眼光改变了,加上摄影把人类的文明带入机械复制时代,原作的权威性和文化的中心地位被瓦解,一个全新的视觉世界被呈现出来。本雅明认为,照相复制比手工复制更加独立于原作。比方在照相术里,用照相版影印的复制能够展现出那些肉眼无法捕获的细节,是因为镜头的一览无遗,以及镜头可以自由地调节并选择角度。"图像复制的工艺流程中,照相术第一次把手从最重要的工艺功能上解脱出来,并把这种功能移交给往镜头里看的眼睛。"[1]摄影是眼睛的胜利,视觉的中心地位进一步被加强,观看享有了特权;但同时摄影也是眼睛的失落,肉眼开始备受怀疑。摄影代表着科技理性,当时的人们相信技术能解决观看的所有问题,尤其是电影的发明更加使人们确信不疑。

二、电影——"物""我"之间的相互凝视

"从一开始,电影就不同于其他一切媒介,它呈现的动态形象是一种幻觉,静态的形象很快地呈现在眼前时,我们的认知以另一种无处不在的叙事冲动的形式,把静态的形象编织成连续不断的形象之流。动态摄影里的照片当然就不是魔幻手法,它们捕捉的形象是真实世界的直接反映,但那种动态是真实世界动态的再创造,不是反射。"[2]随着电影的百年发

---

[1] 阿伦特.启迪:本雅明文选[M].张旭东,王斑,译.香港:牛津大学出版社,1998:217.
[2] 莱文森.软利器[M].何道宽,译.上海:复旦大学出版社,2011:81.

展,人们的观看方式已经完全被电影化了。人们成为久经世故的电影方式观看者。人们习惯于用"摄像机眼睛"来观看世界,观看主体利用摄影机凝视世界,正是这种凝视产生的视觉反应,被引申为人类理解看待世界的方式。摄影机成为人眼的延伸,人们在迷恋摄影机拍摄的多彩影像之时,也悄然建构了"机器之眼"。影像是我们理解世界的形式,但同时影像又是横亘在主体和世界之间的"视像话语"。

(一)摄影机改变的眼动机制

看电影的眼动方式较之于文字观看和图画观看有着很大的区别。由于摄影机和被摄物体的运动以及在这些运动的基础上因为剪辑所形成的节奏,银幕上的画面会随着场景、景别、明暗产生不断的变化,所以观看不断发生视线的转移和对明暗的适应,这样的观看使眼睛变得非常忙碌,不停地跳动是看电影的主要眼动方式。人们在看电影时,即便是最小的屏幕画面面积也比绘画大得多,而且画面信息总在不停地变化,传统的凝视被打破了,观众没有观看单幅画作的时间,只有跳动的眼球才能跟上放映速度,了解影片的内容。另外,剪辑的节奏也带来了眼动的节奏,从而形成了观看的一个方面。这些都是我们对现实进行观看时所没有的,眼动是视觉快感的重要来源,当下的影视创造者根据眼动的经验,加快剪辑速度,保持观众的观影兴趣。

(二)屏幕呈现的空间感受

电影展示的三维空间是在二维屏幕上展开的。正如阿恩海姆所说,"电影效果既不是绝对平面的,也不是绝对立体的,它介于这两者之间。电影画面既是平面的,又是立体的。"[1]观众在观看电影的时候虽然观看的是屏幕,却产生了真实空间的错觉,这是一个把现实的二维世界移植为心理的三维空间的过程。影片《卡宾枪手》中的男主人公米开朗基罗的

---

[1] 阿恩海姆.电影作为艺术[M].杨跃,译.北京:中国电影出版社,1981:15-16.

一段滑稽观影片段,描述了当时部分不熟悉电影语言的观众如何被电影所展示的空间迷惑的情景。当他看见火车呼啸而来之时,吓得闭上了眼睛不敢直视,闭眼代表观看的中断,说明观者迫切要从观看环境中逃逸。当画面中出现一个性感的女子时,他完全被吸引了,这位女子躺进浴缸只露出部分躯体时,他完全下意识地抬高身体想看见女子的裸体,情到深处,他甚至抬手欲触摸女子。观看者完全把银幕空间等同于现实空间,把生活经验下意识地投射到观看行为中。此外,蒙太奇特技通过对实在时空进行艺术处理,使得影片的时空被延展或压缩,在扩张与变形中,影视的时空发生了巨大的改变。

(三)摄影机确立的观看视点

处于屏幕和放映室之间,一个如柏拉图所描述的洞穴俘虏了观众,观看者被固定在座位上,面对着流动的影像,接受光影和声音的摆布。电影是一种观看的艺术,摄影机的位置决定了人们的观看视点。摄影机代替肉眼变换着观看的角度,进而通过流动的画面改变人们的记忆方式。观看视点既和叙事有关,也和观看角度有关。在电影中,主人公就是视觉叙事的中心,镜头、机位的选取与运动都在呈现所在的空间位置和心理感受。视点的变化也受蒙太奇的剪辑、摄影机的运动以及视听语法规则的影响,在它们共同构建的叙事话语里,观看方式突破了个体的限制,获得了全新的、现代性的体验。正如罗伯特·休斯所说:"视觉的文化基础已经开始变化,埃菲尔铁塔就意味着这一点。十九世纪九十年代最引人注目的事情还不是从地面斜视铁塔,而是从塔面俯瞰地面。"[①]这句话形象地说明了当人们因为技术进步改变了观看的角度,曾经熟悉的景物呈现出不一样的视觉体验。就叙事来说,一部作品一旦视点确立,将影响故事结构的方方面面。一般情况下,那被隐藏的摄影机充当起了无所不知、无所不晓的上帝视角,故事的主人公成为影片的视觉中心,成为观看行为的

[①] 罗伯特休斯.新艺术的震撼[M].刘萍君,汪晴,张禾,译.上海:上海人民美术出版社,1989:6-7.

发出者,成为被观看的主要对象,摄影机呈现出导演的创作意图,观众在看的基础上,理解编导的创意。麦茨指出,由于观众将"眼睛的观看"和"摄影机的观看"合为一体,"因而倾向于接受摄影机所构建出的意义",①观众因为认同摄影机充当的眼睛,从而也就认同了叙事。电影术赋予人们观看更加丰富的视角意识,电影带来的视觉震憾使得观看行为不再局限于肉眼所见和心中所感,镜头延伸到了人们无法亲历之处。

(四)电影术满足欲望的眼光

观看是对世界的凝视,在世界与观看主体之间,观看潜藏着人类原初的冲动,这种冲动最终幻化成欲望。电影最大限度地刺激了这种冲动并满足了这种欲望,换句话说,电影是观看欲望的投射和实现。电影的本质就是白日梦,在精心构筑的故事里满足人们的视觉欲望。弗洛伊德认为,人类的内心有一股相互冲突的力量,当我们在观看的时候,我们会在看与被看之间获得快感,这种快感既有主动的,也有被动的,我们在这种矛盾中游移,观看的发生向外作用于变化的影像,向内作用于观看者的思维。优秀的电影使观众相信所观看的是真实的,但是这样的状态不断被打破,观众不断提醒自己故事仅仅就是个故事。同时,观众主动地介入到叙事当中,但是又无法左右影像的流动,这些都使得观看变成了一种双重的体验。我们的观看是主动的,并且依据自身的身份认同构建影像的意义,这是一个意义"缝合"的过程。在这个过程中,有三种不同的心理过程在起着作用,首先是认同,其次是窥视,最后是自恋。这三种心理最终导致了三种不同形式的观看:"第一种是摄影机记录具有电影性的事件的观看;第二种是观众观看完成作品时的观看;第三种是人物在屏幕幻觉内相互之间的观看。"②窥视是观看他人,恋物是在窥视别人中观看自我;前者是在观看中隐匿自我,遗忘自我,后者是在观看中突出自我,强化自我。电

---

① CHRISTIAN M.The imaginary signifier:psychoanalysis and the cinema[M].London:Macmillan,1982.
② 张红军.电影与新方法[M].北京:中国广播电视出版社,1992:220.

影就是一种召唤欲望，在刺激冲动中完成满足的观看过程。我们一方面通过摄影机观看客观世界，另一方面又把银幕世界移植到人的头脑之中，将所看到的影像转化为我们对客观世界的认知，在这个过程中又同时确定了自我的认知。这使得观看行为变成了一个双向循环的过程。

三、电视——观看的在场性与直接性

电影和电视虽然遵从相同的视听语言，但是，从媒介的组织机制以及影像传播的特征看，两者截然不同。我们习惯于把电影定位于一种艺术形式，电视则被我们看作是一种文化形态。电视首先是信息传播的媒介，其次才是艺术作品的载体。看电视的"看"既不等同于看书，也不等同于看电影或者看照片的"看"，其他的几种观看都是针对一个相对封闭、统一、完整的作品而言的，而电视的观看，却是一个杂糅的、拼贴而成的合成对象。电视的观看方式不是对屏幕持续的"注视"，而更像是一种漫不经心的"扫视"，相比于电影要求观众的注视，这个视觉注意的约束力要松散得多。电影的注视这个行为意味着观众全神贯注于观看，相较之下，电视的观看更像是一种"浏览"，观众的目光随意且漫不经心。我们可以看出，即使是同样利用影像叙事，因为不同的经验因素也会产生极其不同的心理分析结果和效应。

(一) 观看空间的日常化、家庭化

电影的观看需要在一定的观看环境之中，观看空间是一个大型的公共空间，它必须安静并保持黑暗，唯一发光的是眼前巨大的幕布。而看电视则具有孤立、分散和因人而异的性质。罗兰·巴特把电视看作是电影的"相反经验"。看电视的地点是家庭："这个空间是熟悉的、被家具和家庭设施组织起来的、随意的……电视迫使我们回到家庭，它变成家庭的用

具。"①如果说电视发明之前,家庭的中心是壁炉的话,现在家庭的中心摆放物则是电视。以前家庭的聚合是在晚饭后的壁炉旁,朗诵与交谈,而在电视发明之后,则是全家围观一个节目。由于和家庭之间的深刻联系,电视被烙上了鲜明的日常性,罗杰·西尔弗斯通把电视称为"家用媒介",他说:"电视是家庭文化的重要组成部分,我们的家庭生活由它来构造,也通过它来展示。电视也提供对家、家务以及家庭生活的想象,反过来,它们又为个人与家庭的身份形成提供了资源。"②家庭的观看环境以及与日常生活形态的密切融合,使得电视的观看明显不同于其他媒介。看电影和看电视形成的观看气氛截然不同——看电视不是幽暗空间或公共环境的孤立活动,客厅的明亮灯光,家庭成员的出出进进,观看者漫不经心地一边看着电视一边与其他人说话,甚至同时处理家务,人们习惯于随意改换频道以便同时在几个节目中跳进跳出,从而达到随心所欲的观看目的。正如罗伯特·斯塔姆曾经说过的,电视"不是一个半小时的柏拉图式的洞窟,而是私人性的电子洞穴、小型声光节目吸引了我们的注意力,使我们摆脱外在或内心的压力"③。

(二)观看时空的共时性

技术指标的不同也造成了电影和电视不同的观看体验。电视在视觉效果的呈现上远不如电影,电影具有更大的屏幕尺寸、更高的清晰度、更震撼的视听冲击力。但是,电视所形成的现在进行时的时态,是电影无法做到的,这也是电视最大的魅力所在。例如,对一个新闻来说,粗糙的画面和晃动的镜头都不重要,只要对新闻事件的关注使得播放状态能够不间断就够了,这种不间断正是电视所特有的"现在进行时"时态。它给观众造成了当下即时性的印象,巧妙地把画面播放的当下时间和所展现事

---

① 巴特.走出电影院[M]//罗兰·巴特随笔选.天津:百花文艺出版社,1995.
② 西尔弗斯.通电视与日常生活[M].陶庆梅,译.南京:江苏人民出版社,2004:35-46.
③ 斯塔姆.电视新闻及其观众[J]卡普兰,编.王卓如,译.女权主义批评和电视,世界电影,1995(6).

件的发生时间混淆在一起。新闻直播状态更是能够记录和展现与我们观看行为同时的影像,提供一种此时此地的现在进行时语态,从而区别于在电影里看到一个"过去式"的他者的故事。电视直播改变了电影过去延时记录的做法,把全球任何地域发生的事情予以记录,现场性和直接性成为电视的魅力所在,使之与电影的造梦机制抗衡。从这个角度来说,电视机所形成的观看范式,能够将真实和虚拟混淆,它的核心是一种漫不经心、消遣似的观看。人们在电视的观看中被灌输了消费的欲望,广告商通过观看推销节目,以及附着在其后的产品。因为电视具有当下性,所以它在许多方面比电影更具有渗透性。电视是最能展现大众文化对人类观看行为的改变的,收视率、消费和经济交换等组成的复杂网络形成了电视观看的独特的背景。电视不仅覆盖生活,它甚至就是生活本身。人们每天观看的演员、播音员、主持人有种家人般的亲切感,电视生活与现实生活不再有明显的边界。媒体精心地安排个体的日常行为,巧妙地构建人们的娱乐生活,信息与娱乐被熔铸在一起。影像的传播消除了家庭墙壁的隔阂,人们既可以接触残酷的现实,又可抽身于外,免受影响,既参与事件的发生,又疏离事件的现场。现实事物的自足性不再自我维持、自我实现,它通过观看完成。如果将电影视为依靠运动幻觉而创造的艺术,那么电视是另一种艺术——"观看的艺术",它运用感知的法则和光学原理去创造新形式的视觉体验,引导观众以不同方式运用机器进行观看,没有这些机器就无法观看或创造的视觉世界,则是"观看的书写"或"观看的观看"。电视作为一种大众媒介,它的视觉审美驱动力与其说来自影像本身,不如说来自观众对影像的利用方式。观众对于电视观看的那种既游离又沉迷的状态,决定了电视审美对影像本体的解构,电视是一种典型的后现代媒介。

第三节
媒介化观看的勃兴阶段——新媒体环境下的虚拟化观看

一、互联网：颠覆真实的虚拟世界

1946年,电子计算机在美国问世,从此深刻地影响了人类信息的传播和媒介的发展。相较于此前出现的所有媒介,电脑对视觉文化的改变更为深刻。电脑大大加强了人的视觉想象力,拓展了人们的空间探索的范围,人们的观看不再受困于有形的物质世界,而是进入了光的无限世界。人的视觉观看、想象能力以及对空间的感受能力都被大大地拓展了,电脑控制下的屏幕的不断翻新给我们带来更新鲜、更刺激的观看感受,数字影像技术把人类的视觉经验带到虚拟现实的世界中去了。如果说镜子的功能完全依赖于外部世界,摄影和摄像技术既依赖于又改变了实在的物象,那么电脑则彻底动摇了人与客观世界的依赖关系。此外,网络的神奇还在于对信息的存储和携带功能,电脑可以将任何材料转化成数据库的信息,这样,图像的生产、传播和接受都变得更加方便和快捷。新的媒体技术利用视觉的虚拟支配着真实,并颠覆了真实性的概念。由于媒介的塑造,我们的观看完全依赖于媒介的图像传播,而这样又进一步加剧了眼睛对媒体图像的依赖,图像对眼睛的操控进一步加深,正如德波所说:"形象成为控制主体的手段和方式。"互联网形成了一个信息高速公路,媒介的社会样貌在此基础上得以形成,突出表现为现实的呈现变得可选择甚至可改变,图像不再仅仅是对现实世界的模仿,而越来越增添了虚拟的色彩。如果说摄影带来的变革是如本雅明所说的"传统的大动荡"的话,那么计算机带来的图像制作与传播技术的变革更加深刻、广泛。麦克卢汉将其称为"古腾堡断裂",视觉文化的局面全面颠覆。在以下章节笔者会具体论述,此处不赘言。

二、手机等移动媒介:随时随地的观看需要

手机首先是以通信工具的形式出现的,它在延伸了个人的信息空间的同时,也改变了传播活动中的各个环节,由此带来了人们阅读习惯的一系列改变。传媒理论家保罗·莱文森认为:"手机是革命,是超越电脑和网络的革命,手机把我们送回大自然,使我们恢复同时说话和走路的天性。"①随着信息技术的发展,手机不仅在性能上持续发展,而且还出现了传播媒介的特征。移动终端技术的成熟让人们步入了"移动观看时代",手机媒体满足的是人们随时随地观看的需要。人们渴求掌握所有信息,"和一切人性化趋势媒介一样,手机实现了我们想象的景观——把报纸、视频、网页、聚友网和脸谱网上的朋友的微博和博客带进我们手中那块小小的屏幕上。此前,只有回家、在办公室或有电脑的地方,我们才不至于只能想念或想象这一景观"②。在研究了手机的传播性能的基础上,莱文森认为,移动媒介是媒介演化过程中具有转折性的瞬间,在他的"人性化趋势"和"媒介补偿性"理论中,他这样解释:"随着技术的发展,媒介越来越具有人类传播的形态,每一种媒介都是对上一种媒介的补偿。"他还说:"随着媒介的进化,每个设备能做的将会越来越多,直到所有的设备都融合为一体,就像人脑一样,这就是我认为的融合的本质所在。"③手机变成了媒介功能补偿的集大成者。

手机媒介使观看变得随时随地,观看视域的狭小和观看地点的嘈杂使观看行为随时面临被打断的状态。影像中的人与物带给观众的感觉很

---

① 莱文森.手机:挡不住的呼唤[M].何道宽,译.北京:中国人民大学出版社,2000:10.
② 莱文森.新新媒介[M].何道宽,译.上海:复旦大学出版社,2012:189.
③ 付晓光,田维钢.媒介融合的前世、今生和未来:美国著名媒介理论家保罗·莱文森访谈[J].声屏世界,2012(1):25-27.

小,那些过于细微的情感容易被忽视。人们在观看时,宛如在旁观一个被微缩了的"小人国",这使得观看主体处于随时被打断的状态,观众满足于画面的变化本身,同时对于杂乱的影像晃动有极强的忍耐性,而且观看者对于手机影像表现出注意力和记忆力最快的理解速度,呈现一种碎片化状态。手机将图画、文字、声音、影像有机地整合到一起,使传播变得多维度。文字、声音不再是彼此独立的单一符号,而是在传播中呈现出层层叠加的融合状态,这也使观看行为变得不再单一,呈现新的变化发展趋势。手机等移动媒介拥有多元交互功能,它的优势在于能够调动人的所有感官行为。在移动媒介的作用下,人们的观看行为伴随着拍摄、发送、接收照片及视频等一系列动作,并通过录入语音、打字或触屏操控等,使自身的视觉、听觉、触觉都得到了充分的刺激和运用。

第四节
观看范式发展的总体趋势

综上所述,我们可以看到不同时代的观看有着不同的历史特征。波德里亚把自文艺复兴以来的观看范式的发展做了阶段的划分。最早的观看范式是文艺复兴后期基于"相似性"语境下的观看,他把这种看定义为"认知观看"。他说:"正是相似性才主要地引导着文本的注解和阐释;正是相似性才组织着符号的运作,使人类知晓许多可见和不可见的事物,并引导着表象事物的艺术。"[1]第二个阶段是以生产力为主导,在科技进步下显现的"改变性的观看",充满了人本主义色彩。具体表现为:在这一阶段,观看对象与现实的关系不再一一对应,人们对所观之物不再追寻模

---

[1] BAUD R. Selected writings[M].Stanford:Stanford University Press,1988:135.

仿原则,外部世界呈现出符号化特征。第三阶段媒介技术的发展导致图像增殖,观看范式进入到图像的模拟(仿拟)阶段。这一阶段的观看颠覆了人们对传统观看法则的依赖,艺术不再追求对现实世界的模仿和复制。符号被赋予了相当的自主性,反过来开始影响现实——呈现出一种对现实的虚拟。在这个过程中,相应的,人们的观看范式也被改变成一种创造的观看。随着新媒体技术的发展,结合波德里亚的观点,梳理观看范式的媒介化进程,我们可以看到观看范式所呈现出的三个不同阶段。

一、认知的看

认知的看是一种建立在以模仿说为基础的观看范式。模仿说是古代希腊美学的基本信念和原则,是一种以模仿为主要范式的古典文化,由苏格拉底创立,被柏拉图和亚里士多德所拓展。模仿说强调艺术的理性原则,主张艺术是对现实世界的模仿,"模仿"意即事物外表的翻版。柏拉图认为:"存在一个真实理式世界……这个世界是由理式世界、现实世界、艺术世界构成的。"[①]理式世界是柏拉图心中的真实世界,这种真实代表了一种符合宇宙中本真的存在。在柏拉图看来,如果说现实世界是对理式世界的模仿,那么艺术家眼中的世界则又是对现实世界的模仿。这样形成了新的观看路径——对模本的模仿。理式具有无可置疑的绝对性和权威性,是事物的源泉与根据,没有理式便没有事物的存在。在这个理论下,我们对世界的观看被定义为获取知识、观看理式世界的过程。这种观看的核心在于经由观看唤起自身对理式的回忆,直接把握世界的最高真实。这同时也是无限认识、无限接近理式的过程——像镜子般把握现实世界的维度,观照彼侧的现实世界。这是一种图像与现实的依存关系,可以说当时人们对周遭世界"认识的看"所基于的正是这种模仿论。为获得纯粹的绝对知识,企图用永恒的理念王国对抗即将消逝的经验世界,在

---

① 塔塔尔凯维奇.西方六大美学观念史[M].刘文潭,译.上海:上海译文出版社,2006:275.

观看中，人们形成了好摹本和坏摹本的区分。感性的知觉生成的只是事物印象，经由心灵之眼——这个内在的眼睛的辨析、判断，抽丝剥茧，去伪存真，掘出真相，把握住事物的本真模样。若这种真理或者说前文提到的理式是"道"的话，那么中国是"闻"，西方为"知"。

作为认知的观看，首先承认事物的可见。鲍桑葵在分析希腊美学时指出："希腊人对任何不能用可见方式加以模仿的事物都不相信。"①首先，人们观看到有形的世界，并能够在自己的理解范围内进行把握与掌控，并在一定的审美参与下，结合一定的艺术手段把所感受到的仿相描绘出来，这种有效的观看被运用在哲学、文学、艺术等很多领域。其次，认知的观看催生出了艺术家，他们比普通人拥有更好的观看能力和表现能力，他们通过自己独特的媒介（色彩、线条或者词语），通过各种风格和形式来达到对真实世界的模仿，这种模仿必须是镜子式的。而且这种认知的看，要求我们无限接近事物的本源，由此创造出的模仿物和被模仿物（客观世界）之间存在明确的关系：被模仿物具有首要的位置，艺术则是它的摹本，模仿的高下取决于与现实的接近程度，同时也代表了你是否"正确地观看"了客观世界，这也表现出当时人们存在的"符合论"的真理观。最后，认识的观看是一种理性的观看，它肯定了客观世界的绝对性和权威性，同时也确信人们可以通过观看把握客观世界，艺术家通过创作，用艺术符号真实地再现出现实世界。

二、发现的看

随着科学技术的发展，文化艺术的面貌焕然一新，人类观看和制作图像的方式也越来越先进，人们已经从简单的对外部世界的认知和对客观世界的模仿上升到发现式的观看。其标志就是由印刷术和摄影术的发明开启的机械复制时代的来临。这种发现式的观看，对西方绘画风格产生

---

① 鲍桑葵.美学史[M].张今,译.桂林：广西师范大学出版社,2009:68.

了深远影响。西方绘画逐渐抛弃传统以焦点透视和全景式的凝视观察客观世界的方法,人们的视觉经验变得不断丰富。这种观看被打上了浓厚的观看主体的烙印,带有强烈的个人色彩,人们开始从事物的表面寻找它的内核并运用自己的理解将它呈现。

印象主义画派受到光学理论的启迪,画家们抛弃了亦步亦趋的模仿,开始了对外部的观察和表现,在绘画中,通过对色彩进行科学的分析来呈现景物在头脑中的瞬间印象,艺术家将主观感受和科学表达融合成一种想象的真实。立体主义的兴起更有趣味,画家不再对景物进行描摹,而是对事物的内部进行分析解构,再在画面中进行重组。代表人物毕加索直接拼贴图片,他的作品《亚维农少女》让当时的人们瞠目结舌,图中没有传统意义的少女,毕加索甚至打破了传统的透视法则,创造出了一种透视混乱的异质空间。当时的绘画表现,习惯于呈现一个场景或一个瞬间,画家往往用作品表达人的眼睛对一个动作瞬间的捕捉,但是在杜尚的《下楼梯的裸体女人》中,画家却抛弃了所有的规范,将一个下楼的动作依照时间顺序展开,在一个二维平面中展现一个动态的过程,竭力向观众显现不同视角下观察到的同一物象的不同状态,将之完整地呈现在一幅画作之中(见图1.1)。这些大胆的尝试都说明画家开始向时空的束缚发起挑战,用更加积极、更加有穿透力的眼光观察世界,现代绘画不断颠覆传统空间观念的趋向正是这种观看方式的体现。艺术家之眼反映出视觉范式的发展与变化,人们不再仅仅感受和简单再现空间本身的

图1.1 杜尚的《下楼梯的裸体女人》

特性，而是主动地探索和展示视觉所感知的空间形态。从"认知的看"到"发现的看"，传达出这种趋势——人们的理性之眼正逐步被感性的眼光所替代。人们的眼光不再追求与外部世界的相似性，转而强调对空间的主观体验和感受。在这个过程中，空间的秩序与完整被破坏，人们的空间感受变得破碎、走形。摄影和电影等新的视觉媒介的出现大大加剧了这一变化，曾经占主导地位的古典艺术观看方式谢幕了，现代艺术以一种"震惊"的方式闪亮登场。视觉效果转向了触觉特质，人们对于艺术不再久久回味，而是追求当下即刻被触及的震惊。转向震惊式的视觉范式，不仅改变了观看方式，同时也改变了观看体验。"视觉震撼""眼球经济"都代表了当前视觉文化的首要诉求，即时的、瞬间的视觉吸引力，如同本雅明所说的，"像一颗子弹穿膛般的视觉效果征服了现代人"。

本雅明在20世纪30年代敏锐地发现了机械复制对视觉文化的深刻影响。这种观看直接带来了艺术审美和文化传播的相应转变：首先，人们不再满足对客观世界的简单再现，因为照相把绘画那种需要高超技艺才能达到的记录功能彻底简化了。这不仅是视觉技术的进步，同时也带来了观念上的变革。正像费尔巴哈所说："符号比符号所表示的事物更重要，再现（表征）比现实更重要。"绘画评断的最高原则——模仿的相似性不再重要，摄影的出现使客观记录变得更易操作和易如反掌，像与不像不再是唯一的标准，被拍摄对象的重要性逐渐让位于相片本身，再现比现实更重要。其次，艺术的神圣性被消解，艺术宗教性的膜拜功能让位于日常生活的展示。艺术品的大量复制使图像资源变得丰富起来，图像的获得轻而易举，传统的人趋近图像变成了图像趋近人。艺术走下特权阶级的神坛，变成了大众文化。

三、创造的看

新的观看范式是由新的文化形态催生出来的，新的文化形态是受这个时代最具代表性的媒介形式的影响所形成的。比如，镜子是对现实的模仿和再现,摄影代表了无穷尽的复制,电脑则昭示着虚拟文化的到来。如今,虚拟的、非真实的影像比比皆是,甚至比真实本身更加真实。网络技术和虚拟技术的发展,已经影响到了文化的形态。媒介化的观看预示着虚拟文化已经成为主导性的文化潮流,虚拟文化用虚拟构筑了现实。长久以来,人类就有对于虚幻的追求,这来源于人们想要超越现实的意愿。但是生产力的低下,使得这样的愿望只能依附于神话传说与科幻小说。随着科学技术的发展,观看媒介创造出海量幻真性的虚拟情境,一些中介性的电子工具(例如电子手套、头盔、眼镜等)可以辅助使用者进入一个虚拟的情境中。当我们把研究的目光投向当今的文化状态,我们会发现,虚拟现实不仅仅被规范在电脑的网络世界中,整个世界已被图像包围,它是由3D电影、互动广告构筑的世界,是一个充满视觉符号的"迪士尼乐园"。"虚拟现实不仅仅是一个技术,它是一个目的地。"[1]虚拟现实技术与网络技术的融合创造了一个虚拟世界,人类将生产实践活动从现实世界拓展到虚拟空间。人们正在把"对现实的想象"变成"想象中的现实",虚拟现实使观看变得更加复杂,人们的观看走向了创造,创造出现实世界并不存在的幻象进行观看。这个人造的环境让观看变得复杂。在古典社会的模仿阶段,形象的创造都能找到生活中的本源,但是到了如今的时代,形象由于无限地被复制、被修改,形成了形象的自我复制——仿像。媒介对客观世界有塑形作用,同时它也能通过改变客观世界而改变人们的观看。人们的观看依赖媒介的图像创造与传播,人们越想看就越依赖,而越依赖人们就越大量地创造图像,在这个循环中,观看媒介操纵了人们的观看——人们的观看行为被彻底媒介化了。在这里,媒介化观看不再是工具,而是构建起一个人类浸润于其中的媒介环境。

媒介日益深入地参与社会生活,犹如空气把人笼罩其中。人们沉浸在媒介中而不自知,媒介化生存成为一种终极的生活方式,对媒介的过度依赖甚至促使主体发生改变。我们看到的不再是现实世界,而是一个完

---

[1] FRANK B,MARK R L.Communication in the age of virtual reality[M].Hillsdale:Lawrence Erlbaum,1995:4.

全虚拟的世界,这里充斥着形形色色人为的符号。现实在媒介中失去了重心,这种由媒介所导致的非现实化的过程,就是世界向图像化转变的过程。

波德里亚所说的仿像与模拟的统治正是这一状态的写照。波德里亚认为,当今的文化形态已经走过了模仿阶段和大规模复制生产时代,而进入了模拟阶段。我们的生活并不真实,是建立在以消费、媒体、信息和高科技为基础的虚幻世界。这个世界由各种符号、影像和信息构成,是一个"超真实"的社会。在这里,虚拟和真实的界限并不分明,甚至正正的真实、真相早已消亡了,代之而起的是仿真和拟像。这是一个割断真实的"内爆"的社会。在这个新纪元里,符号不再表现现实,而是依照自己的逻辑指涉自己。在现代传媒的影响下,艺术与现实的关系发生巨大的转变,模拟和仿像应运而生。与之对应的,人们的观看范式变成了创造性的观看。创造性的观看强调观看对象已经不再是真实对象,或者是潜藏在现象之后的本质,而完全是被创造出来的一种仿像。

通过前文的梳理,我们不难发现,在古典社会阶段,形象的捕捉和创造都与它的本源建立着密切的关系,然而在当今这个模拟时代,形象在自己的逻辑下完成自我复制,传统的生产被符号生产所代替。如果说以往的认知方式是模仿进而再现的话,那么今天的我们开始走向"模拟"。如果说"再现"表现的是客观的东西,"模拟"则是臆造了一个虚幻的真实。前者是对现实世界的表现,后者则意味着不存在的在场。模仿是对现实的确认,因为有一个参照物作为准绳,真与假泾渭分明;模拟则相反,它威胁到真与假、虚幻与想象之间的区别,所以媒介化的观看使人们感觉"假的比真的更真实"。我们观看的东西是我们自己创造出来的,我们看到的是我们想看到的,并且对我们所看到的深信不疑。在这样的一个循环当中,我们给自己营造了一个"去现实化"的图像世界,整个世界向图像化转向,世界不断被图像化或视觉化,人对眼睛的依赖程度加深,观看的诱惑又操纵着人们对现实潜移默化的转变。媒介化的观看以各种奇观化的影像展示现实,我们在这个过程中揭示现实、把握现实、占有现实,以至于最终改造了现实。在这个转变过程中,视觉凌驾于听觉,图像战胜了文字,人们的观看行为、观看心理等方面都发生了巨大的变化。

本章小结:

在所有感官中,眼睛占有重要的地位,这是"视觉化生存"的时代特色所决定的。在这个视觉转向的时代,一切关于创造、传播和接受的活动都为模拟机器和数码机器所支配,观看被媒介化了。视觉文化的历史演进充分说明,视觉文化发展完全建立在科学技术的进步基础之上。人类历史上每一次重大的技术变革,都在某种程度上导致了视觉文化的变化。

本章所探讨的媒介技术的进步包含了技术进步的三种类型:其一是人们观看物象或图像的技术——我们以何种方式或观念用肉眼来观看(透视法、单眼机制);其二是图像制作和生产的技术;其三是图像传播的技术。所谓"化"是指过程的意思。观看媒介化,是指视觉日益摆脱肉身的沉重,变得更加机械化和形式化的过程和趋势,这种趋势也使观看变得更加标准和规范。媒介化的观看使观看者的感官借助于各种媒介而得以不断延伸,是一种依靠特定的机械装置而获得的技术化观看,并且日益成为大众媒介时代人们主导性的观看方式。梳理观看媒介演进的历史之后我们发现,媒介的发展使观看发生了极大的改变,并延伸到心理、社会、文化等诸多层面。我们可以非常明晰地看到观看是一步步如何被媒介化的。正如奥地利学者威博尔在其论著《作为界面的世界:趋向背景控制的事件世界的建构》中所说的:"艺术在产业革命之下的转变不仅导致基于机器的艺术,而且导致基于机器的图像生成和由机器支持的视觉。"

本章从媒介的演进和技术的发展这一角度进入,解析人类视觉文化不同时代的特征,通过视觉技术的考察来揭示相应的视觉观念的建构,同时也希望通过阐发特定历史时期的观看范式来把握与之相对应的视觉技术出现的历史必然以及与视觉观念的逻辑关联。

基于新媒体技术支持的观看是一种被媒介化后的观看。作为一种新的观看方式,它的内涵和外延更开放,综合性更强。这种观看涉及以下诸多方面:新型的观看体验(超文本以及数字特效带来的奇观化影像)、对赛博空间的接触和感知方式(虚拟现实所营造的沉浸性和交互性)、观看的主体身份的变化等,在第二章和第三章中我们具体论述。

第二章

观看时空的数字化重构

关于空间，我们必须"观"之，只有"观"才可能把握对空间的认识，形成一种关系。对于时间，我们也必须"观"之，因为从某种意义上说，时间是人们"观看"出来的结果，是根据观看经验引出的规律而被格式化的产物。时间与空间被打上了可视性、工具性的烙印。观看媒介化后，人类对时间和空间的认知方式发生了巨大的改变。对于时空的观看，除了与光、颜色、形象相关外，还必须将其与凝固的形态、距离以及顺序联系在一起进行重新认识。本章就是从这些角度探讨观看行为被媒介化后，人们时空观念的重新建构与认知的。

第一节
从真实空间向虚拟空间的演变

空间先于观看者而存在，人类的视觉不断发掘着空间，与此同时，空间也因为人类的视觉逐步发现而不断丰富，自身得以更全面地显现。千百年来，人类不断修正对空间的感受。我们说空间是可视的，可是空间的无限性又让其不可见。在这对矛盾中，人们通过加大对观看媒介的研究，不懈地追求视觉向空间领域的探索，加大了视觉与空间的沟通。

一、空间的划分

(一)对空间的认知

在多种因素的共同作用下,人们发现空间是个复杂多样的存在,人们在将眼光投向空间时,希望把它具象化,这样抽象的概念可以被记录,进而才可能被观测并获得合理的解释。早期古希腊诗人赫西奥德的"虚空说"认为,空间是先于物质的一种存在,像一个空盒子容纳万物于其中。柏拉图受他的影响,生发出"容器说",认为空间是承天载地的容器,由造物主的恩赐所造。亚里士多德在空间观念上与自己的老师背道而驰,抛弃了柏拉图的唯心观点,他坚持认为时间与空间的客观存在性。牛顿提出了"绝对空间"理论,认为"绝对时间和绝对空间可以毫无关系地独立存在,也完全可以与外界事物没有联系地独立存在"[1]。最终爱因斯坦的相对论颠覆了以往所有的空间理论,他所质疑的不仅仅是一个个学说,更是时空分离的观念本身,认为时间与空间是彼此相对的,"弯曲时间""四维时空"等概念令人耳目一新。

到了 20 世纪后半叶,时空理论产生了极大的发展与变化,时空观念也随之产生巨大的变化。挪威建筑学家诺伯格·舒尔茨对于空间概念做了梳理,他认为我们所说的空间可以分为:"(1)肉体行为的实用空间(Pragmatic Space);(2)直接定位的知觉空间(Perceptual Space);(3)环境方面为人形成稳定形象的存在空间(Existential Space);(4)物理世界的认识空间(Cognitive Space);(5)纯理论的抽象空间(Abstract Space)。"[2] 通过这样的归类,我们可以这样理解:"实用空间"是人类生理、行为在自然有机环境里的统一;"存在空间"是人对环境认同性、同一性的定位空间,它是把人归属于整个社会文化形成稳定形象的环境空间;"认识空间"意

---

[1] 罗素.西方哲学史(上卷)[M].何兆武,译.北京:商务印书馆,1993:643.
[2] 舒尔茨.存在·空间·建筑[M].尹培桐,译.北京:中国建筑工业出版社,1990:7.

味着人对客观世界的空间进行思考的认知空间;在此基础上,"抽象空间"是形而上思考的理论逻辑空间。

到了近代,空间理论又与其他学科体系融合并产生了很多新的学说。西方空间理论的先驱者、法国哲学家列斐伏尔把空间分为三类。第一空间是一个可被感知的具体空间。他对这个空间进行了具体描述,用广阔的视角将历史的、社会的元素考虑进来,并承认空间的物质性构成,同时更强调它的精神属性,包括国家的、社会的以及大众的日常生活等方面。对第一空间的认识并不能简单用理性和机械的手段,而是要充分考虑思想文化的影响力。相对于第一空间的真实、具体,第二空间则是相对带有不确定的意向世界,话语的构建成为第二空间形成的关键,它所涉及的正是哲学、艺术、文学领域那些包含经验和主观想象的模糊地带,是一个由意象和想象构筑的世界。从本质上说,第二空间是相对的、抽象的、很难被把握的,而对它认识的主观性也容易引起争议,但这也恰恰是第二空间的魅力所在。文学语言的丰富、图像的美感以及音符的流动,往往能将这个空间的景观和意象表现出来,成为人们的想象。技术手段的开发使得更多的第二空间被表现,或者说,诉诸观念和想象的第二空间有了物质承载的方式。第三种空间是社会空间。列斐伏尔认为:"社会空间并不是一种在其他事物之外的事物,也不是在其他产物之外的产物,确切地说,它纳入了所生产的事物,包含了它们在共存和同在中的相互关系。"①

随着这些承载方式的变化和组合,空间的意义被拓展,第一空间和第二空间的界限开始变得模糊,两种空间的交叉在所难免。德国哲学家康德认为,空间就是我们的感知形式,是一种"没有客观、真实的东西,没有实体,没有属性,也没有联系,只有某种主观的、理想式的图式以各种方式与一切外部感觉互相协调,这种图式产生于遵循某种恒定法律的心灵的本质"。② 当然,康德并不认为空间仅仅是人们臆想出来的幻象,而是事物借此显现于人类的一种(现象)形式。海德格尔的"此在"是对康德思

---

① HENRI L.The production of space[M].Oxford:Blackwell,1991:30.
② 康德.纯粹理性批判[M].李秋零,译.北京:中国人民大学出版社,2011:198.

想的延续,在《存在与时间》一书中,他谈到人类的此在和所使用的工具之间构成了一种极富意义的联系,和谐一致的空间由此显现。"此在"使事物与行动空间化:它把事物与行动聚集起来,使它们互为情境。海德格尔将空间与"此在"联系在一起,在他的名著《存在与时间》中,阐述了存在者与空间性产生的可能。美国后现代地理学家爱德华·苏贾在自己的学科体系中,提出新的空间理论——第三空间。和列斐伏尔的第三空间不同,他开创了一种新的空间思考模式,将第一空间与第二空间进行结构和重置,把物质和精神维度都囊括在内,使主体与客体、真实与想象、可知与不可知都交织一处,成为一个意义丰富的第三空间。在对第三空间的阐释中,苏贾尤为强调观看媒介的重要性,他用更开放的视角和立场重新阐释了第三空间。随后,媒介地理学家凯文·林奇提出"超空间"理论,认为现代社会的发展使人们丧失了位置感和距离感。他说:"超空间理论是一种新形式,一种把空间问题作为核心问题的政治美学,一种能够沟通抽象认识与具体再现的认知美学,一个既始于后现代的真实状况,又能达到某种突破,从而再现目前仍然不可思议的新的世界空间的新模式。"①随后,弗雷德里克·詹姆逊(Fredric Jameson)对"超空间"的概念进行了拓展,他认为后现代主义最本质的表现就是将一切空间化。如果说现代性的核心问题是时间问题,那么后现代性主要解决的是空间性的问题。为了阐释这个观点,他特地举了洛杉矶的著名饭店鸿运大饭店的空间的例子,认为这是一个后现代设计的典型,人们在这种空间中很难定位,一旦身处其中就会产生迷乱,以往自然界所习得的认知与定位全面崩溃,换而言之,人类失去了位置感和距离感,空间范畴超越了个人的理解和感知能力。

综上所述,我们可以清楚地看到对于空间的论述纷繁芜杂,人们对空间观念描绘着、解读着、思想着,对空间的划分在发展中不断地被修正,不断地被廓清。人们对空间的认知从绝对走向相对,从内部走向外部,空间

---

① 陈永国.文化的政治阐释学:后现代语境中的詹姆逊[M].北京:中国社会科学出版社,2000:275.

的主体意义被强调,人们开始反思空间带来的困惑。当下社会,人类迈进了一个新纪元,随着观看媒介的发展,空间被虚拟化。空间正逐步地从自然空间、社会空间向虚拟空间转化。

(二)数字化浪潮下的空间虚拟化

虚拟空间是在新媒体技术革命支持下形成的空间形态。虽然它异于真实空间,但又和真实空间不可分割,现实世界所拥有的,都可以用数字的方式创造出对应物,所有的目前可考的媒体都可以被虚化,通过计算机加以模拟。我们熟悉的虚拟电影、虚拟电台、虚拟电视等不一而足。"从当代的信息技术角度说,虚拟就是网络技术所促成和展现的数字化空间"。① 美国学者尼古拉斯·米尔佐夫说:"虚拟是一种并非真实却看似真实的图像或空间。在我们这个时代,这些虚拟的图像或空间包括赛博空间、互联网、电话和虚拟现实等。"② 虚拟化加深了人们对计算机作为元媒体、元工具强大力量的认识,新媒体有强大的力量把幻想当成真实。从空间演化的历程来看,随着新媒体技术的发展,空间已经从自然空间和传统意义的社会空间的形态,进一步衍生出虚拟空间,而虚拟空间又是由几个新型生存空间构成的,继续将数字化的虚拟空间细分,还可以看到赛博空间、数字图像空间、虚拟现实空间。虚拟空间是一种数字化建构出来的主体体验的世界,这种建构充分表明虚拟的实在性。虚拟空间本质上是一个具有很强人工性的世界。正如法国学者凯奥指出的,空间向虚拟化方向发展是主客观相互作用而形成的,是设计者、使用者、仿真技术等各种要素共同构成的结果。

1.赛博空间

赛博空间(Cyberspace)由两个独立意义的单词——控制论(cybernetics)和空间(space)组合而成,是指计算机和计算机网络中的空间,这种空

---

① 胡敏中.论"虚拟"的哲学涵义[J].求索,2002(2):81-83.
② 米尔佐夫.视觉文化导论[M].倪伟,译.南京:江苏人民出版社,2006:113.

间和真实空间有很大的区别。"赛博空间在社会层面上可以追溯到20世纪中叶的朋克运动,在媒体层面上可以追溯到西方由来已久的记忆宫殿,在精神层面上可以追溯到吉布森所阐明的交感幻觉"。① 吉布森是一位科幻小说作家,在他的赛博朋克小说《神经流浪者》中,他第一次提到了"赛博空间"这个概念。他描述了一个充满未来感和科技感的新型的社会交往空间,这个空间充满了机器和信息的连接。在他描绘的这个未来世界里,核心的理念是"交感幻觉"(一译"同感幻觉")。人们把大脑和计算机网络联通,使自己的头脑变成一条信息高速公路,人们可以通过网络摆脱躯体束缚在赛博空间中任意驰骋;在这个世界里,时空对人类没有限制能力,人们可以穿越这个基于网络所存在的矩阵(matrix)之中;在这里,人体和计算机是融合的,人的神经元可以通过与非物质的赛博世界接入而获得高度刺激的体验。吉布森给我们描绘了一个神奇的、高度信息化的梦境,我们可以在电影《黑客帝国》里看到这个世界的呈现方式,这似乎是未来世界的发展样貌。在信息科技的支持下,赛博空间成为时代潮流所向,已经由艺术想象变成现实,成为人类数字化生存的有机组成部分。

据此,迈克尔·海姆(Michael Heim)在《从界面到网络空间:虚拟实在的形而上学》一书中对赛博空间做出了以下描述:"网络(赛博)空间暗示着一种由计算机生成的维度,在这里我们把信息移来移去,我们围绕数据寻找出路。网络(赛博)空间表示一种再现的或人工的世界,一个由我们的系统所产生的信息和我们反馈到系统中的信息所构成的世界。"② 赛博空间究竟是什么?莫尔指出:"赛博空间更确切地说是一个令人惊愕的庞大网络,有无数现存的和可能存在的村庄、市郊与贫民窟。这是一个容纳社会、宗教和政治空间的万花筒,这些空间部分地互相依存,但也会在不同的地方相互穿越、映射和影响。互联网只是赛博空间中的一种原初

---

① 黄鸣奋.新媒体与西方数码艺术[M].上海:学林出版社,2009:344.
② 海姆.从界面到网络空间:虚拟实在的形而上学[M].金吾伦,译.桂林:广西师范大学出版社,2000:163.

的前兆,或许,最好是能够把赛博空间作为一种创制可能的世界的本体论机器来加以理解。"①一方面,信息技术为人类的扩张开辟了新的空间,另一方面,赛博空间本身也以极快的发展速度颠覆了人们传统的生活方式。在后一种意义上,我们"应当把它理解为栖居在社会和生物个体当中并且从内部改变它们的一种空间"②。

通过对概念的分析,我们可以明晰地看到,赛博空间起源于人类的幻想,但是在科技的支撑下,想象空间逐渐向真实空间转化。它是人类及其所创造科技成果在空间中的显现形式。我们可以这样理解:人类驾驶轮船导致地理大发现,这是地理空间,太空飞船和天文学又拓展了宇宙空间,电子显微镜的发明让我们知道了(亚)原子空间。人类在群居的生活中利用智慧,运用法律、建筑和机构创造了文明的现代社会空间,宗教仪式生成了神圣空间,这些空间一经发现又反过来构建了我们的行动。赛博空间没有跳出这个规律,它的硬件和软件建构了虚拟的世界,既超越了我们的生活又交织在我们的生活中。这种互相缠绕、交织在一起的空间叫"混杂的空间"或者是"异质空间",它们互相强化、削弱和转化,形成一种千丝万缕复杂的空间形态。究其本质,赛博空间包含对信息的存储和空间的处理,它不是一个僵死或者完全虚无缥缈的概念空间,而是可以实现人际的交往与互动。虽然没有地理学意义的赛博空间,但它是真实存在的。从某种意义上来说,赛博空间像是一种媒介中介,进入其中就进入了一个与真实世界不同的空间。

2.数字图像空间

数字图像技术是利用计算机或者数字电路存储和处理图像,使被处理的图像能够表现出创作者希望表达的创作观念和想法。它是在20世纪50年代,随着计算机技术的成熟而发展起来的。它抛弃了人类对于光线的依赖和对材质的需求,完全借助计算机来进行影像制作。目前,数字

---

① 穆尔.赛博空间的奥德赛[M].麦永雄,译.桂林:广西师范大学出版社,2007:33.
② 穆尔.赛博空间的奥德赛[M].麦永雄,译.桂林:广西师范大学出版社,2007:31.

绘画、数字摄影、数字动画和数字电影等都属于数字图像的范畴,那么这些作品所呈现的空间就是数字图像空间。数字特效软件在电脑中通过构思想象实现视觉的表现形式,通过软件的设计,制作出超乎想象及超越现实的场景和特殊镜头。《侏罗纪公园》是近年来全球公映的一部特效数字电影,受到广大观众的追捧。美轮美奂的画面、天衣无缝的技术、异趣鬼魅的演员、惟妙惟肖的史前动物,每个镜头都蕴含着无限的美景,使得现实空间和幻想空间的界限模糊。导演詹姆斯·卡梅隆导演的史诗巨作《阿凡达》,在很多方面刷新了数字图像技术纪录,代表了当今数字电影制作技术的最高水平。动作捕捉技术和立体电影技术为我们呈现了一个梦幻星球——潘多拉星,一个迥异于周遭世界的异度空间,从地上的草木,到天空的飞禽,一个虚幻的世界无比真实地呈现在观众眼前。艺术家罗禾淋的艺术作品——《数位佛陀》,也是数字图像空间的体现(见图2.1)。作品用数学公式与工业设计的方式,制作出一尊抽象与几何的实体动力雕塑。虽然乍一看它完全是一个模糊不清的半成品,可是当使用摄影机摄取影像之后,经过电脑的运算,实体的雕塑被解码为一段影像,这段影像清晰地展现了一尊写实的佛陀。在现实中你看到的不是雕塑的原形,可是在虚拟世界中,你看到了雕塑的全貌。透

图2.1 罗禾淋《数位佛陀》

过数位与类比物件的对话,解构了佛陀,在真实世界呈现扭曲的形象,在虚拟世界中重新还原原貌,让人们在这一过程中感受存在与虚拟的奇妙相通。

可以说数字图像技术为空间艺术创作提空了无限的可能,促使光学成像让位于虚拟观看,在丰富了图像内容的同时造成了新的扭曲。数字图像技术拓展了影像空间,丰富了图像叙事的时空语言,改变了人们观看

的时空真实感。连续的影像冲击,使人们在观看时感同身受,并在影像规划的时空中,感受如真如幻的体验,进而忘却和错乱了现实的时间顺序。

3.虚拟现实空间(virtual reality)

虚拟和现实似乎是一对矛盾,穆尔在《赛博空间的奥德赛》这本书里这样说道:"如果我们在翻阅词典时查到这个词,我们甚至可以发现它有两种乍看起来相互抵牾的定义。一方面,虚拟世界是对一个世界的仿真,在物理学意义上它不是真实的,但是在其效应上,它给观众带来真实而深刻的印象。这正是电脑作为全球性机器的两大特征……在这个阶段,特别令人着迷的是存在与幻想之间等级制二元对立——这就是西方哲学中的一种基本对立关系——变成了数字传播领域的基本问题。"①虚拟现实空间是建立在虚拟技术的发展基础上的空间形态,这项技术与网络并行发展,旨在开发计算机的仿真化。计算机产生的各种图像,简称 VR 技术。VR 技术的实质就是"虚拟环境"(synthetic environments)、"合成环境"(synthetic environment)、"远程显现"(tele-presence)。学者瑞安进一步阐释道:"虚拟现实用户因沉浸而体验到一个伪造的世界,这个沉浸世界是真实世界的一种投射。观看者通过交互性运动与虚幻的现实联系,产生了多种不可思议的可能。"②虚拟现实对生活的改变已经超乎了人们的想象,现在的数字图像技术,除了为人们创造各种视觉的奇幻效果外,还在加强临场感上进行不断的尝试。

目前在上海的房地产界已经流行"虚拟"看房,以往一个有购房需求的人不得不疲于奔命地辗转在各个楼盘之间,无论在时间还是精力上都要投注大量的成本。但是现在,戴上 3D 眼镜,拿好游戏手柄,你就可以走进虚拟技术呈现下的样板间。在房间中你可以依靠手柄前进后退,也可以在房间踱步感受空间,甚至在几分钟里体验这个房间早、中、晚的光线变化。这套系统甚至还配备了不同的装修风格套餐,你可以任意挑选,

---

① 穆尔.赛博空间的奥德赛[M].麦永雄,译.桂林:广西师范大学出版社,2007:49.
② RYAN.Computer technology and literary theory [M].Indianapolis:Indiana University press,1999:89.

如果不满意你还可以像玩游戏一样任意替换，直到自己满意为止。目前，在教育、社交、演讲这些领域都在大力开发虚拟的观看方式应用，旨在改变人类之间的交互方式，不再囿于现实条件的束缚，而是借助观看媒介通过虚拟化的观看去调整。比如，一个教师面对一万个人演讲，他注视的目光不可能惠及每个人，但当这些听众都戴上虚拟眼镜后，他们会觉得这个演讲者是为自己而来的，是在为你一个人演讲。这种注视的力量是非常有力的，它使传播变得像一对一。同样，它还可以创造虚拟教师，在对教师形象的设计中，可以把学生的面部特征融合进虚拟形象之中，加强形象的亲切感以提升教学效果。虚拟现实还会改变自我认知，例如，让观看者通过观看进行减肥，戴上专属眼镜，你会在镜中看到化身，这个化身随着你的运动量逐渐变瘦，一旦你的运动行为减弱，消瘦的效果就逐渐消失，这种及时反馈的力量促使人不断地运动直到真的变瘦。在虚拟世界里，你可以看到自己因为锻炼变瘦，而这个虚拟的形象最终迫使你通过锻炼在现实空间里变瘦。虚拟现实的观看会使你真的能够换一种视角观看世界，我们常说的"换位思考"在英语中表达为"walk in another man's shoes"，借助媒介化的观看方式，你可以感受一下色盲者的世界，或者瞬间变身为一个非洲人，看看他的生活环境，直面他的生活现状。有家公司做了一个环保试验，体验者戴

图 2.2　虚拟现实眼镜

着特殊的眼镜，手中拿着手柄模拟锯树，舞台上的五块大屏幕模拟了一片森林，片刻间刚刚还鸟语花香的森林安静了，音频告诉大家，每个人所消耗的卫生纸就是用这棵树做的原材料，我们的使用"锯掉了"这棵树，这给人以强烈的体验感。在娱乐方面，第一场有影响力的虚拟直播是NBA 2015年10月赛季的开幕赛，三星GEAR VR对这场比赛提供了技术支持，NBA总裁亚当·肖华（Adam Silver）兴奋地预言，终于有一天，让全

世界的球迷都亲临现场。VR 是下一个风口,这是 Facebook 用 20 亿美元下的赌注。IHS 预测,到了 2020 年,全球虚拟现实头盔销量将达到 3800 万,销售总额将达到 27 亿美元。

在文化艺术方面,艺术家们也做着很多尝试。新媒体艺术家苏与梦 (Sweedy Van Soul)是一位具有多重身份的艺术家:她拥有一个独立的服装品牌,同时她也是一位作家和摄影师。因为她经常在这三个领域中自由游走,所以她的作品中往往结合多种艺术元素。她的作品《无纹斑马》就是这样一个作品,苏与梦利用废弃报纸搭建成人模,身着时尚服饰被放置在大的影像装置下,结合现场舞蹈的表演视频,将现实中的假人与虚拟影像中的真人混为一体,体现出如梦如幻的乌托邦世界(见图 2.3)。什么是虚拟?什么是现实?虚拟和现实之间边界的模糊,使人们在观看中也变得茫然。

图 2.3　苏与梦作品《无纹斑马》

(三)虚拟空间的存在形式——复合性的、多层次的异质空间

虽然媒介化的观看消解了空间的边界性,但是并未建构起统一融合的空间,而是催生出复杂多样的空间形态。吉登斯认为,传统的地球物理边界在现实世界中变得越来越模糊。曾经,时间和空间的那种紧密结合迫使人类的社会生活必须接受"在场"规律的支配,体现为地域性活动对人类的束缚,人们被规定在一个区域,从属于一个环境;随着现代社会的发展,通过"缺场"的各种要素的孕育,"脱域"现象出现了。这也意味着

传统的时空关系的分离，取而代之的是根植于媒体技术发展基础上的网络空间，由各种思想、观点、符号构成。它的出现分离了人们的物理交往空间和社会交往空间，人们借助媒介通过观看可以随时进出各种不同的时空，和不同的人进行交流，我们所熟知的各种微博圈、朋友圈就是这种社会交往空间的体现。正如法国学者凯奥指出："传统意义上的空间是经历的先天条件：没有空间就没有在其中的经历。而虚拟空间不同，它不是经历的条件，它本身就是经历。"①虚拟空间可以随着人们对它的探索而产生，在这个过程中，虚拟空间身份的裂变丰富了空间层面，现实中的一重肉身化身为数重身份，彼此交换，没有束缚，在各个空间内自由出入。至此，曾经静止的物质空间被数字空间的流动性所替代，构成数字空间的不再是以分子而是以比特的形式存在。在现实中，结合文字、影像、声音、触感等可感知的媒介信息，形成一个新的空间综合体。

人们的空间经验的动态性体现为多层次空间的交叉并置，也就是传统的物质空间和数字空间产生了很大的交集，并且它们之间的边界也逐渐模糊，所谓的异质空间便出现了。这个概念是由福柯首次提出的。这种异质空间的基础在于它具有同时性(simultaneously)和并置性(juxtaposition)。巧妙的是，米歇尔·福柯对异质空间的阐述在今天看来完全符合对新媒体艺术空间的描述，可以说福柯所说的"乌托邦"就是当今视听媒介中呈现的多维并置。我们生活其中的社会空间不再是古代人生存的透明、匀质的空间，而是变得多重复杂，是多种空间的复合体，空间结构从静止走向流动并彼此交叠渗透，平面、凝固的空间特性被转化为多层次、多重符码化。这种多层次、复合体的集合就是一种异质空间。

新媒体技术的发展使得多种形式的空间并置，互有交叉，既可各自独立，又可混合联系成一个独立的空间体。如今，一种多层次、复合性的异质空间形态已经形成了。随着媒介技术的发展，它开始向客观世界渗透，将虚拟空间和真实世界融合形成混合空间，并最终对哲学空间产生影响。

---

① 舍普.技术帝国[M].刘莉，译.北京：三联书店，1999：98.

根据新媒体支撑的技术领域不同,目前混合的异质空间可以分为增强现实空间、增强虚拟空间和全息数字影像空间。

1.增强现实空间

增强现实是虚拟现实的一种类型,其特点是通过将图像信息加在现实世界之上而造成二者的结合。它能够将真实世界的信息和虚拟世界的信息"无缝"集成在一起。"它是在虚拟现实基础上发展起来的一项技术,其目的在于将计算机生成的虚拟物体准确地叠加到真实场景中并实现真实与虚拟场景无缝融合,进而完成对真实场景的增强。"[1]增强现实的核心就是利用计算机图形图像和可视化技术产生虚拟对象,在传感技术的支持下,将之准确地"放置"于真实的环境当中,使之借助显示设备与真实环境有效地融合。如果说虚拟现实的特点在于在虚拟中营造现实,那么增强现实所强调的就是利用虚拟的影像为现实服务,使之成为现实的一部分。不仅如此,增强现实还要让用户的体验更舒适,配合人正常的头部和眼睛的活动,以便让观看始终处在用户的视角当中。虚拟现实由三个组件构成:(1)头戴式显示器;(2)跟踪系统;(3)移动计算能力。增强现实使这三个组件配置到一个意义单元中,最后用一个观看装置的显示器加以显现。如果说技术立足于"实",艺术立足于"虚"的话,那么增强现实则是虚与实的结合,增强现实空间是一种同时包括虚拟世界和真实世界两种要素的环境。

我们可以看到增强现实空间在艺术与娱乐领域的运用,比如,主题公园里的全息虚拟屏幕、虚拟环绕电影,这些技术可以使计算机生成的全息影像与实况娱乐者及观众产生互动。虚拟挂钟、虚拟装饰已经进入人们的日常生活,丰富了人们的观看体验。在游戏当中,玩家比较熟悉的是作为参与性媒体平台的地面互动投影以及新型的娱乐手柄。参与者通过这些媒介体验设备置身于游戏世界中,获得极大的视觉刺激和观赏快感。

---

[1] AZUMA R.A survey of augmented reality[M]//Presence:teleoperators and virtual environments. 1997:355-385.

哥伦比亚大学开发了一个项目,在校园里设置了诸多的多媒体信息,让人身处校园观看景色的时候能通过扫描二维码等方式,看到历史原貌和附着其后的历史故事。比如,当路过校园静谧的小道,通过手机你可以获知眼前的景物曾经触发过某位文豪的创作,使其写出脍炙人口的作品。此时手机里播放着作品的朗诵和作家本人的访谈,此情此景,结合手机里的文字、视频会让你对这个作品产生更深刻的了解。

增强现实技术正在改变我们的生活环境,逐步向我们的生活空间拓展。包括商店、车站、公寓和街道在内的很多建筑物都被改造成一种可观看的媒介,实时地向我们发布天气变化、股市风云、社会新闻和商品广告等各种信息。泛光照明、楼宇电视、户外大屏幕等各领域和增强现实也有着紧密联系。现在可穿戴计算机、地理信息系统、卫星定位技术也都在大力发展增强现实技术。澳大利亚学者格威尔特这样说:"从创造的观点看,增强现实移动艺术的前景极为开阔,因为它可以将数码内容赋予物理环境或空间。它意味着艺术作品可以为不断变化的场所和境况而创造,从而,我们得以观察如何将一种空间和真实空间叠加。从观念的视角看,增强现实作品不是一个空间模仿地取代另一个,而是旨在理解二者关系的复杂性。"①

图 2.4 增强现实游戏

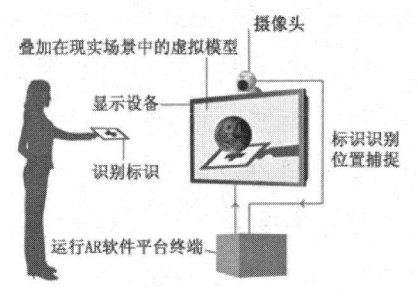

图 2.5 增强现实展示

---

① GWILT.Augmented reality and mobile art[M].New York:Springer,2009:593-599.

2.增强虚拟空间

增强虚拟空间(augmented virtual pace),其采用的技术和虚拟现实VR的硬件支持很相似,但是在AR(增强虚拟现实技术)中,真实的周遭环境扮演一个非常重要的角色。AR主要的目的是把人造的虚拟对象置于真实的环境当中,或是真实环境的实时影片中。它所利用的核心技术包括对现实物体的识别、地理位置定位,以及根据场景不同所需要的即时演算,等等。如果说VR(虚拟现实)企图取代真实的世界,那么AR(增强虚拟现实)则是在实际的环境中扩增信息。Wikitude是一款AR的手机应用软件,操作者通过手机的摄像头把现实中的场景捕捉下来,再通过位置算法在现实场景中标注信息,用户通过手机屏幕看到的现实场景要比单纯用眼睛看到的现实场景"增加"了很多内容。在游戏当中,AR技术被广泛应用,比如任天堂的掌机3DS所自带的游戏功能,利用现实场景增加游戏角色,或者为现实里面的人物增加特效能力。在AR里,使用者看到的世界简直与计算机接口合二为一了,它不再是有先见之明的科学家、科幻小说家和工程师的专享产品,而是已进入大众生活,正试图干涉人类看待世界的方式。面向移动终端的增强现实技术带来的几个富有价值的应用值得我们关注。

应用1:室内定位

增强现实技术最受欢迎的交互方式体现在基于位置的移动应用(Location-based Mobile Applications)。考虑到全球定位系统(Global Pointing System,即GPS)中基于位置的应用在室内定位体验上有一定难度,研发人员在室内的不同位置布置标记点,通过移动终端的摄像头扫描这些标记点,从而获取感兴趣的位置信息,比如附近的座位布置信息等。

图2.6 室内定位展示

该项技术同样可以应用在其他室内场合,比如大型购物商场。目前,我国正在积极研发一款名为城市镜头的 AR 智能手机应用,这款手机应用能完成城市导游、景点导览,极力打造一个用户和商户对接的互联网移动资源整合平台。只要一机在手,整个城市的公共基础设施就能纳入观看之中,摄像头带来的实景展现功能,让你看到、听到甚至闻到你所观看到的区域的具体情况,达到"人未至,心已到"的境界。

应用2:海报内容动态展示

AR 设备更具备左右我们日常生活的潜力,甚至还有机会取代智能手机、桌面系统。研究专家斯塔纳(Starner)说,一旦他看到在现实世界中,用操作熟练的超个性化设备能够让他的生产力和影响力得到强化,他就对虚拟现实更感兴趣。增强现实技术随着 Google 发布的概念型眼镜(Google Glass)而得到了人们的高度关注。与 Google 眼镜体验类似的移动终端的 AR 应用也开始如雨后春笋般出现,比如当你在街上看到一幅绚丽的海报,你可以直接通过摄像头去观察这个海报,你所看到的不再是平面的、静止的内容(见图2.7)。曼恒的研发人员开发的 AR 移动平台可以通过识别海报的内

图2.7 动态海报展示

容,然后调用相关的视频包,配合着摄像头拍摄到的图像跟用户进行一场"谋划好"的实时互动。目前,曼恒的研发人员为国内 AR 技术的发展及应用带来了最新的突破:曼恒成功研发出了面向移动终端的增强现实技术平台。用户可以通过使用移动终端(比如 iPad、iPhone、Android)的摄像头对感兴趣的自然图像进行捕捉,从而在移动终端上显示与自然图像对应的,以文字、图片或视频为表现形式的数字化信息。

应用3：互动学习教材

增强现实技术在儿童教育领域也将发挥其交互性、趣味性的优势。有专家评估，增强现实技术对教育的影响可以归结为三点，即知识可视化、实时交互性和超现实感官体验。增强现实技术可以通过虚实结合的学习环境来促进知识的迁移，达到寓教于乐的目的。随着移动设备和增强现实技术的结合，移动学习和自主学习成为现实。曼恒的研发人员开发的 AR 移动平台可以将一本普通的、印有插图的纸质图书中的二维内容通过互动形式来实现对应三维内容的生动展现。一家名为 magic leap 的公司正在做一套幼教系统，他们的口号是要将世界变成触屏。在他们的产品推广会上，宣传片展示了这套系统的强大：一只小小的大象在一个打开的手掌上打着滚；教室中孩子们看着悬浮在空中的海马欢呼；一只恐龙从书中喷着火焰飞了出来，发出嘶吼的声音。研究专家解释它的工作原理：AR 技术直接将光线投射到视网膜，欺骗大脑，让大脑无法辨别光线是来自于自然还是光纤投影器，它产生的密集光场可以让眼睛感知不同距离的物体，因而产生景深的感觉，这样眼睛能聚焦在虚拟的物体上，就如同它们真切地存在于现实世界中一样。同时，使用计算机传感器从现实世界采取即时数据，以确保其全息图像能准确融入周围的现实环境，一个定制的全息处理单元（HPU）负责以足够快的速度来获取并处理这些数据，从而避免视觉延迟。另外，除了上述的全息图像外，这一设备还采用了双耳音频，即两耳能听到不同的声音，或是说"空间的声音"，换句话说，你听到的声音和声源与你双耳的相对位置有关。这样，你会真的能够听到巨龙朝你俯冲而来，怒吼声灌满你的耳朵。

图 2.8　AR 互动幼教系统展示

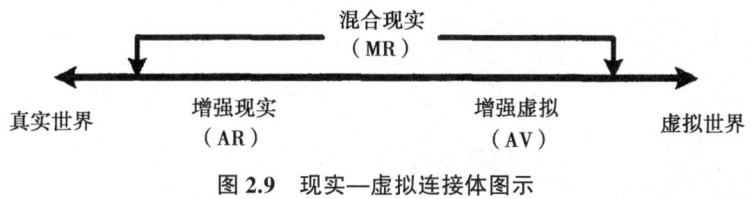

图 2.9　现实—虚拟连接体图示

3.全息数字影像空间

全息学(Holography)是一门现代化的科学技术。人类在最大化地追求观看的逼真效果时注意到了在立体感方面的需要,绘画的精美、影视作品的炫目在没有了立体感的作用下都失去了与真实世界相同的观看感受。人有对立体事物的感知,是因为人眼是横向观察物象的,观看角度因而会有差异,图像经视觉并排呈现,两眼之间的距离也会加大观看间隔,经神经中枢的融合反射以及视觉心理的补偿等反应机制,因此产生了立体的感觉。全息技术在这个原理下,向两个方向发展:一种是在观看时利用差异特性产生立体感;另一种是在呈现时显示真实的 3D 立体影像。由这两个路径,形成了比较完善的发展方向:一个是全息摄影术;一个是全息投影术。因为技术研究角度和原理不同,它们所呈现的空间形式也不尽相同。

(1)全息摄影空间

"全息摄影是利用光的干涉把物光波的振幅和相位同时记录下来,再利用光的衍射使之在一定条件下再现,从而可以获得与物体十分逼真的三维图像。"[①]

现在全息摄影艺术已经在生物医学当中被广泛运用。以往医生需要使用 CT 扫描仪,通过核磁共振成像仪来收集 2D 图像数据,并在此基础上创建 3D 可视图像,不仅过程烦琐耗时,而且图像的清晰度也在转换中模糊,不能如实地反映出患者的器官组织状态,因而有时不能帮助医生做

---

① 马中洲,张凤晶,王晓娟.激光全息摄影技术及其应用.[J]影像技术,2009,21(5):31.

出准确判断。全息摄影技术实现真实的三维图像和再现技术,如同真有一个实体在那里。医生不仅可以实时创建3D图像,还可以移动放大、操控,这样外科医生和放射科医生可以依据图像从任何角度切割虚拟结构,产生无限数量的截面,并旋转图像准确定位。或者在手术之前,外科医生在开放式心脏手术中用一个手写笔自如地操纵着病人器官的全息图,以获得游走于脆弱组织与血管中的更好的感受,保证在真正的手术中万无一失。同时,在电影娱乐和艺术文化传播当中,全息摄影术的运用也相当广泛。在著名的电影《少年派的奇幻漂流》中,导演李安运用的"虚拟摄影机"技术就是一种增强显示系统,导演可以在显示器上实时观看动作捕

图2.10 全息摄影作品

图2.11 芬兰全息摄影邮票

捉过程在计算机上生成的结果,以便随时对场景进行调度和调整。虚拟摄影机生成了一个全新的空间并最终对真实的拍摄空间产生决定性的影响。艺术家李二男影像装置作品《跨界》《新金刚全图》借用了全息摄影术,转换古代书画与经典作品中的画面,使之成为动态场景,延伸画面的诗意景色,东方古典山水作品里的山明水秀、云山雾罩、林间隐约的村野人家、泛江舟行的蓑衣旅者,在李二男复制的动态影像中,经历着春夏秋冬。动态画面中光影流年的时空况味,又使古画褪去沉重的历史感。更特别的是,数字特效使得中国意境的笔墨山水空间和西方的写实景物空

间巧妙地形成了一种并置的对话,给人新奇的审美感受。

(2)全息投影空间

全息投影(front-projected holographic display)也称虚拟成像技术,是利用干涉和衍射原理,记录并再现物体真实的三维图像的技术。全息投影技术不仅可以产生立体的空中幻象,还可以使幻象与表演者产生互动,一起完成表演,产生令人震撼的演出效果,形成炫目的虚拟和真实结合的影像空间。全息投影技术一共分为以下三种:空气投影和交互技术;激光束投射实体的3D影像;360度全息显示屏。

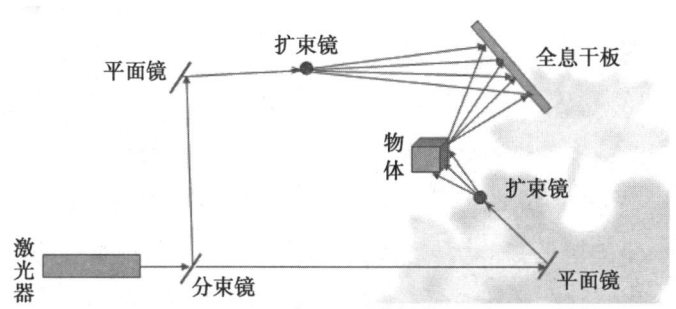

图 2.12　全息投影拍摄过程

图 2.13　全息投影展示

在 2015 年的春节联欢晚会上,《蜀绣》利用全息投影技术,使全息技术和艺术进行完美的融合,营造了一个美轮美奂的魔幻空间(见图2.14)。节目从非物质文化遗产——蜀绣上汲取灵感,配合李宇春的表演,为我们带来一场视听魔术。整个节目通过全息技术、多媒体技术以及演员的表演无缝衔接,使观众能够观看到三层空间效果。实时互动结合投影,数值、数据和传感器通过离子形式生成云效果,对表演者的表演做出即时反应。演员在一个奇幻的世界里随意展示蜀绣服装的精美,瞬间就可更换衣服,又可以从人形幻化成花瓣飘洒,特别是李宇春在表演中表现了分身的特技,让人一时间对五个李宇春难辨真假,区分不出哪个是李宇春本尊,哪个又是虚影。这个令人咋舌的视觉奇观,依托的就是全息投影技术,holo 全息透明膜设置在演员前面,特殊的光学镀膜材料能够把反射而来的光线以 45 度角折射给观众,形成一个由高精度 IED 影像成像的三层的空间系统。其中,最外层是全透明的全息影像层,中间层是演员的真实表演空间,最内层是 LED 大屏幕背景画面。这三个彼此独立的空间被错层合成一体,形成一个新的虚实相生的唯美空间。

图 2.14　2015 年春节联欢晚会《蜀绣》(表演者:李宇春)

新媒体艺术家李颂华在自己的作品《风景轮流转》中,运用了全息投影技术。艺术家在这件作品里,加入了马、古代的拴马桩、土等实物,同时在其后面背投一个影像。影像内容是每两分钟置换一个拍摄的城市市景，它们包括有水的风景、安静的街道、空空的地铁车厢，等等。而这一看似单一的影像，在不经意的瞬间又变换成其他背景影像，从而与前面相对静态而固守的"场景"之间形成一种有趣的联系。当循环的影像再回到先前的场景时，在它前面的那个相对静态而固守的现场场景，却可能静悄悄地发生了些许变化，马会动，土也会相应地跟着起伏，只有那根拴马桩永远戳在那儿。在这个变化中，新媒体、旧物件和现代影像"合力"为我们营造出一个完整的世界。

全息投影技术当然不仅仅被应用在娱乐休闲之中，更多的开发已经向生活领域延伸。比如大家熟悉的车载导航，各种智能手机、独立的GPS、车载导航系统都已经成为生活中的一部分。目前，导航系统的大忌是使观看变得分心，也许很多事故的发生就在低头的瞬间。很多汽车制造商会在豪华轿车上装配平视显示器（HUD），平视显示器会将重要信息投影在挡风玻璃上，像车辆速度、导航提醒等。现在瑞士的一家公司打造了一款新型导航仪 Navion，比平视显示器更灵活方便，可以直接安装在仪表盘上，把导航信息和相关提醒投射到挡风玻璃上，这使得你的观感像在游戏界面当中。你驾车在真实世界的感觉被玩一款赛车游戏的感觉所替代，但是路上的行人和车辆却都是真实的，一旦犯错我们无法重玩，所以从这个意义上来说，这个发明是让人们更安全还是更不安全，我们无法判定，但它说明了一种发展趋势——生活空间和虚拟技术构筑的虚拟空间在这里融合在一起，成为我们生活的一部分。这也是媒介化观看带给我们的思考。

(四)媒介化观看环境下虚拟空间的特点

1.虚拟性

虚拟性是虚拟空间的专属属性，它是人建构的一种环境。这个环境中的一切都是被人为构造出来的，但是人们却可以在这个环境中生活、交流、发生联系。从空间的角度来说，虚拟空间在数字化来临之前就已经存在,鲍德里亚用"仿真"社会分析后现代社会的特点,"仿真"有的时候和"虚拟"混用,无论是"虚拟"还是"仿真",他指出都是各种媒介用图像的方式占据着世界的角落,人类进入彻底的读图时代后,随处可见的是貌似真实却又缺乏所指、没有客观依据的图像。"仿真"是利用实际存在或设想中的模仿物,依据客观世界中系统之间的相似性或同构性对现实的一种模仿和呈现。仿真重在"真",求其逼肖;虚拟重在"虚",强调它本来就不是真实存在。虚拟现实空间是对现实空间的虚拟和模仿,但是最终它可能会比真实还要显得逼真。虚拟不等于虚幻,其进一步发展会对真实生活产生影响,二者相互混合,彼此增强,甚至会改变我们对真实生活的看法。人们可以利用化身隐匿自己的身份进行平行世界的生活,所以说虚拟空间改变了人类的生活实践,使人们的空间多重化,人们往返于虚拟和现实中,人们的社会活动空间被拓展。有些批评家警告说,我们业已身处于一个虚拟现实的空间当中了。计算机的发展超越了传统真实与虚构的对立,将虚拟想象变成艺术活动的空间。在虚拟空间中,人们利用媒介物,运用艺术的表达,改变了物理空间的呈现,使得人们的观看感受改变,产生新的空间感受。张明仓认为:"虚拟指的是人们借助符号化或数字化中介系统超越现实、观念的实践建构起来的'非真实的真实世界'的能力、活动、过程和结果。"①

2.流动性

流动性是虚拟空间区别于传统空间的最大特点。一般来说,传统空间是稳定的,因为物理学和地理学上的属性要求空间必须有具体的实体存在形式,同时这个特性也赋予它相对稳定的存在形态。无论是自然空间还是社会空间,人们身处其中,所有的实践活动都受其制约,人们的迁徙、交往活动都是被限定的,因而显得有序和有限。但是,虚拟空间的人机交互系统却把这种稳定性打破了,人们不再受国家、民族、地域等边界

---

① 张明仓.虚拟实践论[M].昆明:云南人民出版社,2005:60.

限制,任意地在虚拟空间中四处流动。技术手段的发展使得人类的社会空间、文化活动、经济活动都被信息化,信息化使得流动更加便捷和无处不在,各种文本、声音、数据、图像信息以数字形式被组织起来,以电子形式被传输,形成强大的流动性。在这个过程中,真实空间和虚拟空间有机地结合在一起。虚拟空间的流动性没有取消空间,而是改变了空间。虚拟空间借助流动性向社会生活的方方面面渗透,特别是在全球化的背景下,显现出对现实空间的影响力。信息技术使得人力资源、物质资源、金融资源、技术资源以及信息资源在全球范围内突破固定空间的限制,在城市、区域、全球顺畅流动。在流动空间中,时空已经不是限制人们交流信息的阻碍,人们可以在虚拟空间中跨越千山万水,形成"天涯共此时"的意境。

3.多维并置

如果说传统空间是单一的、纯粹的,那么虚拟空间则从一开始就呈现出多维并置的特点。虚拟空间和自然空间以及社会空间不是彼此对立的阴阳两极,而是并存在人们的实践活动当中。人们在真实空间中登录虚拟空间,虽然神游千万里,但肉身还存在于真实空间当中,真实与虚拟在这里并置,形成了一种互融。这是一种异地空间的并置,拓展了人类对空间的深层的体验与意识。在虚拟空间中,空间的显现形式也是多种多样的。比如,很多游戏的设置都依据动作线安排一种套层化的多层空间,体验者根据任务的完成游走于下一个层级,由一个空间转入另一个空间,这样的设置像俄罗斯套娃一样,一层套一层,层层递进。此外,在新的数媒技术的支持下,空间还可以互相叠加,在现实空间中叠加一个虚拟的空间,增强虚拟现实技术形成的空间感就会是这样的空间形态。在 2014 年公告牌音乐颁奖典礼上,已故摇滚巨星迈克尔·杰克逊在现场观众的目光中复活了,全息影像的魔力栩栩如生地再现了歌王的风采,他歌唱、他舞蹈,他以熟悉的方式迈着太空步划过舞台。在这个 4 分钟的表演里,是一个特别让人信服的幻影在舞动,它用最新的突破性真人动画制作而成,

图 2.15　2014 年公告牌音乐颁奖典礼

包括视觉特效和表情建模，创造了一个穿着金色夹克的 1991 年的杰克逊的形象（见图 2.15）。在这个演出中，六个超强投影仪高挂在舞台上方，向下面一块倾斜的反射塑料板上投射"虚拟杰克逊"的高清片段，从那里，录影弹射回观众看到的表面，从而让观众感觉到杰克逊就在他们面前的舞台上重生。舞台上的舞者存在于真实空间，迈克尔·杰克逊则是虚拟空间，两者无缝衔接在一处，是现实空间与虚拟空间无缝叠加形成的经典画面。

数字特效技术还能实现多重时空的跨越，因为计算机能够设计摄影机的运动轨迹，将它进行数据化的处理，再加工合成，这可以营造出时空穿越的视觉效果。比如电影《第五元素》，时空穿梭和具有未来感的世界呈现，就是用数字技术完成的影像拼接。《阿甘正传》中的经典画面，阿甘的扮演者汤姆·克鲁斯与已故的前总统肯尼迪相谈甚欢的场景非常真实，也是利用影像合成技术将演员的表演和新闻纪录片结合，并通过影像合成技术，完成了时空穿越，带人们进入真实的视觉感受之中。

4.去中心化

虚拟空间不再是以某个权力中心为信息原点的"放射性"联系空间，而变成了"处处皆中心"的网络空间。自然社会和社会空间都有着等级中心，权力、财富都会在群体中形成一个中心，与此同时，其他的大多数人就被排斥到边缘，这种金字塔结构使得更多的人变成了"沉默的大多数"。这一情况因为数字化时代的来临而发生了改变，信息权利被分配到千家万户，每个人都可以自由地接收信息并在此基础上生产和传递信息，人们通过虚拟方式与社会空间发生联系，转化为虚拟现实，这样就产生了多种可能，反过来对现实生活产生影响。在这个过程中，权力的集中性被瓦解，权力发生转移，"主流""结构"和"权威"的概念都被消除，呈现出一种开放与松散的离线结构状态。人们在这个信息大网之中，没有边缘和中心的区域划分，大家交流的基础是平等的，每个个体都被赋予了很大的自主性。在多元话语的碰撞中，人们形成了个体性的价值体系。虚拟空间的去中心化使观看主体之间的关系变得松散、变动和多样。

5.共享性

网络建立起一个庞大的符号系统，人们可以共同分享这个符号系统带来的信息流，世界在这种共享面前真正地变成了一个地球村，不同种族、地域的人因此可以自由地和天涯海角的人或信息接触。自然空间和社会空间都是独占的，人们不能既在彼处又在此处。因为空间的限制，人们在神话中幻想出分身术，希望像孙悟空一样能够同时占据不同的空间。而在虚拟空间当中，每个人都像孙悟空一样拥有了分身，并且是多重分身。比如，一个人可以同时拥有多个邮箱地址和登录账户，这些地址和账户背后就是多个不同角色的你。虚拟空间可以在连接设施的完备和准入协议的允许下，使用户同时与多个对象发生联系，赋予用户占据多个空间的可能；与此同时，虚拟空间的内容不会因为人数的增多而减少，也不会因为被反复使用而减少空间的容量。另一方面，人们因为虚拟空间可以共同存在、共同参与、共享意义。这在一定程度上提高了人们的工作效率和生活的自由度，但同时，虚拟空间的非独占化也潜藏着很多隐患，人们的自由度在这种共享中被无限放大，给人的社会交往、社会公共空间管理和网络言论控制带来了一系列难题。

二、观看路径的改变——新媒体环境下的"块茎化"观看

一般情况下，人们不可能同时认知所有的空间，人们往往只能在某一时刻经历一部分空间并由此逐步地感知更大范围的空间。我们所感知的空间是片段的、不完整的，意义的生成需要这些片段信息的有效连接，这

个过程是运动的、有序的。观看所预设的审美规划就显得尤为重要,其中包含了速度、节奏、顺序等要素。在传统的观看行为中,自我认知行为完全占有主动,阅读的速度、思考的时间都由自己掌控。但是在新媒体技术中,视觉的可能性被重新规范和界定,观看流程的块茎化正是新的观看流程的体现。在生物学上,块茎(rhizome)是指在"土壤浅表层匍匐状蔓延生长的平卧茎,如马铃薯或红薯之类的植物"①。这个概念被法国哲学家德勒兹所引用,形容新媒体环境中的思维模式和文本形态。它没有所谓的起点,更无所谓的终点,也没有贯穿系统内部的一个固定通路。它拒绝我们所习惯的严密的组织形式和带有支配性的概念,而是靠某种逻辑使异质性元素链接在一起,这种块茎式的文本就是超文本的表达。块茎否定的是长期以来观看的树冠模式,这种模式代表的是二元论、中心化和线性的路径,如同树干的结构,文本纲举目张呈现出"根—干—枝—叶"的逻辑化与等级化。而块茎则体现出超文本的多元化、非等级、非线性、去中心化、去层级化的特点,现代的时间观念被认为没有同一性和绝对性。博尔赫斯认为,时间是一张绵延不绝、错综复杂的大网,由无数个时间节点汇聚而成,这些节点互相背离、汇合形成无数的序列。所以,在互相聚拢、分歧、交错甚至永不交际的时间网络里,人们迷失在文本的"歧路花园"里,因而时间的线索性断裂了,观看的链接节点被块茎状代替。在块茎中,节点与节点之间任意相连,没有起始也不走向结束。这与以往树状模式固定于某个基点或秩序的观看不同,观看者进入任何节点,选择穿过与绕着网络的任何路径,没有首要的核心也没有清晰的入口或出口,没有优于其他坐标的坐标,因此也没有权威和向导。在这一点上,块茎化观看明确地反逻各斯中心主义传统和西方哲学的二元对立理论。基于此,块茎抹平了等级差异,"一个块茎可以在任意一个地方被瓦解、中断,但它会沿着自身的某条线或其他的线而重新开始"②。在这里,块茎所遵循的是

---

① 麦永雄.德勒兹与当代性:西方后结构主义思潮研究[M].桂林:广西师范大学出版社,2007:62.
② 德勒兹,加塔利.资本主义与精神分裂(卷2):千高原[M].姜宇辉,译.上海:上海书店出版社,2010:10.

"痕迹"而不是轨迹,轨迹是逻辑的,可以追溯的,痕迹是没有严格的层系、没有严格的教条组织信息的方式,而文本可以拥有许多导向自身的痕迹。

如果说以往的观看是图书管理员似的观看,那么新媒体的观看则是诗人的观看,将世界看成是充满联想、混合和连续性的。我们在说到超文本时会引用地志(topography)的概念,对于超文本的作者和读者来说,无论创作或是解读都不是对单一文本进行的,而是用场所和空间来实现主题。超文本作家乔伊斯运用地址隐喻——"轮廓"一词来解释超文本。他认为:"轮廓是面向观者的题写空间,当超文本因互动而伸展时,它是读者对超文本的体验的虚拟呈现。观者可以穿过文本朝前、朝后运动,它始终是可能而又不确定的,显示或实现新的联系。"①超文本形成了一种超空间(hyperspace)。迈克尔·海姆对于超文本形成的"超空间",有一段描述:如果宇宙中的三维欧几里得空间弯曲回到其自身,它就变成了一个空间有限但时间无穷的超球面(hypersphere)。当书写的词语有了一个额外的维度时,每个角度都是同一文本的另一种变体中扭曲的形式,词语被并置或叠起来了。"超文本中的直觉跳跃,就像科幻小说中太空飞船的运动一样;当这种虚构的旅行超过光速时,它就变成了穿越空间的跳跃,超文本打乱了思维的逻辑轨迹。在这两种情况下,我们那种线性的知觉无法跟上可以分辨出来的运动系列,超文本一眨眼便将事物联系起来。与超文本进行交互就好比是超越光速的运动,就像计算机的提纲处理使得传统的脚本和印刷提纲的层级体系减弱,超文本支持直觉跳跃,而不再遵循传统的一步一步的逻辑环节。在超文本中的典型运动是跳跃,而不是步伐。"②

此外,块茎包容性极大,它所蕴含的符号类型非常丰富,可以是文本、视频、动画或者音频,这使得观看从单一走向丰富。传统的文本因为只有

---

① JOYCE.Feel for Prose:International links and the contours of hypertext[J].Writing on the Edge,1992.
② 海姆.从界面到网络空间[M].金吾伦,刘钢,译.上海:上海科技教育出版社,2002:29.

单一的路径,所以它被看成是平面的;而超文本具备多重路径,它可以被视为立体的。总之,块茎模式具有模块化、自动化、易变性和代码转化等新媒体特征。因为它遵循的是一种数字逻辑而非时间逻辑,所以它表现和阐释了知识体系的流动性、非等级性和去中心化特征。任何信息都处于巨型网络之中:人人都可以自由地进入信息流,并通过链接的方式游走在多重路径里,而且还可以搜索、复制、操控、添加和传输信息。

有的艺术家还把这种块茎化的思维体现在自己的作品当中,媒体艺术家泰森的艺术品就很好地诠释了块茎化观看的内涵,即出其不意的并置、任意的链接、碎片化与多元化造成的多种可能。这种观看需要人类具有新的视觉知识水平,以能够轻松跨越类别与主题之间的边界。他的作品《大面积列阵》是由三个模块单元组成的,这些模块的材质是聚苯乙烯。这些模块被放在约0.6米高的隐形立方体当中,然后被有序地排成网格状;这些彼此独立的单元各自代表世界、科学、流行文化、消费品等,和它们放在一起的还有一些物品,比如蘑菇、汽水罐、用卡片做成的房子、老虎机(见图2.16)。观看没有规定的路径,你可以选择多个路径在立方体之间穿梭。这个装置希望用这样的方法启发你的联想,让不同的观者处在不同的雕塑当中,依靠自己所看见的和想象力决定属于自己的视觉、心理以及哲学上的联想。艺术家认为这基本上是对百科全书的一种三维模拟,认为万事万物都可以在没有等级结构的约束性和单一性的情况下被链接起来。

图 2.16　泰森作品《大面积列阵》

三、观看场所的变更——从"黑匣子"到"游乐场"

(一) 黑匣子所表征的空间

观看一直存在于环境当中,观看的空间是人在观看发生时最直观感受到的因素。观看现实世界时,观察者置身于真实的时空当中,所有的感觉器官指向相同的观看对象,在已有空间经验的协助下,对反馈回来的信息进行加工重组,从而获得真实的感觉印象。这个过程就是一个把现实的三维世界转化为心理的三维空间的过程。在这里,观看空间与观众是共融的,是纯粹的生命体和非生命体共存的空间。

人类在观看的效果上一直追求营造幻觉感,现存的罗马共和国晚期的庞贝壁画运用视觉技巧将壁画扩展至平面之外,这样使得人眼对房间的尺寸造成更大的错觉,视线被吸引到视觉中心点,真实空间和图像空间之间的界限被这样的视觉机制所模糊。这种技法的运用试图将各方观众引入一个时间和空间的统一体中,使他们和外界隔离,从而营造一个置身图画、图像空间及其虚幻世界的幻觉世界。比如,庞贝城米斯特里别墅的第5号房间的墙面,背景用了热烈的红色,在大理石的镶嵌上,有29个高度写实真人大小的画像。一进到房间,观看者就获得了一种被时间与空间360°包围的全方位、沉浸性感官体验。15世纪意大利的艺术家们,如布鲁内莱斯基、马萨乔和吉贝尔蒂,通过透视法营造空间的纵深感,莱昂纳多把它比喻为窗口——一扇打开不同现实世界的窗口。当这扇窗口转化为屏幕,人们对观看场所的要求更高了。卢米埃尔首次放映的《工厂大门》标志着电影的诞生,但是人们忽略了它的放映地点——一家咖啡馆,人们没有意识到电影剧场的雏形已经出现。同咖啡馆一样,早期的观影剧场都是一些出于商业目的的公共空间,它们具有早期观看空间的空间特性:(1)放映机与屏幕构成的影像空间;(2)观众间彼此交流的空间;(3)观众与周遭环境的空间。分析它的空间特性我们可以发现:第一个空间是一个纯自然的物理空间,承载着传播人类活动的功能,将胶片记录下的光影呈现在屏幕之上;第二个空间是若干生命体的互动与交流的场域;第三个空间则是一种生命体和非生命体之间相互作用的空间。

这个"放映—观影"的模式塑造了一种新的观看环境,在这个环境中,"有生命的身体与一个被复制的身体以及自然时空进行交流"。① 按照巴赞的理论我们不难理解,这是人们的"木乃伊情结"——电影的发明本身就源于人类复制外形,与时间抗争以保存生命的原始本能。它还涉及"人类试图创造一个符合现实原貌而时间上独立自存的理想世界欲望"。② 影像成为一个独立自存的时空,不停地满足人类原初的窥视欲望,与人类的感官发生交流与互动。但是,影像在有限的空间中如何能以一种生命的形态与人类交流呢?

人类的身体感知是人类在时空中找到存在感的坐标,身体既是空间的中心也是意识的出发点。19世纪末,哲学家尼采就认为空间的本质是一个由身体运动产生的力场。莫霍利·纳吉在《新视觉》里就提到空间是一个场,人生理的敏锐感受和激发出的生命力量都会对这个场产生连续的影响。梅洛·庞蒂进一步将这样的感觉运动称为身体空间运动的"点—界"结构,只有在它前面设置一个能从那里看见它的身体性区域,在它周围设置作为该视觉的对等物的不确定区域,才能告诉我什么是点。"众多的点或'这里'原则上只有通过多种体验的交织才能构成,在体验的交织中,每次只有一个体验成为对象,而且本身就在这个空间的中心形成。总之,我的身体在我看来不但不只是空间的一部分,而且如果我没有身体的话,在我看来也就没有空间。"③

当光学符号成为信息被眼睛所捕获,经过大脑的神经中枢,经整体知觉系统传输到身体后,这样,光学符号就被赋予了生命形式。屏幕影像的

---

① 梁国伟,薛永增.数字家庭影院:计算机与网络技术重构的观众身体空间[J].北京电影学院学报,2010(3):74-78.
② 巴赞.电影是什么[M].崔君衍,译.北京:中国电影出版社,1987:7.
③ 庞蒂.知觉现象学[M].姜志辉,译.北京:商务印书馆,2001:140.

生命生成于观众身体感官对影像的体验瞬间,从这个意义上来说,电影不是完成于剪辑台,而是完成于播放的场所当中。

在"放映—观影"环境当中,出现了两个空间:一个是屏幕和观众心理感知之间的幻想空间;另一个是观影者身体与现实环境融合的现实空间。这就意味着,电影的观看空间是一个介于真实与幻觉边缘的分裂的空间。麦茨把弗洛伊德的理论借用过来,发现电影中的观看心理就是一种"窥淫癖"。窥淫就是通过观看活动,把被注视体当成性欲对象从而获得快感。而观看快感来源于对欲望的满足——对于不在场对象的无限追求。

电影观影空间和银幕空间在空间上的分裂状态使窥视者觉得自己是安全的,因为窥淫活动发生的原则在于要保持距离:被窥视的对象和窥视的眼睛或窥视的身体之间必须保持距离;一旦这种距离被破坏,窥视者暴露在观看之下将会感觉心理不适,而中断窥视。这样的原则体现在电影中,演员的视线不能与摄影机重合,否则就是所谓的穿帮镜头,因为这样的镜头会让窥视主体意识到自己的存在。

"电影的视界特征能够始终保持对象和观看者之间的分裂,即在场的缺席和缺席的在场:电影为观众提供一种恍如身临其境的现实印象,但是它并不是真的在场。演员和观众是分割的,银幕空间和观影空间是断裂的。"[①]

拍摄和观看空间的存在,使得观众和演员能够处在不同的时空。他们之间产生的联系是由影像提供的,银幕上的一切让人身临其境,但是观众看到的只是些知觉材料。

"在播放的过程中,影像是缺席的在场,观众则是在场的缺席。以缺席的方式出席和在场,是电影的一个重要的特征。"[②]

电影这种缺席的在场,电影时空与现实时空的断裂,满足了人类的窥视欲望。因而,电影被当作造梦的机器,观众在黑暗中被唯一发光的屏幕

[①][②] 赵晓珊.认同机制与观众心理——麦茨的精神分析电影理论评述[J].文艺研究.2011(6):95-106.

吸引视线,跟随导演的引领做一个白日梦,进入一个被幻想构筑的世界。但是,电脑在制造屏幕上的幻觉的同时也制造了一个无比真实的现实空间——剧场(黑匣子)。这两个空间彼此依存却又无比矛盾,它们的分裂时空状态对观看的心理体验会产生影响。窃窃私语、不洁的气味、闪烁的手机屏幕都会使观看变得困难。因而传统的电影观看空间为了吸引观众进入叙事,不得不带有强迫性或者说和观众达成一种约定俗成的交易,即观众不得不暂时牺牲自己观看的自主性。而播放者构造了一个黑暗的空间去限制人们思维的无序状态和眼睛的散漫巡游,同时用固定的座椅限制了人们的肢体随意自由,只有眼睛的权力被无限地放大。观影空间将身体的感知压缩成一种指向内心深处的静观状态,这种静观状态凝聚并释放了思维的能量,最终这股力量又会投注在屏幕影像上,"将不受约束的意义纳入时间与思维的直接关系之中。这是视觉符号十分独特的延伸:使时间和思维成为感觉的,让它们有形有声"①。在这个基础上,自电影发明以来,电影术就一直竭力构造一个新的观影空间,希望这个屏幕空间能引起观众深度的幻觉,人们能真正忘却身体所处的剧场空间,以突破黑匣子空间给人的观影束缚。

(二)新媒体环境下的虚拟空间——声、光、秀的游乐场

计算机与网络技术运用比特的概念把对空间的数字理念化理解转换成了一种可把握的物理性实在。由此,数字化的观看空间改变了现有的观影空间,胶片感光影像和电影观看场所之间的关系也发生了变化,所营造的幻觉与现实的矛盾空间也被计算机在比特的意义上统一了。而新媒体技术把一个幻觉空间构造成一个物理现实空间,于是传统的观影环境发生了改变,屏幕影像空间与观众所处的环境空间融为一体,原先的三个空间变成了两个:一个是身体与身体的交互空间;一个是身体与环境的交互空间。这也就意味着,新媒体的观看空间已经模拟了人类身体的交互活动。

---

① 阿恩海姆.艺术与视知觉[M].滕守尧,朱疆源,译.成都:四川人民出版社,1998:444.

新媒体的观看空间是一个既具物理性又具虚拟性的空间构造,并且把影像空间与现实空间巧妙融合。从此观影环境不再是一个有着发光屏幕的黑匣子,而是由一个由声光表演秀构成的迪士尼游乐园,人们的观看变成了如同坐过山车似的疯狂体验之旅。

目前,一款名为 Oculus Cinema 的 App 应用被研发出来,届时虚拟技术要在传统影院掀起革命,它不仅仅为观众呈现虚拟现实电影,还打算彻底取代电影院,在家戴上 Oculus 能让你体会"坐在影院看电影"的感觉——一排排座椅和墙壁,窃窃私语、吃着爆米花的观众,完全一样的观影氛围(见图2.17)。与此同时,观看者可以自由地调节电影的类型和规格,是选择 IMX 还是普通屏,都由你说了算。在观看的时候,片子里的角色还会"跑出来",跟你肩并肩"坐在"电影院。

图 2.17　Oculus Cinema 公司的作品虚拟电影院

多媒体艺术家珍妮特·卡迪夫在作品《漫步》中对于展览空间和心理空间做了新的探讨。每个观看者都戴上了随身听和便携式摄像机的显示器,这些设备和展览环境连接起来,引导着观看者穿梭于博物馆收藏品与展区之间。展馆中的万物被建立起联系,并转化为一件被延长的艺术品,观众在这个空间中被融入进去;在观看时,一些物件和建筑细节通过声道得以强调,声音发挥着戏剧性叙事中道具的作用。在这场戏剧性叙事中,故事虽然没有被明确地叙述出来,但是情节已经通过视觉和听觉线索被暗示(比如枪声和杂乱的脚步声)。在观看的同时,每个参与

图 2.18　故宫 CAVE 虚拟成像系统——入口

者都被视听元素调动起积极性,充分发挥自身的想象力,主动完成信息的填补,完成属于自己意义上的观看。

艺术家致力于通过创造仿真环境建立一个美丽新世界,在这个环境中,观众以往的经验被唤起,但是作为独立世界的身份却被保留下来,所以每次观看都似乎被带到了另一个领域。

媒介技术的完善已经达到了和人类真实观看一样的程度。媒介不再是障碍,或者说在人与真实世界之间,你开始感受不到中间物——媒介的存在。为了让观看变得丰富,科技人员努力在视听技术上做到最大限度的真实。

日本 NHK 在 2013 年戛纳电影节上展示了全球首部 8K 电影短片《珍馐美味》,它的特殊之处不在于剧情的跌宕起伏和演员阵容的强大,而是它采用了 SHV 标准(SHV 是英文全称"SUPER HIGH VISION"的首字母缩写,它是目前清晰度最高的一种超高清电视标准)。SHV 的分辨率达到了 7680 * 4320@ 120fps,是人眼所能处理的最高分辨率,因而被称为人眼极限。22.2 多声道同步播放(上层 9 声道、中层 10 声道、下层 3 声道),环绕立体声,让这种幻觉的体验更加逼真,使观众身体被物理性的声波所振动,配合电影屏幕内肖似现实的影像,给人们带来一种对时空的身体感知。

美国创新科技公司在这方面走得更远,他们设计出可以与角色进行主观听觉联动的用户环境声场控制引擎系统,让观看者仿佛置身于真实环境中。比如,虚拟听觉空间就是配合视觉加入并行的三维虚拟声音,这样人们在观看时能在模拟环境中收听到还原度逼近于真实环境声场中的声信号。这个系统被运用在游戏中,还能够依照游戏角色的运动而进行位置改变,经由环境内的扬声器系统,定位并模拟游戏角色的主观听觉声场。这样,新媒体技术的发展就为影像空间与现实空间的联动,提供了技术实现的可能性。

在影片《香草的天空》中,女主角参加一场聚会,这个聚会的娱乐节目非常丰富,一个吹着萨克斯管的黑人引起了她的注目。因为这个演员并不在现场,是一个虚幻的影像,但是他的逼真性和现场感却让女主角伸出手去探寻,遗憾的是,穿过她的手的只有光影。这不是影片的虚构,在现实生活中,影像人物外貌和运动的数字化已经没有技术障碍,目前的三维立体扫描技术非常成熟,一个现实人物外形可以迅速被转化成三维的立体影像,然后利用动作捕捉技术,将真实人物的运动形态处理成为精准的运动数据。屏幕影像中的人物与环境已经被现代数字技术变成一个整体的空间构成,再加上观众身体及其所处的环境,现在的新媒体空间成为一个巨大的数字信息化的联动空间,观看空间的概念已经被改变了。

  观看场所的空间从固定的区域向无限的可能演进正是未来发展的趋势,"游乐场"在这里代表着多元化和虚拟化的观看环境,人们的观看空间正在朝着一个模拟自然状态的三维信息空间的方向发展,它的表现形式或许是一个数字家庭影院或许是一款电子游戏,甚至有可能是一栋智能住宅。基于虚拟现实的各种技术正在趋向于融合汇聚,逐渐形成一个强大的综合技术基础平台,构造出新型的数字信息空间。在这里可以实现屏幕影像空间与现实空间的局部联动,正如一个包罗万象的游乐场,你所有的观看都变成了一个体验性的参与,影像人物的三维形体可以与观众身体运动的随机性产生交互,当它与观众身体共处在同一环境中,并且随着剧情向前推进,剧情中的场景与环境中的光线、温度、声音、气流等现实元素亦会形成联动式的变化,因而心理也会随着身体的运动产生一系列的反应。身处电影所创造的一个光影空间之中,我们不是在观看电影而是在感受电影。当我们的身体感知和现实世界的感知越来越相似时,我们就会下意识地把屏幕上的影像认同于现实世界的种种。当下的观影需求就是混淆心理幻觉空间与现实空间的边界,在这种诉求的刺激下,观看空间的虚拟化催生出一系列幻觉技术程序,希望观看者能感受到真实世界那种丰富的结构空间。模拟立体声、质感和触感体验,包括温度、风力、喷水、气味,甚至动觉的感官全部得到整合,加上宽银幕到球幕再到环幕、环绕立体声或动感座椅等技术配合的运用,能让人们产生超真实的观看体验,竭力使观看空间成为屏幕空间的延伸。

从艺术家戴维斯的创作 OSMOSE 中，我们可以想象未来的发展，戴维斯借助数据头盔并在胸前装上测量仪器进入到虚拟空间之中，在这个空间中，体验者处于无重力的状态，似乎漫游在创世纪时的原始状态，周围是充满生机的绿色花园和各种生物，人甚至可以进入到一片叶子当中。激发艺术家的灵感来源于她潜水时的心理体验，异样的空间存在、身体的悬浮感受促使她希望别人和她一起体验这个异世界，借助 3D 技术、虚拟现实技术，凭借人类的呼吸功能和平衡机能以及所营造的音波环境，人们真实地感受到了深水环境。美国艺术家尼克尔·斯滕格利用虚拟现实所创造的独特的梦幻空间，再现了人们梦想中的天堂。观众戴上头盔和数据手套进入天堂，在天堂的入口处，有一个心形的物体，触摸它就会出现一个天使，引领你进入一个又一个空间，这些空间让人联想起《死者书》和《圣经》故事里对于人在去世后七天七夜里所经历的情境的描述。

虚拟现实技术既可以让你幻想未来，也可以让你体验现实。杰弗里·肖关注被战争破坏的文明，他利用"二战"中的真实照片和 3D 技术，再现了"二战"中臭名昭著的集中营 Manzana，观众利用操纵杆在梦幻空间中穿梭，甚至可以进入画面，比如刚刚身处美丽的花园，突然环境变成被炮火轰炸后的废墟，让人直面战争的残酷。艺术家亚历山大·什莫朵夫和达尼埃尔·比朗在拉维莱特公园中设计了一个作品《电子青蛙》，这个作品由 12 个声音模组组成，对于外部环境空间的湿度、温度有一定的敏感性。新媒体技术使得声音的触角可以分析所在空间的"天气"，电子分析面板上的微处理器还可以连接到风速表、温度计、湿度计、雷达的观测结果，模组持续地与场域保持共鸣，传递先期准备好的声音。当我们置身于环境中，蛙鸣声使人仿佛置身于热带丛林；随着人位置的移动，蛙鸣声会随之有减弱或消失，如同真实情境之中，被惊扰的蛙群。新媒体技术所创造的幻觉非常逼真，使得在场者甚至宣称他们看见了青蛙。

新媒体技术在观看环境中的发展，需要竭力做到的就是使观众的目光不再被局限于屏幕，身体不被强迫性地规定在位置上，而是让身体置身于各种空间符号的包围之中，达到一种身临其境的强烈感知。这样的一种全感官触发的观影方式意味着观看的发展与转变,已经从单一的视觉符号的解读转向了对声音、触觉、嗅觉等空间符号的全方位体验。现代的新媒体影像也从家庭产品技术中寻找灵感,满足身体舒适的需求,比如按摩椅、适度计、冷热调节系统、新风净化系统等,这些都已被引入到影院建筑环境的综合改造技术中去了。在这个意义上,这个观影空间已经成为一个生态系统,为呈现内容奠定了基础并提供了良好的虚拟现实环境。

图 2.19　故宫虚拟现实剧场

图 2.20　故宫数字多宝阁

图 2.21　故宫虚拟现实剧场

图 2.22　故宫地面成像系统

四、被重新审视的"位置"——位置媒介的兴起

(一)位置媒体的特点

位置媒体,英文名称为 Location Based Media,它是一种新兴的媒体形式。移动运营商在 GIS 地理信息系统平台的技术支持下,通过无线电通信网络和外部定位等方式获得移动终端公众的位置信息,最终将之发展成为服务内容。位置媒体是一种服务性媒体,主要载体是智能手机。新

媒体艺术学者德勒兹在探讨位置媒体时曾有以下论述:"地图是开放的,可以在一切维度上连接,能够被拆除;它是可逆的,易受不断修改的影响;它可以被撕、翻转、适应于各种蒙太奇,由个人、群体或社会组织拿在手上;它可以画在墙上,被设定为艺术品,或者作为政治行动或中介而建构。与总是回到同样东西的追踪不同,地图有多重入口。"[1]通过对这句话的分析,我们可以明晰地看到位置媒体的特点:第一,它具有开放性,可以汇聚多种媒体于某一特定位置,反之也可以把汇聚于一处的媒体解除;第二,它具有可逆性,人们既可以根据GPS系统确定自己的方位,也可以通过通信系统进行位置追踪;第三,它具有极强的可塑性,它的运用领域很广,覆盖了经济、艺术、政治等多方面。你可以说它是触发现实社会互动的数码媒体,也可以说它是群体交流的系统中介,甚至可以说它是基于信息与通讯空间的体验,等等。它被广泛运用在移动游戏、交互叙事等多方面。以中国为例,自2010年以后,以旅游、交友、购物等为内容的软件纷纷被设计出来,比如切客、嘀咕、逛街、开开、网易八方、米聊、飘信、冒泡、碰友……这些软件都运用到了位置媒体。

(二) 位置与观看媒介

由于人的存在方式所决定,我们在特定时间只能占有一定的空间位置。如果说新媒体技术的发展表现出人们摆脱身体限制,超越现实生活的冲动的话,一种相反的倾向也在孕育发展着。人们希望在信号与图像中把握真实的位置与环境。

在新媒体发展中,位置媒体的发展体现了这种趋势。我们在特定时间内只能占有一定的空间位置,即"此在",当媒体把此在与彼在联系起来,让我们"身虽在,心已远",此在与彼在相互作用,无论彼在是他人的存在,还是我们自己另一时间的存在。在赛博空间里,位置这个意义就显得尤为重要。在观看主体意义上,观看者的物理存在非常重要,更为重要

---

[1] DELEUZE G.On the line[M].New York:Semiotext,1983:25-26.

的是他在社会生活中的身份位置和心理生活中的角色位置。在观看关系的研究中,不仅要搞清楚自己的位置,还需弄明白他者的位置,并能够就彼此的位置关系进行有效的交流。同时,媒体本身又占据重要的位置。这些都促进了我们对位置媒体的研究。因为有了媒体,我们尽管身处此在,却能了解彼在,并且与彼在相互作用,不论彼在是他人的存在还是我们自己另一时间的存在。同样,位置的含义也非常丰富。在主体意义上,我们不仅关注现实世界的物理位置,而且还关注别人所占有的位置及其与自己位置之间的关系,希望和别人就彼此的位置关系发生有效的交流。斯特林在《你是地理位置,他是地理位置,人人都是地理位置》(2007)中写道:如今媒体世界的一切都变得追踪化、紧随化与映射化。手机有了位置意识,计算机游戏走向了外部世界,万维网加上了地理空间信息,谷歌地图这样的地理浏览器被认为是全新类型的媒体。我们正在见证"位置自觉"一代的兴起,这一代人日益熟悉下述事实:地球任意一点都应用于经纬坐标。确实,当下人们观看的随时随地性使得媒体与位置的关系发生了显著的变化,无线电脑、蓝牙耳机、射频识别技术等都是顺应趋势发展的,这意味着观看者的自由度加大,但是也面临着私密空间受到威胁的尴尬状态。现实位置与虚拟位置的交错,成为"混合现实",现实位置在监控屏幕上呈现出虚拟的位置对应,人们对虚拟位置的调度与决定反过来又直接或间接地对现实位置的相关事态产生影响。在混合现实空间里,公共空间和私人空间的界限被模糊,我们被密布的摄像头所包围,电子眼构成的监视网络像天网一样将我们裹挟其中。

此外,位置媒体使得媒体与观看者的关系更加紧密,全球定位系统GPS对人们所在位置的锁定已经非常精准了。电脑允许交互性媒体对位置进行有效链接,地理信息系统GIS可以配合提供与该位置相关的各种生活信息,谷歌地图最终使得这种关系以图片的方式被观看者直接看见,在这里,空间变成了可视性的存在并为观看者所把握。位置媒体表现出一种令人难以忽视的趋势,人们渴望从虚拟世界向现实世界回归,赛博空间太过于虚幻,最终人们都要回归到物理环境中。空间的混合并置使得这种愿望成为可能,空间注释、主体定位都是在这种趋势下被人们所关注和研发的。

媒介化的观看使得每个个体都密切地融入社会网络当中,人们在观看的同时也在被观看,与此同时,人的主体独立性、隐私却也一步步丧失,人们在获得便利的同时也在失去自由,媒介化的观看像一把双刃剑。此外,大量的机械复制使得原作和作者的意义被消解,它们所规定的位置丧失了其本来的原意,人们被虚拟世界拼贴出的虚像所吸引,降低了对位置的关注。如今位置媒介的出现使得人们重新加强了对位置的重视与关注,一方面人们在移动的过程中也可以被观看,另一方面,与位置相关的社会与历史信息可以得到视觉化的呈现,丰富人们的观看。这两种观看,一个是基于一个移动个体相对于多个位置的转移,一个是基于一个位置相对于多个移动用户,尽管效果不同,但是极大地丰富了观看的可能,使位置和观看的关系变得更加多元。

五、公共空间与私人空间边界的模糊——空间所表现的观看关系的改变

在原有意义上,公共空间是那种不特定的人群可自由出入的场所,如公园、广场,而与之相对的是那些必须得到允许才可以进入的私人地点。两者都有其特有的功能性。私人空间的私密性是神圣的,它被尊重、被保护;公共空间则是人与人之间的交流场所,彼此之间既相互独立又互不打扰。观看行为被媒介化后,人们对空间的体验受到影响,身体被转移为电子,缺席成为一种在场,在新的观看中,空间变得没有疆界的划分。丹·格雷厄姆(Dan Graham)将建筑学知识有关公共和私人空间的观念问题等理论有机结合起来,用表演和媒介引导观众去直接关注在特定时间和特定空间中,作为观众自身所处的地位。在古根海姆博物馆的主题展览——带录像观看环境的房间,他运用镜子、闭路电视系统创造了一个复杂的观看环境,把观众吞噬进他有关观看者与物理空间的创意里去。在

这种环境下,观看和被观看并存,观众被演变成表演者和听众。在这个表演里,主观和客观、观察和被观察、观众和表演之间,存在着不同但却十分自觉的联系。格雷厄姆的作品是新媒体环境空间形态的一种隐喻——在真实和虚拟之间的区分逐渐消失之时,公共空间与私人空间之间的界限也变得模糊不清。

当代社会通过大范围的媒体网络传播的高强度信息流加速了这样的一个空间的生成,多种媒体空间可存在于任何一个实体空间内,而同一媒体空间又可同时存在于多种实体空间中,真实和虚拟在这里彼此渗透,我们像是在看"一场文化变迁,它永久地改变了我们体验和表现空间的方式……它以空间中的移动速度,从多个视角同时进行观看……以物理边界和时间性的瓦解为标志"①。例如,对于一个私密的卧室,如果24小时全天候直播,让人们随意观看的话,它比任何一个公共空间都具有公共性的特征,这样的情况对于现代人来说并不陌生。感知方式进一步模糊了原来的空间领域,在媒介呈现的景观中,公开的共有空间和隐秘的私人空间都失去了边界,形成了新的空间秩序。但是,随着媒介技术的发展,两者的界限时而分明,时而模糊。比如电影院,它显然是供人休闲娱乐的公共空间,可是一旦你步入其中,它就又转变成了相对私密的个人观影空间,人们必须遵守秩序,以防对别人形成干扰。

同时,新媒体又可以使单一的观看场所变成公共的空间。比如近些年来流行的弹幕网站,它把个体私人的观看空间扩大了,网络变成了一个无形的电影院,虽然没有高清画质、专业音响,可是从本质上来说,它形成了一个真正意义上的公共空间,观看已经不是个人行为,交流与互动是实时的,甚至比在电影院中更自由。彼此陌生的人交汇在一起,共同的体验与交流使得他们排遣寂寞,获得情感上的共鸣。德克霍夫(Derrick de Kerckhove)说:"赛博空间的重要在于把自我从它的私人精神空间扩展到联机共享的精神空间,同时为隐私保留目前的社会空间。"②虚拟空间使

---

① 艾拉古德.场域之外:虚构建筑空间[J].博物馆中的当代艺术,2007(11).
② 巴尔,力文.三种不同竞争的价值观念体系[J].现代外国哲学社会科学文摘,1993(9):27-29.

得公共空间和私人空间产生交叠,人们在自我隐匿的同时又保持了和他人联系的渴望。

新媒体的传播大规模地向生活的方方面面渗透,没有什么空间能够摆脱公开展示和与外界发生联系的可能。我们已经到了这样一个境地,全世界"都被轨道式设备的天罗地网包裹其中,这些设备的眼睛、耳朵和硅脂大脑无时无刻不在收集这连绵不绝的信息流"。[①] 在电影《速度与激情7》中,一个大的情节设置就是正邪两派对于天网系统的追逐。天网系统在计算机技术的支持下有强大的运算能力,体形虽然只有一个硬盘那么大,但却有着巨大的信息存储功能。这个程序可以整合全球所有的数据采集、监控设备,可以通过手机音频、监控摄像头等手段大量采集数据,再使用大数据和人脸识别等技术,短时间内把要找的人找出来。通过个人信息分析来进行搜索和预判的桥段在好莱坞的影视作品中屡见不鲜。比如,在《谍影重重》系列中,杰森·伯恩的行踪就是被追踪他的特别行动组通过上述手段发现并锁定的。当一个系统可以随时调用包括公共交通、城市电力、电子监控、银行系统、警察系统等各方面的信息,同时将包括个人的医疗记录、犯罪记录甚至上网阅览内容和输入习惯等所有联网信息进行分析和整合后,就可以用这些数据来对人的行踪进行准确预判。在这些机器之眼的注视下,每个个体都无所遁形,一切都暴露在阳光之下。在新媒体的介入下,私人空间和公共空间产生错位,私人空间与公共空间产生了边界模糊。

六、空间经验的改变——从静止固定到流动并置

《老子》中有这么一段话:"道可道,非常道;名可名,非常名。无名天地之始,有名万物之母。故常无欲以观其妙;常有欲以观徼。"在中国哲学里,老子认为欲破众妙之门,必须"观",对于那些看不见、听不到、问之不

[①] 李斯特.摄影学批判导读[M].李际,陈伟斯,译.北京:人民邮电出版社,2012:275.

得的"道"——真理、观念或概念,只有通过"观"之——一种视力的反映,观之、查之进而思之,也就是说,我们在观看中形成对空间的认知经验。我们时刻存在于时间和空间两个维度当中,人们直接的生存体验来自对于空间的感受和与环境不停地发生接触。空间经验使人们获得具体的空间感,但是空间经验又不仅仅是空间感,还包括人类在活动中通过自身与空间的对象化把握产生联系,以及在这个联系当中获得自我的认识,它可以是一种印象、一种感觉、一种习惯,甚至一种风俗,有着每个个体特有的历史背景和特定联系。人们在发现中逐渐习得空间经验,观看被媒介化后,人们对于空间的认知被拓展,开始认识到空间本身属性的多样性。人们开始更多地关注空间,并在关注中形成、完善、修改自己对空间的经验。基于媒介的不同,每种媒介都确立了自己独特的观照世界的方式,都有自己特有的传播范围和观看群体,因而获得各种不同的空间经验。观看媒介完成对空间展现的同时,自身也就成为空间的一部分组成结构。

(一)被压缩的时空感

随着新媒体技术的发展,当下人类的时空观产生了很大的变化。在《中世纪文化范畴》一书中,古列维奇这样说道:"我们对空间的理解在现时代也已经改变了:我们已经发现,空间可以被压缩。不用说与遥远的过去相比,就是与几年前相比,新的交往工具和旅行工具就能使我们在单位时间里所跨越的距离要远得多。结果,地球变得比以前小多了,人们已经认识到提高效率的无比重要性,即把时间和空间概念联结在一起的速度这一范畴的无比重要性。整个生活节奏已经发生了根本的变化,对此,我们已经渐渐地习惯了,但是,在过去的人类历史中,人们却从未听说过。"[①]

人类的"空间观"之所以发生转变,很大程度上在于人类观看"空间"方式的转变。长久以来,这种发现的过程是静态的。观察一个孩子的成

---

① 古列维奇.中世纪文化范畴[M].庞玉洁,译.杭州:浙江人民出版社,1992:58.

长就可以发现,人类是一点点协调肢体和眼睛,才能形成一定的空间经验的。亚里士多德认为感官经验的形成过程就是空间经验形成的过程。但是随着媒介的发展,人们对于空间的感知远远超出了人的感知能力。笛卡尔用二元对立的方式总结了这种说法,在他的理论当中,空间显然具有更广大的范畴,因为空间可以容纳人的身体以及附着在身体之上的感受,空间独立于人体之外,并且空间与物质世界保持联系又具有独立性。自此,人们的空间经验脱离了经验主义的束缚,进入到新的认识当中。

黑格尔在对空间转向的描述中,多次提到了观看、目光、凝视,在他的提法中,这些观看方式变成了调查认知、审视的机器,视觉中心被认为是一种可以知觉的认识空间的经验。

福柯在1984年发表了《不同空间的正文与上下文》,认为新的空间时代即将到来,与以往的研究管径不同,我们不应该再纠结于时间,一切对历史的迷恋都是荒谬的,人类对发展、悬置、危机、循环、过去、死亡等的认识都将被颠覆。在新的空间时代,我们处于同时性(simultaneity)和并置性(juxtaposition)的矛盾中:"我们所经历和感觉的世界更可能是一个点与点之间互相连接、团与团之间互相缠绕的网络,而更少是一个传统意义上经由时间长期演化而成的物质所在。"①

丹尼尔·贝尔的《后工业社会的来临》掀起了后现代主义研究的热潮。后现代主义主张在探讨问题时,要把所探讨的事物放在特定的时间与空间中考虑,所以学者们把视线从时间和社会关系上收回转而投注到空间关系上,从空间入手探讨问题,形成了西方学界引人注目的"空间转向"。

到了现代社会,大众传媒为空间经验的动态转向提供了助力。如果说在机械复制时代,人们的观看空间还停留在平面图像的角度,那么数字虚拟技术的出现,则把图像的空间性、互动性和虚拟性体现出来。观看空间从观看对象变成了一种环境,当代世界里的时空观念从时间与空间的统一状态中分离出来,空间的物质存在形式变成了媒介创造出的图像、符

---

① 包亚明.后现代性与地理学的政治[M].上海:上海教育出版社,2001:19-28.

号,所以斯宾格勒这样说:"我们的空间是视觉的空间。"①越来越多的学者将观看作为一个点,注重空间的视觉表达。空间不再是某一个地点,而变成了人们脑海中的符号想象。比如,网络购物,商家用无数的图片构筑了物美价廉的消费图景,空间经验被大大拓展了。

媒介化的观看使得从个人到社会都加深了对媒介所塑造的经验世界的依赖,重构了人们的日常与社会生活。麦克卢汉所说的"空间上的完全覆盖,时间上的瞬时即达"是对现代社会大众传媒的描述,此外他也提出了"地球村"这种新的空间观,原先依赖于地域差异和文化差异建立起来的地理空间分崩离析,附着其中的文化壁垒也随之消散。哈维曾经有这样一段论述:"我们可以就空间体验来追溯各种相似的过程并得出相似的结论。开创世界市场、减少空间障碍、通过时间消灭空间的激励因素无所不在,正像把空间结构(劳动仔细分工的一系列结构、工厂系统和流水线、劳动的区域分工、大城镇聚集)、流通网络(运输和交通系统)、消费(家庭和本国的投资、社群组织、住宅差异、城市中的集体消费)合理化为有效的生产结构的激励因素无所不在一样。在所有这些方面为了排除空间障碍而做出的创新,在资本主义的历史中都是极有意义的,它把这种历史变成了一件非常地理化的事情。"②

新媒体将乡村与城市、民族与国家之间的间隔清除,构筑了"地球村"这个新兴的空间形态,在这里,物质现实消失,取而代之的是一个庞大的数据空间。时空的差别被技术进步所干预,距离在此也失去了意义,人们不再通过身体的位移来获得最直观的空间感受,媒介使人的感知延伸到辽远的外部世界,人们开始重新审视自身和外部世界,对空间的认识深度和广度大大加深。德国剧场导演乔汉·柏林格表示,对当下的空间环境感受到一种"前所未见的空间崩溃",并认为已经达到"一种奇幻的境地"。他这样描述现代社会:"无可避免地趋向融合与混乱,一切地方都

---

① 斯宾格勒.西方的没落:世界历史的透析[M].齐世荣,等,译.北京:商务印书馆,1963:90.
② 哈维.后现代的状况:对文化变迁之缘起的探究[M].阎嘉,译.北京:商务印书馆,2003:290.

可以互相交换,可见的(静态)参照点消失不见,成为恒常变换的表面影像。"他的观点给无数新媒体艺术家以灵感。

南京艺术学院传媒学院的师生创作了一部作品《观看·聆听》,就是对这种观点的思考。创作者捕捉了南京艺术学院校园不同的空间在不同时间的瞬间,用几十台微型投影将它们投射在南艺展览馆的各个空间,这些影像是南艺这个整体空间的一个局部,不具备完整的意义,但是无数个碎片化的影像交叠在展览馆中,重新构建了一个南艺的形象。很多参观者在观看时置身于展览馆营造的空间当中,当他们观看自己熟悉的空间时,发现了创作者包含自我的视角、情感在内的一种空间展示,体会到对熟悉生活的一种陌生感。新媒体带来的空间碎片重构了一个新的"媒介空间",观众进入观看时,勾起了自己的生活经验,对日常生活中的空间经验形成一种视觉与感知上的"重新拼接",获得了新奇的体验。艺术家眼睛敏锐地捕捉到了新的视觉范式,曾经追求与外部世界相似性的眼光不见了,取而代之的是强调对空间的主观体验的眼光,那种追求完整的秩序空间被现在破碎变形的空间感受所取代。这种新的观看不符合空间本身的特点,而是视觉所感知到的一种新的空间形态。媒介化的观看使得空间被压缩、被扭曲,在这样的情况下,我们所有人都面临着调整和适应新的空间观念。

(二)地点的消失

空间感受的转变引发出新的空间观念,挤压出新的概念,早期实践经验中另一个关键的概念——地点,被重新定义。在人类文明进入现代化后,时间与空间的联系变得松散,时间和空间在空间的定位下被有效连接,现代媒介的干预可以超越物理现实对人们的活动进行干预,这些干预在观看行为的辅助下把时间和地点直接相连,在这个过程中,"地点"这个中介被消解掉。约书亚·梅罗维茨延续了麦克卢汉的技术决定论的观点,提出了自己的媒介地理观。他认为电子媒介超越了物理空间的束缚,使得空间边界也逐渐消逝。在《消失的地域:电子媒介对社会行为的影响》一书中,他写道:"媒介对于空间的作用能够改变人的行为表现和角色扮演。电子媒介绕过以前传播的种种限制,改变传播变量中的空间、时间和物理障碍的重要程度,并且越来越多地介入了空间结构划分的场景。"①在早期对空间的认识上,行为的发生和交流的互动都非常需要场所的支持,行为的发生地和交流的空间往往是重合的,所以人们往往把地点和空间这两个概念混同起来。新的空间经验被建立起来后,新的交流方式不断消解着地点这一概念,传统的地域边界被打破,人们进入到一个崭新的交流空间中,归属感和隔离感不断地形成与消除。从前的那种面对面交流所依赖的地点、区域、场景被媒介化的观看消除了,消失的地点就是指电子媒介影响下场景和空间格局的改变,同时它还带来了更大的改变——地域的差别和社会意义的消逝。

当空间的隔离不再是障碍,人们在规定情境下形成的身份、等级关系也随之解体,电影、电视和互联网将规定情境和社会场景重新置换,形成了新的空间,构建出更为复杂的空间形态,像推倒了的多米诺骨牌,人们的社会关系、权力关系、性别关系纷纷发生改变。约书亚·梅罗维茨形象地称其为"消失的地域",这个概念用来形容现代社会媒介的大主导地位不仅消弭了地域的差异,而且解构了社会的意义,但新的意义也会生成。

约书亚·梅罗维茨的理论明显受到戈夫曼"媒介情境理论"的影响,后者将社会场景的重合、电子场景的出现、公共空间的融合、后台空间的暴露等都归结为媒介技术的进步。而这些改变生成了新的意义空间,在这里人人能够获得信息资源,知沟被填平,权威被颠覆,群体差异逐渐模糊,新的群体以新的方式重新汇聚。新的媒介观看使"观众""参与"的概念变得陈旧。

观看被媒介化后,图像不再是二维、三维或四维的空间展示,而是具有明确的发生地;空间也不再是对象被把握,而是与身体互融,构建新的意义体。这种观念拓展了艺术家的创作潜能。美国艺术家诺瓦克从事计

---

① 梅罗维茨.消失的地域:电子媒介对社会行为的影响[M].肖志军,译.北京:清华大学出版社,2002:7.

算机生成的建筑设计,所以自称是跨界建筑师。他所创作的建筑被定义为跨界创作,是"第四维度"的表达。他的建筑作品是沉浸性的,对观者能够产生反应,可以因为观众看的互动产生变形。他创造出来的液体建筑概念非常有趣,摆脱了现实中逻辑的、视角的重力法则和欧几里得几何定律的理性限制,是在想象的逻辑中存在的。居住其中的人根据需要可以使建筑弯曲、旋转甚至运动。他说:"我用'流体'一词,表示万物有灵。建筑也是如此,是活生生的、变形的。在赛博空间中,科学与艺术、世界与精神、暂时与永久都汇聚在虚拟现实技术的空间诗学之中。"[1]

三菱电器工程实验室曾经设计了一个大型项目——三菱公园,这个公园就是一个虚拟和现实并置的空间。它为玩家提供了一个分布式接入口,在不同地点的用户可以同时在线分享一个实时渲染出的虚拟环境,且两人都可以看见对方并进行自由交流。用户可以通过手柄完成虚拟的各种活动,如果你选择了"森林模式",你可能就是在体验汽车;选择"航海模式",你的运动就是驾驶帆船。在这个过程中,你可以自由选择你的玩伴进行交流。这个玩伴可以是任意国家中的任意一个人,也可以是一个虚拟人物。在这个过程中,人与人的空间位置被更改,地点的概念被模糊,你可以在"此处",这个"此处"并不是真实位置本身,而因为电脑的设置,成为世界上任何一个"彼处"。

在这个流动的、立体的复合空间中,人们开始迷失并逐渐分不清数字空间所构筑的虚拟世界和现实世界之间的差距,并且,由于光电子媒介的远程即时传输,序列让步于同步,所有的关系始终处于不断变化和被重新界定当中。中心与边界的划分、此处与彼处的区别、人与地点的矛盾、主体与他者之间的关系等概念,都将在怀疑与确立之间被重新定义。这种定义因为没有原初物质的约束而更加轻松随意,循环往复,没有终止。现代性的主体破碎的焦虑,在新的空间想象发生之时越发成为一种集体的症候,现实与虚拟的、即时的、碎片化的空间体验成为现代人所面临的观看困境。

---

[1] MORSE M N.Morte:landscape and narrative in virtual environments[M]// Technology:art and virtual environments.Cambridge.MA:The MIT Press,1996:201-203.

第二节
从自然时间的完整到媒介时间的断裂

相对于空间,古代先哲们对于时间进行了更久远和更积极的思考。在旧石器时代的原始祖先看来,过去和现在发生的事,在时间上没有区别,共处于同一个时间平面上。因为过去和现在在同样的时间绵延中发生,所以时间不是以从过去到现在再到将来这种线性方式流逝的,它的表现很单一,要么是静止的,要么是循环的,过去与现在互相混合,过去从未终止其存在,它与现在具有同样的现实性。因此,他们崇拜祖先,认为祖先的灵魂还在他们身边,守护着后代子孙的福祉。传统因此而备受尊重,它是过去的物质化和永恒化,并控制着现在,而未来也参与到现实之中,与现实混合在一起。

古希腊人秉承了这种静态和循环的时间观念。荷马的笔下曾经描述过一个先知,他的本领在于通晓"现在是什么,将来是什么,过去是什么"。他的智慧在于经常回忆过去的往昔,反省以往岁月的种种,最终对于未来进行预判。虽然他是当时的智者,但是他并未把时间看作一个延展的连续统一体。由此可以推断出,在荷马看来,时间具有包容各种事件的力量。阿那克西曼德认为,世界所呈现的状态是自然的力量相互作用的结果,他的时间概念从过去的神话传说走向了自然主义的假设。赫拉克利特认为,这个世界秩序对于所有存在物都是一样的,它的过去、现在和未来都是恒定的。苏格拉底则一直在探究时间是否有尽头。而柏拉图却认为时间是永恒的,他特别强调这种永恒是用影像表现出来的。亚里士多德认为时间是运动的。到了奥古斯丁,时间则成为心灵的延伸物。自此时间的概念偏离了哲学的航道,与自然斩断了联系。直至尼采关于永恒轮回说的时间探讨,才给人们对事件的理解以新意——他开始把时间和人重新联系起来,唯其如此,时间才有意义。

胡塞尔的现象学在此基础上有了加强,他对时间做了现象学上的分析,他认为时间是一个人可以体验的过程,时间是可以为人所体验、所意识、所操控的。人们发现了最基本的时间现象——时间具有"统一性",过去、现在和未来的"统一到时",因此,时间是可以把握而非虚妄的。人们日渐发现时间的统一性蕴含着极大的丰富性。这种丰富需要我们在日常生活中纯粹地"看出来"。时间是人们观看出来的结果,是根据观看的经验引出的规律而被格式化的产物,这使得观看者和被观看者之间形成了一种联系,被观看者随着这种联系进入到人的观念之中,所观之物变成了观者之物,时间找到了载体。为了方便时间被认识、被掌握,人们需要一个中间媒介来做标记或者说被格式化,于是计时装置诞生了,这样无形的时间可以有形地存在。而这种存在需要被看见,也就是说,时间需要被可视化。时间被打上了可视性、工具性的烙印。从起初时间形成的过程来看,媒介的发展使得时间从无序的混乱状态中走了出来,时间被操控,被人的行为格式化了,在此基础上,人们也重新建构了自己的时间经验。

人们对时间的经验包含了三个方面:第一是时间感知觉,它是一个时代的社会文化心理反映和个体的特定心境的呈现;第二是文献记载的时间概念,在某种程度上,它是人类时间感知的反映;第三是对时间问题的哲学思考,它很抽象,并且与个体时间感知的关系并不总是对应的。本节则侧重于探讨时间观念发展中,人们的时间经验在媒介演变过程中的改变。

时间与物质运动相关,时间标识物质运动的过程性。人类有了文明活动后,时间被分化为可被把握的两类:一种是客观时间(物理时间),它不以人的意志为转移;另一种我们称之为主观时间(心理时间),它的存在构成人类行为的依据。前者,人们的聪慧掌握了依赖地球的自转、公转或者原子的振动等尺度来计量;后者则完全取决于人类自身的生理感受,包括人的生物节律和运动能力,以及人类特有的心理活动等诸多因素。人类活动能够将客观时间和主观时间联系起来,这种活动被媒介记录下来,并由此派生出新的"媒介时间"。在这里要说明媒介时间的表达有歧义,因为媒介的流动性使得它置身于多重时间关系之中,但最终决定媒介时间的,一是媒体赖以产生的时间,二是媒体得以流传的时间,三是媒体被解读、理解的时间,四是媒体所体现的时间。媒介化观看导致的时间观念的变化重点在于第四点,因为依赖于媒体,必然也就受制于媒体自身的特性,它是客观时间的仿真,同时又是主观时间的体现。从这一意义上来说,媒介时间尤其带有自身的某种特性,它既不完全受制于客观事物的发展变化,也不完全被人类自身的主观感受所决定。

一、自然时间与媒介时间

人的时间观念从农耕文明时期的自然时间观逐渐向工业文明的钟表时间观过渡,直至发展到现如今新媒体时期的媒介时间观。通过观看媒介的大发展对时间的改变,我们可以发现人们对时间的参考标准发生了变化,塑造了现代人的新的时间观感。在农业文明时期,人们面朝黄土背朝天地与自然的相处中,形成了规律的时间感觉,并用它指导自己的生活。中国的天文历法、二十四节气代表了人们时间观念的成熟。钟表时间的出现是人们在思想和生活领域的一次大变革,人们用自己制造的时间来安排生活。时间被安排成区块,分秒必争之下,代表的是工业文明要求的整齐划一和有条不紊。人们的生活开始被内化为钟表数字,而不再倾听身体与自然的联系。钟表时间对人严格约束,让人对事件高度服从,人的自由空间被压缩、侵占。

大众传播媒介的出现加剧了这一趋势,以电视为核心的观看媒介将观看时间以仪式化的标准深深地植入了人们的时间经验当中,对人们的日常生活产生深刻的影响。比如在中国,很多家庭把晚餐时间和《新闻联播》的观看时间重叠在一起,片头曲成为中国人的集体记忆。很多家庭都以某个电视节目作为活动的时间标准,在这个意义上,电视时间表已经承载了钟表时间的功能。

随着观看媒介的发展,新媒体观看下的时间观念涉及多重时间、时间交叉,在延续了古已有之的时间艺术的基础之上,依托数码媒体来展现自身的风采。当然,从目前来看,新媒体环境下的媒介时间观念的特征还比较模糊,呈现出瞬间性、无序化和空间化的特征。

媒介时间是一种非线性的时间结构,观看媒介对于线性时间的切割、变形,使得时间从线性变为无数零散的点状分布,渗透到社会生活的各个领域。在这个基础之上,人们的专注力和忍受力都遭到了挑战,碎片化的时间感受是现代人的集体症候。新的媒介技术使得各种时间的混合体聚合在一起,这种聚合既没有起始,也没有终结,没有发生更没有结束,是一种无序的并列形式,对于人的精神生活的影响十分巨大。

自然时间强调人的感知,与自然的交流与对话,时间不是一种抽象的概念而是与身体的亲密关系。钟表时间将身体从时间关系中独立出来,人们因为观看与时间保持了一定程度的疏离。媒介时间因为它的空间化、瞬时性以及无序和混乱,使人们与时间的关系重新变得亲密,时间重新向人格化回归。它与自然时间的那种与身体的亲密感不同,新媒体环境下,媒介时间的人格化是以个人化的主观感受为特征的。当今人们的时间焦虑、历史感的消逝和及时满足的心理,是媒介时间作用于精神领域的结果。

媒介时间受制于特定历史时期人们对时间观念的基本认识,但是它的发展在一定程度上又丰富了人类的时间观念。观看被媒介化后,时间观念也随之产生了变化。时间是人类文明的产物,同时伴随着社会形态的改变而发展;时间是世界的界面,通过对时间的观看和感受,我们能够发现人类在时间观念上的变迁与发展。

二、媒介时间的空间化呈现

空间与时间不能割裂开来,空间具有时间的维度,它总是在时间中发生,如果说空间被设定为一种静态的东西,那么时间则在感觉上蕴含动态的意义。时间与变化、运动、过程和发展之间存在着必然的联系。与空间的隐喻相对,时间意味着流变,我们在它的流变中体验着此刻的存在,无数的此刻汇聚被指称为现在,然后转瞬逝去,这使得我们在审视时间概念时,必须界定好与时间演进相关的视点,一个是循环的,一个是线性的。

不过,这样的时空观最终被物理学家们所颠覆,他们不再把时间与空间设想为独立的实体,而是把时间视为附加在空间三维之上的第四维。在此基础上,很多哲学家认为时间不是客观存在而是一种主观现象。比如,康德认为,时间是人类体验的一种纯粹(先在)的形式,"此在"不仅是空间化的还是时间化的,现在就是事物与人物的正在呈现,是"此在"在空间与时间的交织关系。

在对时间与空间关系的研究中,弗雷德里克·詹姆逊(Fredric Jameson)是一定要被提及的。随着后现代思潮的兴起,他的相关论点对变化的社会条件下时间与空间的关系展开了新的思考。他认为这个世界已经从以时间来界定进入到以空间来界定的后现代时代。在他看来,后现代空间是一种"超空间",空间替代时间而占据中心位置,甚至连时间本身都被空间化了。时间的空间化具体就体现为时间的现时化,在过去、现在和将来的向度中,单向流动的时间被凝固在现在这一固定点上。这使得在空间中存在并制造着空间的图像被割断了与过去的联系和对将来的预期,只具备了现时时态。在现时这一点上,图像不再与其他事物关联,其自身就是存在的目的和依据。当下的、直接的、现时的、去语境化的图像充斥了现代的生活世界。

全球定位系统(GPS),其核心就是一种时间系统,新媒体的发展使得时间不是在运动中显现,而是相反,通过时间来显现着运动。我们运用的GPS,就是在视域中,在运动中观看时间的显现。在这个状态下,时间被凝固为空间形态,这使得时间变成了人的物化持有物,是人的思想、命令、意识的产物。在这一情况下,时间再也不是拉康所说的先验的直线,而是有始有终。如同我们知道 GPS 时间的开端,也知道方向和目标,我们不再认为过去时间的无限和未来时间的不可逆转,因为时间一旦被确定了起点,则其从前就可定义为无,今后的时间不但可以逆转,还可以停止,甚至可以从头再来。时间从柏拉图称谓的"游荡者"变成了被人寄寓到一个由人来控制的程序中,时间被分离出来。媒介化观看把人们的生活时间变成一个个图像空间,生活不再是由时间流逝丰富而成的细节和真实,而是被观看分割成一个个被生产出的图像。现代人都被裹挟其中,唯恐被抛离、被边缘。

三、媒介时间的弹性体验

媒介技术的发展使得观看行为被媒介化了,人们的观看方式又对时间的观念产生了影响,从而使得时间上的使用形态也发生了改变。曾几何时,人们日出而作,日落而息,按照自然的循环来展开人类活动。人们对于时间的感知是混沌的。为了精准地确定时间,日晷、沙漏等等发明都代表了人们做出的尝试;直至钟表的发明,一天的时间被划分为24小时,人们以此来安排工作、休闲和娱乐,至此时间变得可控,也呈现出了线性和不可逆转的特点。

进入现代社会以后,随着新技术的各项发明带来的高效生活,时间和空间一样,被大大地压缩了,我们可以这样理解:单位时间内人们能做比以往更多的事。这些给人们以错觉,借助媒介的发展,时间似乎也从空间的束缚中挣脱出来了。

美国学者戴维·哈维(David Harevy)首先提出了"时间压缩"的观点,他说:"资本主义的历史具有在生活步伐方面加速的特征,而同时又克服了空间上的各种障碍,以至世界有时显得向内在地朝我们崩溃了。"① 今天这种趋势在新媒体数码技术的全面发展下变得更加明显。随着新媒体的发展,移动媒介使人们的观看行为变得随时随地,时间不再是线性的、有序的,而呈现出瞬时和碎片化的特征,"一种无时间性的时间"

---

① 哈维.后现代的状况:对文化变迁之源起的探究[M].阎嘉,译.北京:商务印书馆,2003:300.

(Timeless Time)的概念出现了。这个概念不难理解,因为移动媒体能够使不同空间的人在同一时间发生联系,时间的空间性压缩或者时间序列的打乱与重组,都使得无时间的时间性变得明显。

电影和电视借助剪辑技巧和蒙太奇技术为人们创造视觉叙事的主流方式,这些技巧给我们带来了大量高度浓缩的视觉叙事,薇姬·葛德堡称其为"瞬间讲述的频闪式故事(stroboscopicstory)"。阿西莫夫在他的科幻小说《裸日》中,把在超空间中的运动描述为:"冷不丁让人感到一种眩晕的震颤,随即便过去了。巴利(Baley)知道这是一次跳跃,这样的跳跃奇特费解,几乎是神秘的,瞬间便完成了。这是穿越超空间所不可避免的,在超空间飞船及装载的所有东西,被从一个点转移到另一个点,之间的距离相隔若干光年。另一段时间消逝了,再来一个跳,接着又是一次。"①

时间因为网络信息技术的发展已经成为一种资源,人们对于媒介的依赖使得个人时间和观看媒介融合。随着媒介时间的崛起,以劳动时间为轴心的时间结构被打破,休闲娱乐和工作之间的界限模糊了,传统意义上的时空限制被消除,时间可以被"处理"(processed),直接表现是"日出而作,日落而息"的生活习惯被改变。人们的生活更在于当下,观看媒介使得身处异地的人随时可以进行对话,各地区人们的"时间差"也被通信技术消除。人们不再受时间的约束和限制,人们的工作和学习都从这个"瞬间"和"当下"开始。比如,现在大都市流行的 SOHO 一

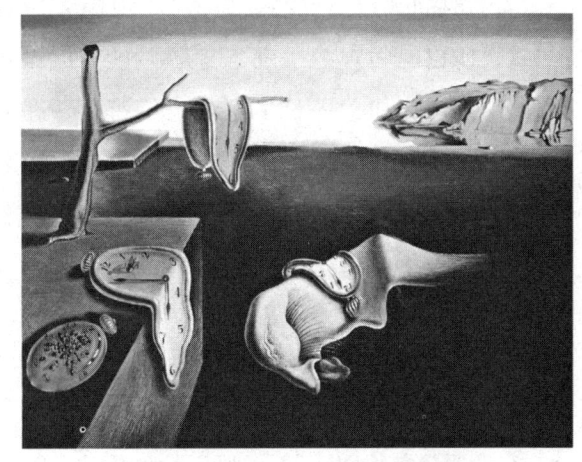

图 2.23 达利的名画《时间的轮廓》

---

① 海姆.从界面到网络空间[M].金吾伦,刘钢,译.上海:上海科技教育出版社,2002:29.

族,在他们的生活中,工业时期被时钟时间培养的作息制度和生活习惯被打破,人们从地域场所、身份等束缚中被时间释放出来,休息、娱乐、办公的时间被弹性化处理,时间观念被打上了个性化的标签。互联网使人的自主性大大增强,时间变得可以被操纵和选择,人们完全可以根据自己的爱好和需要制定、安排社会时间,保罗·莱文森将之称为"个人的数字化时代的到来"。

媒介时间的这种瞬间性使得人们对时间的管理更加从容,更加弹性化,同时我们也应该看到,人们从这种高效的、瞬间的媒介化观看中节省出来的时间又被重新投入到媒介化观看之中,观看媒介在延伸了人们的时间感受的同时也遮蔽了人们对时间的生理感受。时间在这里犹如超现实主义画家达利的名画《时间的轮廓》里呈现的那样,像一块融化的奶酪。这个意象隐喻出"时间的软化",人们在新的媒介时间中沉醉直至沉沦。

四、新媒体环境下时间经验的解构与重组

人的时间观念一直在发生改变,因为人对时间的感知带有一定的主观性,所以时间观的维度不是统一的。就观看来说,它有物理时间,有心理时间,比如,"一日不见,如隔三秋"就是物理时间和心理时间的矛盾存在的体现。历史上,纸媒的发展很大程度上受益于媒介时间,人们因为大量的阅读而产生习惯,对新闻产生持续的关注并对资讯产生强大的渴求,进而拓展了空间知觉;现在的网络克服了空间的局限,让人们可以远距离交互,媒介渗入到人们的生活;广播电视则倒转了媒介时间与现实时间的关系——人们因为醉心于观看而不得不打乱生物钟以配合节目播出的时间。

在新媒体技术对于观看范式造成改变的今天,媒介时间向网络技术支持的赛博时间逐渐转化已然成为趋势。时间是有结构的,是由长度、速度、节奏和方向等要素构成的。媒介化的观看使得人们不断地尝试如何操控、修改、破坏或消解时间结构及理解其背后的原因。人们试图操纵时间的一个重要手段就是打破时间的顺序,希望跳出时间的次序来呈现各个时刻,不再像前人那样先讲过去,然后是现在和未来,而是对事件进行明确区分,再以线性或循环的方式对其进行规划。这种手法常见于电影当中频繁出现的闪退(flash-back)和闪进(flash-forward)手段。此外,视觉媒介的技术性突破,使得海量的信息被存储于电子数据库当中,我们可以任意指令快速访问信息,随时形成观看。在这个过程中,因果联系消失了,世界结构被瓦解,意义于刹那间闪现,旋即又转瞬逝去。

在这些尝试中,艺术家走到了前面,他们用种种实践和创作进行各种可能的尝试。打破时间(Fracturing Time)就是其中的一种。很多艺术家常常会在他们的作品中营造时间的错位,改变人的观看范式,他们将各种不同情境之下的图像、物件和风格并列、拼贴、叠加,但不在其中建立任何逻辑承接和逻辑关联。比如,墨西哥画家胡里奥·盖伦(Julio Galan)喜欢在作品中打破时间结构,他的作品是"一种对回忆的迷幻式无意识行为的精准描绘……将没有答案的错综复杂的画谜组合起来,画谜的元素来自形形色色的渠道,如艺术家个人的过去(甚至是未来)、儿童书插画、天主教图标以及哥伦布发现新大陆之前的创世神话"。[1]

媒介化的观看还喜欢借助技术优势,使观看对象好像是在现实时间展开,这种观看使观看者产生与时间同时发生的错觉。艺术家费茨利(Peter Fischli)和维斯(David Weiss)的短片《万物必经之途》就具备事件的实时连续特点,完全是通过无缝剪辑获得这样的视觉感受的。

人们之所以会对现实时间感兴趣是因为长期以来对人造时间结构的习以为常,电影和电视在规定时间内展开叙述,使得人们在观看中形成习惯。评论家艾米·卡培拉佐说:"电影和电视把观众培养得训练有素,他们期待浓缩的叙事、紧张的动作场面,并伴以与我们的情感产生呼应的声音背景。"[2]所以当观众意识到和被观看物形成一种实时关系时,他们会

---

[1] 库克,库莱格,希尔逊.双镜头:集体记忆和当前艺术[M].2001:221.
[2] 马晓翔.新媒体装置艺术的观念与形式研究[D].南京:南京艺术学院,2012.

获得新的观看体验。

行为艺术之母玛丽娜·阿布拉莫维奇曾做过一场为期12天的表演,她努力地将现实时间和艺术品的持续时间融为一体。美国艺术家茱莉亚·谢尔干脆启用标准安防系统实时监视来画廊参观的观众,观看者同时也成为作品的一部分被观看了。英国艺术家大卫·霍克尼这样阐释作品《拼字游戏》的创作初衷:"电影不得不穿行于真实时间中,它只能朝前走。即使当它假装可以倒退的时候,胶卷也仍是向前移动的,这就使我们保持一种既定的、受控的步伐。我一直在努力寻找一些新的讲故事的方法,以这些方法观众能自己设定速度,按照自己的方向随意来来回回,进进出出。"①

通过新媒体技术加速或延缓作品中的时间元素,改变节奏也是一种尝试。通过更改时间的闹钟般的精准结构,像作曲家研究音乐节拍那样去探索时间的变化成为潮流。萨姆·泰勒·伍德采用分段摄影技术以高速度拍摄了《静物》,画面中精美的水果变得腐烂直至爬满蛆虫,时间和速度形成了一种视觉震撼。米兰·昆德拉曾在著作中追问:"为什么缓慢带来的乐趣烟消云散了?"瓦尔特·本雅明则怀念19世纪城市中游荡者曾牵着乌龟闲庭信步。在这种观念的激发下,节奏的完全放慢和观看者生物钟的冲突是容易感受到的,很多艺术家用作品表达自己的思考,利用缓慢反衬现代社会狂热的步伐。道格拉斯·戈登和美国的比尔·维奥拉希望用延迟来强化观看者的观看经验,他们将希区柯克的《惊魂记》中著名的浴室谋杀段落进行回放,但是让长度变成了原作的13倍,同样的素材使得原剧悬疑紧张的情绪消失殆尽,反而呈现出新的神秘感———一种时间带来的可以感知的神秘感。时间的计量单位不再是我们熟悉的年、月、日、分、秒,而是融合了我们有关的变化过程,包括生长、衰亡、进化、退行、进步、落后、憧憬、追忆等观念的注入。由艺术家索思沃斯与西蒙斯创作的《世界:恒变》就传达了某种关于时间的观念。光影在时间装置上流

---

① 刘菲.空间的游戏:浅析大卫·霍克尼的绘画空间处理[D].南京:南京航空航天大学,2009.

转,形成分针、秒针变化的感觉,时间变得随意,而且斑斓多变。装置艺术《编年城邦》是多媒体艺术家索尔特与阿迪加尔的作品,艺术家将地板作为投射界面,这个界面是由计算机生成的,被划分为四个格子,显示日期、时钟、分钟与秒钟,同时映射出4个动画化的象形文字。计算机将象形文字的运动速度设定好,并计算它们运动的轨迹。观看者的观看从踏入地板上的图像界面的一刹那就开始了,观看者在展览空间中行走,装置内的扬声器将声音集中到高度定位化的区域,人的运动影响了界面上生成的多频道的音速声景,因为人的位移而加速或减速视听结构。作者所选取的4个象形文字分别代表货币、货物、人员与腐朽,它们的流动象征了社会生活的变化。作者想借此传达社会时间、电子媒体与人类生存的关系。艺术家罗禾淋的作品《时间诡计》依据最古典的计时方式——沙子,透过沙子的原始流动的时间、拍摄的时间、剪接的时间、电脑运算时间,多种时间重叠在一起,让时间被观者观看,影响观者对于时间的感知(见图2.24)。在媒介化的观看中,时间的变慢倒流,甚至时间流程的预设都成为可能。

图 2.24　罗禾淋的作品《时间诡计》

第三章

新媒体环境下观看主体的重塑

第一节
主体身份的改变

人的身份来源于人的社会存在,它是人类社会分工合作的产物,强调的是人在社会生活中的角色定位。后现代主义对于身份的界定与阐释认为其并不固定,没有明晰的界定可以将之区分,只能在立身处世的过程中被人们长期习得的经验、角色以及关系所定义。视觉文化占主导的今天,观看的媒介化使得观看行为既是手段又是目的,变成了一个自给自足、内涵丰富的整体,观看主体的身份变得复杂和多意。在本章之中,身份特指观看主体在观看关系之中的角色以及人在媒体、观看机器互动中的角色与位置。

一、读者/作者/观者的角色置换

当整个社会的文化语境向视觉转向,文化结构中的"形象"已经构成了对"语言"的绝对霸权。"语言文化"以"语言"作为媒介,图像予以辅助。人们通过"语言"来理解形象,最后再归结为"语言"生成"话语",这是用"语言"把握世界的过程。视觉文化以视觉形象的直接展示使得"语言"失去了阐释的必要,"语言"沦为了形象的附庸。"观看"在这里从单纯的手段变成了目的。这就是海德格尔所说的,世界被把握成图像。它不再需要意义的指涉,而是构成了意义本身,由此带来的是观看满足于其显现的表层意思而不用向语言的纵深处探索。

"语言"这一符号因为具有抽象性,所以它要求人们必须有一定的解码能力,即观看主体——读者,在观看时主动地将语言转化成头脑中的具象的能力。这样的观看使得读者要采用静观或冥想等一系列手段,将头脑中的符号加以感性的理解,从而获得对文本内容的认知。

媒介化的观看使观者再造性思维的理性把握能力下降,而提升了人们对于观看图景的最直接的直观性感知。人们大都停留于感性直观的愉悦,新媒体制造的影像奇观不能给理性阅读的"读者"以必需的观看条件,理性的"读者"正在变成"感性"的观者。与此同时,新媒体技术的发展使得专业技术的门槛正在降低,利用数码设备,每个人都可以拍出照片和发表文章,新媒体传播的影像形成了强大的视觉之流,造成了艺术身份的泛滥化,人人都成为"作者"。艺术接受者与艺术文本之间的关系发生了很大的改变。

巴特的文本观很好地阐释了新媒体环境下,观看主体身份的改变。巴特把"文本"分为两类:一个是"能引人阅读之文",一个则是"能引人写作之文"。在他看来,"能引人阅读之文"是指能指与所指相互统一,存在固定、对应的象征意义,存在最终指向的所指或意义结构,而观看的意义在于找寻这种结构。"能引人写作之文"则是指能指与所指是断裂的,彼此之间呈现自由、无意识的指代,由此产生出的意义是没有中心、不连贯的。如果说对"能引人阅读之文"的观看是一种理解和消费,那么对"能引人写作之文"的观看则是一种创造,一种游戏。这句话阐明了古典艺术中艺术作品和观看者之间的关系,传统艺术中,艺术品不仅仅是艺术品,更是作为神圣的宣讲者的身份出现的。在这观赏活动中,观看者是纯粹的接受者。观看者无条件地接受艺术的视觉方式,而这种方式是艺术家观察这个世界并进行思考的方式,是创作者所代表的立场和角度以及所想要表达的意义,此时的文本被命名为"能引人阅读之文"。由于观看这一手段的目的化,传统的"能引人阅读之文"使读者陷入一种不能与对象交融,不能施展自身的主动性,不能体会能指的冲动,当然无法领略写作的快感,阅读仅仅是行使选择权利的境地,是一种作者凌驾于读者之上的阅读。所以巴特希望找到一种真正的观看,即"能引人写作之文"的观看。

很明显,巴特在这里所描绘的观看其实就是电子超文本语境下的观看,它将读者变成了新媒体"观者"。巴特对于观看行为的划分标准,在于"能引人写作之文"指的是观看过程的生产者,"能引人阅读之文"则仅仅是一个观看的产品。他认为理想的观看不应该仅仅是对于产品的观看,而应该伴随着生产。他创造了一本具有超文本观看特点的书 S/Z,这本书把巴尔扎克的小说《萨拉辛》分割成了 561 个阅读单元并对这些单元逐一讨论,这些讨论和单元形成了一个交叉的复杂体。在这一过程中产生的篇幅远大于原著本身。

巴特这样描述他心中的理想之文:"在其内,网络系统触目皆是,且交互作用,每一系统,均无等级;这类文乃是能指的银河系,而非所指的结构;无始,可逆门道纵横,随处可入,无疑能昂然而言,此处大门,流通的种种符码蔓延繁生,幽远恍惚,无以确定;诸意义系统可接受此类绝对复数的文,然其数目,永无结算之时,这是因为它所依据的群体语言无穷尽的缘故。"[1]这段论述正是超文本特点的写照,超文本的内部由节点和链接构成了一个网络体,构成其中的意义单元没有中心,又不相连,更无等级。

电子超文本自身就是一个能指系统,对于超文本的阅读既无始也无终,每一页都可作为首页。对于超文本的观看是可逆的,在浏览器的页面设置里,我们不仅可以前进、后退,还可以进入任意一页,同时它的文本数量永无止境。电子文本网络的信息资源分布在意义单元中,随意进入而没有传统意义上的大门。对于意义的追踪完全凭兴趣,人们可以随心所欲地打开链接。此外,现在的文本还呈现出混杂的形式,新媒体不断地将"语言"和视觉图像合并,甚至与视觉意向、听觉意向以及其他全新的信

---

[1] 巴特.S/Z[M].屠友祥,译.上海:上海人民出版社,2000:56.

息交流混合在一起。超文本和其他格式实现了数码合成与图像、文字和声音的信息覆盖,同时数码技术也使访问其他数据库和信息源链接的根茎性、非线性排序成为可能。那种只能传送一种语言或视觉交流信息的格式注定会过时,同时我们也意识到传统文本的稳定性正逐渐被数码文本的开放性和流动性所替代。超文本链接使此时坐在屏幕前按照自己选择的路径和节奏并亲自控制信息流的人,已经从"读者"升级为"观者"。

当下,"观者"正在作为一种强势的力量,催促着"读者"不断地走向边缘。超文本以可观看的、人脑智能化的风格融合了读者和作者之间的角色,使读者、作者、观者三者的身份变得错综复杂。巴特从艺术接受者的角度,以文本的开放性为核心,认为当代的视觉文本从"可读的文本"进入到"可写的文本"的行列,区分了传统和现代的观看范式。传统的文本是及物的,造成了观看的被动,而现代的文本是不及物的,使观者主动地重写文本。所以他宣称"作者已死"和"读者诞生"。观者在观看的时候身兼读者和作者之职,接受者与文本关系发生了变化,传统"作者"的中心地位逐渐受到挑战。

新媒体文本的交互性参照赋予了读者更多的权利,读者在观看时对路径事物的选择形成了对文本的改写、重写、续写,使观看变得个人化和私人化,突破了对传统简单阐释的界限。以微博和微信写作为例,强大的留言功能形成了作者和读者之间的实时互动。媒介为他们的交流提供了一个平台,这个平台使得读者和作者形成了对话,这种对话对于文本的形成起到了很大的作用。在这一过程中,叙事的交互性建构了作者和读者之间新型的合作关系,读者和作者在互动中都逐渐向观者身份演化。

综上所述,媒介化观看的主体已经不是传统意义上的读者,观者的定义涵盖了以下几个特征:首先,他既是读者又是作者。"上网的人和其他媒介消费者不一样,无论他们在网上做什么,他们都是在创造内容。"[①]数

---

① 莱文森.软边缘:信息革命的历史与未来[M].熊澄宇,等,译.北京:清华大学出版社,2002:39.

码文本的交互性使得观看行为掺杂了书写和创造。其次,观看行为被拓展成一种参与,数码文本的丰富使得观看者的身份集中了传统意义上的读者、听众、观众、玩家、用户等多方面特征。最后,我们也必须认识到,观者也是消费者。审美距离的消融以及影像的快速流动,使得观者将自身投入到巨大的影像流之中,影像世界变成了观看主体的欲望对象。观看主体的观看欲望被唤起,建构起一个直接构架在看与被看的大格局之下的"现实"图景。

二、旁观者变成在场者

新媒体技术带来的改变如此巨大,以至于艺术史学家乔纳森·克拉里断言:"这场视觉性的变革可能比中世纪的图像和文艺复兴时期透视法分离的那次断裂还要深刻。"①观看媒介使世界变得可见,把世界展示给我们,作为观看者,我们因为观看变成了世界的一部分,而不是世界之外的观者。我们正在经历一场从充满日常认知的模拟世界向由二进制编码呈现的数码世界的跨时代转变。媒介改变了,视觉的文化基础也随之而变。从认识论角度来说,这也直接导致观看方式的变化。

目前,媒介化的观看使观看主体成为活动影像文化的组成部分,每个个体都过着被图像化和媒介化的生活。观看的媒介化使得观看主体相对于世界成为一种"在场",在观看中得以"显现"。在审美活动中,长期以来都强调"距离",适当的观看距离可以确保被观看对象和观看主体的关系得以暂时性的分离,恰恰是这种分离,使得审美主体平时忽视的细节和事物的隐形侧面重新引起关注。观看者要保持某种独立性的"冷眼旁观"状态,康德和叔本华都对这种旁观式的观看方式进行过阐释。康德在《判断力批判》中说:"关于美的判断只要混杂有丝毫的利害在内,就会是

---

① 罗森,迈克丹尼尔.当代艺术的主题——1980年以后的视觉艺术[M].匡骁,译.南京:江苏美术出版社,2011:45.

很有偏心的,而不是纯粹的鉴赏判断了。"①波洛克强调这种"纯然冷漠",其实是让主体与对象之间保持一种心理上的距离,它构成了一切艺术的共同因素,是一种审美原则。

与他们的"审美无利害"相对的,是海德格尔提出的"在其间"理论,这个理论和当下新媒体观看方式所说的"在场"有着一致性。这种"在场"既是心理层面的,也是感观层面的。媒介化的观看借助一些观看机械,使得观看者似乎就真实地处在观看环境之中,达到一种观看主体与观看对象共融的状态,这样从某种意义上就消解了原有观看的自我意识和冷静客观的状态,人的感官知觉与场景合二为一了。新媒体所呈现的环境使得观看主体从消极被动的"旁观"变成全身心投入的"在场"。

从前文对媒介化观看的历史演进来看,所有技术手段的发明都是独立于人的感知存在的,但是新媒体技术所营造出的空间使我们有"在场"的融入。这种真实存在的在场感使得观看主体的身份发生改变,观看主体从"抽身事外"逐渐到自我发现、自我建设,呈现一种"身在其间"的状态。这种"在场"脱离身体的限制以及空间的束缚,人们不再希望冷静客观,他们希望自己的身体可以进入所观看的世界或者文本里面,可以说媒介化的观看彻底地改变了我们的意指手段。基于现代观看工具的现代感知过程不再依靠传统的主客关系,技术图像更多的是参与的方式而不是再现的方式,"旁观"到"在场"使得看与被看之间的关系也发生了变化。

三、从"在世"化生存到"在线"化生存

"在世"就是存在于现实世界,"在线"则是在网络世界的存在。在互联网构筑的虚拟世界里,人们利用虚拟技术进行着频繁的实践活动。"在线"是对人类存在状态的一种描述。卡西尔说:"人不再生活在一个单纯

---

① 康德.判断力批判[M].邓晓芒,译.北京:人民出版社,2002:39.

的物理宇宙之中,而是生活在一个符号宇宙之中。"①网络的出现使人们生活的域限被打破,人们的生存方式由此变成了在线化生存。新的存在方式是一个充满无限可能的世界,作为承载人类生命内涵的新的时空架构。在这个新的时空架构中,虚拟是其最核心的本质特征。按照吉登斯的说法:我们曾经熟悉的社会关系从彼此互动的地域性关系中脱离,这种脱离穿越了不确定的时空限制而被重构,形成"脱域"的现象。人们由此体验到了另一种存在方式——作为符号的存在。在线的观看主体被符号化,它不是"自在之物",而是一个"意念之身"。

海德格尔认为,人的存在是在"在世界中存在"(being-in-the-world),即"此在"(Dasein)。但是,"在之中"并不意味着在现有空间的物质的叠加,而是此在的一种存在建构。之中(in)源自词源 inna,指的是居住、逗留,意味着我已住下,有我熟悉、我习惯、我照料之意。"存在"指的是居住并蕴含于世界之中。人在环境中活动,人们通过活动对周遭的世界产生理解。在生产与实践当中,人们把世界之内的物把握成"工具",人们通过对工具的使用开始建立对外部环境的认识。由此,人的存在方式首先是要有所作为,再与其他事物"遭遇"。人把他物作为自己生存的环境而联系在一起,世界的概念才得以形成。只有通过人(此在)的存在方式,他物才能得以显现。作为世界中的存在者,空间不过是与人的行动存在关联的显现物。网络就是一个显现的工具,赛博空间是我们与键盘、显示器、鼠标、光缆、工作站、网页构成的一个意义关联的整体。在这个意义上,无论"在线"还是"在世",都已存在各自那个"有限意义域"当中。"在线"与"在世"体现了人们在两种截然不同的生活世界中的存在方式。在线化生存是一种虚拟和现实共生的存在,它既不是完全虚无缥缈的虚拟,也不是完全真实的模拟。

---

① 卡希尔.人论[M].甘阳,译.上海:上海译文出版社,2003:52.

第二节
数码化身的出现——虚拟自我

一、数码化身的定位

在互联网发展下,游戏和数码技术的发展,使观看主体在观看的时候已经从观看者升级为用户,这直接导致了观看者催生出的一个新的观看身份——数码化身。化身是观看者希望摆脱肉体局限,进入虚拟世界的一种美好的愿望。在古希腊神话中,化身的观念由来已久,奥林匹亚山上的众神要与俗世交往必须隐掉真身,幻化成一个形象与人交往。比如,众神之神宙斯为了躲避天后赫拉的监视,变成各种动物到凡间与女子私会。印度教也注重化身,他们认为黑天就是守护神的化身。化身在数码时代成为虚拟人物或职能代理的别称,图形界面用户最为熟悉这个概念。如果说以前的化身观念与神灵崇拜有关的话,数码时代的化身则是人们在想象中弥补生理自我、社会自我、心理自我的现实缺憾的一种表达。在当下,化身已经不仅是个体的心理寄托,而是转化成集体无意识的一种,成为群体心理与社会心理的凝聚点。根据新媒体研究学者黄鸣奋的梳理,他认为数码化身的发展有一个渐进的过程,同时在功能上呈现出不同的发展侧面。比如,早期它是人工智能领域以真人原型为基础的对话程序,这种程序往往选择已经逝去的媒体名人或者明星,把他们的思想、口头禅和事迹编进程序,让程序和真人交谈;在超文本领域,数码化身是电子超文本当中作者化身的叙述者;在数字图像处理方面,数码化身被理解为图形界面当中的数码助手;当人们在网上冲浪时,数码化身被理解为虚拟身份活动的网民以及网络社区中的虚拟人物。

在本书当中,强调数码化身未来发展的存在形式——虚拟现实的世界的用户化身或者是媒介技术和人体的结合,它是一种类似半机械半人类的混合体。

二、数码化身的存在方式

(一)虚拟的角色扮演

网络世界论坛、网站、游戏构筑了一个个虚拟的环境,用户往往借由化身(avatar)进入到网络世界,开始自己的第二人生。现在流行于朋友圈的虚拟头像,其实也是化身的一种,人们选择自己喜欢的形象,哪怕这个形象和本人大相径庭。这股潮流反映出人们置身虚拟世界的心理特性,映射出人们一直热衷于改变自己的原始冲动。追溯艺术史我们发现,人类对自己总是不甚满意,人们希望自己更加美丽、更加健硕、更加无畏,人们一直试图创造一个"完人"来代表自己。古希腊时期,一位艺术家呕心沥血地创作了一件作品——克里特翁男孩,在人们的构想中,它是最逼真的写实。然而不到一个世纪,人们就放弃了无限追求真实的审美取向,理由只有一个:那样的人体太无聊。一位雕塑家发现了"人体运动法则",比如,将腿部加长,将背部曲线及凹陷程度加以夸张,将连接胸部及腰部的肌肉加大……这样的身体或雄伟或婀娜,虽然和真实的人体相去甚远,但却是人们心中理想自己的心理投射。人类对自己的不满使得人类对艺术形象不断修改和创造,面对"完美"的定义则完全受文化的影响。

网络是人性的延伸,人们在虚拟世界希望拥有一种新的个性和全新的形象。化身就是虚拟社会中对这种愿望的满足。通过对观看主体的改变,利用化身,生活在一个迥异于现实社会的异世界中,获得一种完全不同的人生体验,这样的改变能够让现实中的人们得到自我情感的释放和宣泄。莫尔斯认为:"在虚拟现实中,'肉'体不是被'停放'而是被映射于一个或更多(甚至共享的)虚拟身体上的;同时,有机的身体通过脱离框架而被净化,从虚拟旅行者的视野中隐藏起来,为的是参加卡通般的图像世界的活动。"① 化身赋予人们幻想的载体,获得宛若重生的魔力,在这个空间里,允许失败,允许复活,允许情感投入到化身之中。个体的想象在身份的创造过程中起到了决定性作用,对化身的角色定位来源于两个诉求:一是对目前状态缺失的补偿需要——人们在真实空间中所面临的诸多缺憾与不满,比如身份、地位、样貌等资源匮乏下产生的体验需求;二是希望摆脱束缚的心理需要——人们对社会生活的各个领域中的法律法规设定和限制的不满。

在网络世界里,数码化身补偿了心理机制,人生的不如意、现实的残酷都被暂时性地抛诸脑后,人能够自如地超越事实对人设置的种种藩篱,只要晃动鼠标,就能够使人们以最简单、最直接的方式产生现状改变的幻觉。在角色扮演类的游戏中,最能体现出这种观看主体的改变,玩家可以呈现出迥异于真实世界的性格、爱好,人们在亲身体验和实践想象中体验角色在不同情况下的内心情感,同时反映出个体深藏于内心的感情。化身是用户在虚拟世界中的自我替代。化身的虚拟性产生了无限的可能,使得人们暂时逃离了真实世界的束缚,摆脱了无力感和挫折感,成为虚拟世界里完美和强大的自我,踏上迥异于真实世界的征程。玩家通过化身完成虚拟自我的表达以及展示,通过通关、打怪、升级,获得掌握和操控权力的满足。在这个过程中,突破和颠覆真实的自我,形成一种虚幻的自我完善、自我满足,进而实现自我超越。在这一过程中,心理学家发现人们在选择符号或图像代表自我时,几乎都会选择与现实截然相反的符号作为自我指涉,呈现的几乎都是一个全新的自我。这种选择在年龄、种族甚至性别上都与原初的自我差别极大。用户得以"展现自身人格的方方面面,扮演各种新角色,实现自我的增值化、虚拟化、流动化"②。玩家选择了一个符号或图像代表自己,并视此符号、图像为取得虚拟世界认同或从

---

① MORSE M.Virtualitties:Television,media art,and cyberculture[M].Bloomington and Indianapolis: Indiana University Press,1998:141.
② 黄鸣奋.新媒体与西方数码艺术理论[M].上海:学林出版社,2009:57.

中取得胜利的策略。游戏中的角色完全是由创作者创作出来的,但是在被玩家选择后,便被烙上了玩家的印记,在游戏过程中被玩家所内化、所转化。同时,这个过程是相互的,玩家越是沉溺于游戏当中,他与角色的融合度就越高,越容易产生迥异于原有自我的性格。这个过程的形成是双向的,在建构过程中,角色与玩家之间形成了新的"交互主体性"的关系。从这个意义上说,传统观看主体的自我设定不再是独立的、清晰的,而是变成了存在于虚拟空间当中的化身。这些化身表现出的特质是分裂的、颠倒的、模糊的。

(二)电子人的出现

科学家将化身技术继续向前推进。美国计算机科学家勒纳特说:"直到现在为止,人们都过着有限的生活,总是在一个地方待一段时间,生活一段时间,然后就是死亡。但是这种情况即将得到改变。设想一下:在电脑空间里可以有许多个主体代表你,你可以去做各种各样你喜欢的事情,你真实的意识停留在一个肉体中,如果通信宽带足够宽,那么任何时候你都可以转移你的注意力,而停留到别的实体中。一个人死后,他或者她的主体会继续存在。"[①]

数码化身的未来发展是计算机和赛博主体的结合,这种结合体现在观者和计算机都能够理解、运用这种特殊语言,并在这样的基础上产生人机互动,在互动过程中人类还能产生正在与他人接触的感觉。当然,目前我们所说的数码化身的主体性还远没有达到完全意义的自发、自觉与主动的程度,但是其发展速度是非常惊人的。

"后人类"(posthuman)是虚拟化身的终极形态,表现为一种可杂交的、可渗透的、混合与复杂的实体存在。这是学者杰弗里·戴奇界定的,主要意指,人类正在向一个全新的进化阶段迈进,生物技术和计算机的发展将赋予我们以人工方式改造和扩展人类身体的力量,这些人工方法让

---

① 萨沙.大师的智慧:十五位杰出电脑科学家的生平发现[M].刘军,译.保定:河北大学出版社,1998:347.

我们的步伐远远超出生物进化的速度,这些技术都在突破生命有机体的意义和界限。也有人称其为"超人"。超人主义者认为,人类并非是我们进化的终点,而仅仅是一个开端,人类有变化的潜能,在改造外部世界的同时也改造自身。这种改造不是建立在教育和学习的基础之上的,而是用技术手段拓展人类的能力。1960年,美国纽约罗克兰州立医院的科学家曼菲德·E.克莱恩斯与内森·S.克莱恩,在一篇NASA太空探索会议论文中使用了"cyborg"一词——Cybernetic organism的缩意,用来形容混合有机体与电子机器的生物。

电子人(cyborg)是一种半有机体、半机械的杂交生物,具有后人类的特征。电子人分为两种:一种是功能式电子人。目前,矫正整形术、仿生学、控制论、跨物种器官移植、人工智能和基因工程等领域都是在电子人研究系统之下,其核心理念是利用机械延伸或弥补人类的功能。麻省理工学院正在测试一种新的避孕设备,可以植入女性身体,通过外部遥控,这种设备的芯片可以促进女性身体激素的分泌,达到避孕的效果。美国伊利诺伊大学研发出一种可植入的计算机纤维皮肤网络,它比人类的头发还细,可以实时的监控你的身体情况,追踪你的新陈代谢。用这个概念来衡量,估计有10%左右的人类已经是电子人了。另一种是共生性电子人。它的特点不仅表现在身体上人体与机械共生,而且还表现在努力将机器同化进入人的精神世界,使得人和机械共融,届时人和机器将没有严格意义上的区分。这类电子人是一种人为进化的方向。比如,布朗大学正在研究将大脑与电脑进行对接,他们发明了一种电极植入脑中,脑部产生的神经信号可被电脑实时解码,并用于操控外部设备。科学家迪恩·波莫罗说:"最终,人类更愿意向大脑中植入设备,你可以通过思想的力量进行网上冲浪。"[①]这样的未来就是"人在机中""机在人中"和"人机一体"的发展未来。

美国的前卫学者哈拉维在1985年发表了著名的《赛博格宣言:20世

---

① 黄鸣奋.呈现人机共生的理念:电子人艺术[J].徐州工程学院学报.2005(2):9-14.

纪晚期的科学技术和社会主义的女性主义》一文,将赛博格的概念扩散到每一个现代人的思维当中,她所说的赛博格就是一种电子人。"赛博格不只是装有假肢、假齿或携带心脏起搏器的人,它成为一个机器与生物体的杂合体,一个社会现实的创造物,同时它也是虚构的创造物。在 20 世纪晚期,这个我们的时代、神话的时代,我们全都成为客迈拉,我们是理论化的,我们是拼凑而成的机器和有机体的混血儿:一句话,我们就是赛博格。赛博格是我们的本体。"①

电影导演为这个大胆的宣言欢呼不已,大量的赛博格角色被设计出来,比如《星球大战》中拥有机械臂膀的安纳金,整个躯体都被机械化的格列福斯将军、钢铁侠、蜘蛛侠、机械战警、《复仇者联盟》中的幻视,《蜘蛛侠》中装载了 4 条机械触角的章鱼博士,以及《美国队长》中拥有机械铁臂的巴基·巴恩斯。这些丰富的想象也刺激了艺术家们,在电子人技术发展的过程中,艺术家们已经开始对"电子人"做了各种想象,通过艺术作品的创作,希望引起大家对新媒体对人类改造的关注。

法国艺术家奥兰对自己的外形做了九次整容改造,并把这个行动进行全球化的直播,以期用这种观看引发大家对身份、身体改造和美之间的关联与思考。一些艺术家不仅仅关注经过基因、外科手术和机械制造的身体外观,还让大家通过观看,思考其中隐含的意义。澳大利亚艺术家斯蒂拉克则走得更远,在他的作品中,他将尖端精密技术支持的假体和移植物附着在身体上,第三手臂成为他自身的一部分。这个手臂有独立行动的能力,依靠艺术家腹部和腿部肌肉发出的信号激活。同时他还开发了一个电脑程序,依靠这个程序,他可以通过触摸屏幕上的人体姿态影像库来激活第三手臂的运动。斯蒂拉克希望借助这些创作吸引大家对于人类机能衰退修复的关注,他认为电子人的出现可以让人类不堪一击的身体得到修复,比如合成皮肤,更大的脑容量,更少的器官,以及增强视觉、听觉和其他感知的微型电路,我们以化身的形式栖身于全新的肉身中。他

---

① 人人都是赛博格:为何科幻电影爱砍手[J].新周刊,2016(1).

这样谈论自己的作品:"正如因特网提供了显示、链接、调用信息与图像的扩展与交互的方式那样,它如今可能允许我们以出乎意料的方式对身体进行访问,通过界面加以连接,以及将身体上载。电子空间变成了一个行动的而非信息的媒体。它以不断增长的复杂性将身躯与机器啮合起来。身躯的形式被增强了,其功能被扩展了。它的表演参数不是被其生理学或由它占据的局部空间所限制。电子空间重建了躯体结构,并增加了它的操作可能性。"① 他具体地阐释了自己对"电子人"的理解,强调了弥补术(prosthetic)的重要性,他认为弥补不仅仅是人类对于身体欠缺的需要,更是对人类局限的超越与满足。换句话说,电子人在某种意义上是对躯体形式与功能的放大与满足。

在电影《阿凡达》中,克隆人 Na'vi 就是一个化身。男主角杰克·萨利被设定为一个双腿瘫痪的人,但是通过他的化身,他完全可以在新的星球上做一个全新的自己。这部电影对化身的未来发展做了很好的描绘。也有媒体艺术家对人工智能的发展提出隐忧。蔡秉桦的《虫聚》就是这样一个影像装置。《虫聚》探讨人类与自然生物的未来关系,由于科技文明的发展,自然生物与环境渐渐受到破坏与影响,生物开始产生基因突变、形态变异及行为改变。观众可透过麦克风发声,即时生成虚拟变种生物,使其突变成长,到处流窜,此过程如人类扮演上帝主宰着自然生物,却反之遭受生物的逆袭。通过与作品的互动,观众开始反思科技影响自然生物的后果与代价。

《黑镜2:马上回来》给我们展示了一个人类媒体化生存的未来想象,女主人公痛失爱侣,无法承认斯人已逝的事实,接受了一个替代品——以丈夫为模型的人工智能机器人。这个机器人是结合了死者过去的生活数据和网络生成的数据而形成的"电子人"。利用云计算,主人公 ASH 的生活习惯被模仿和复制,诸如语调、音调、眼睛、指纹心理状态等等都被抽象为数据,依靠这些数据整合生成的信息而塑造的电子人完全可以达到乱

---

① BALER P.The doors of expression:the work of art in the age of quanturn power[J].Sculpture,Vol. 21,No.4,(May 2002):45-46.

真的地步，极大地抚慰了妻子的丧夫之痛。但是，仅仅根据网络数据的电子化整理再生的丈夫无法对当下生活产生适当的反应，具体的生活细节无法根植到电子人的记忆当中，所以妻子最终崩溃，想要抛弃这个情感表达机械匮乏的电子人丈夫，最终这个人或者说是这个替代物被闲置在阁楼上并失去了人的身份被设定为"物"，这样的结尾也给我们带来深刻的思考。也许有一天，我们就像电影《超能查派》所表现的那样，机器人通过自我升级拥有了人类的思维能力，人类则通过机器人强大的升级能力实现思维的机械式转移。人类可以将自己的所有思维，不停转移到最新一代的机器人身上，由此实现最古老的欲求——永生不死。但是，如果真有这么一天，人类同样面临这样一个问题：没有痛苦也没有弱点，不被死亡和遗憾所威胁的人生，还有什么值得留恋和奋斗的乐趣可言呢？

三、被赋予灵魂的化身——数码化身的生命意义

曾经，化身只是被激活的一种观者的想象，现在数码化身已经使得这种想象成为一种实体，甚至被赋予了灵魂，成为一种主体性的存在。主体是一种在人类活动中发挥主观能动性去改变世界的特性，这也是人高于其他物种的一个标志，它使我们一直占据生态圈中的主体地位。但是，主体性的发挥一直受历史条件和自然环境的制约，其中，观看媒介是重要的因素。媒介化观看借助媒体技术的革命在基因工程和数字编码方面获得突破性进展，给人类的主体性建构带来巨大的影响。当数码化身出现之后，我们如何审视数码化身的意义呢？通常情况下，我们把观看主体理解为身体（生理存在）、身份（社会存在）与自我（心理存在）的统一，这里我们也从这三个角度理解数码化身的生命意义。

（一）身体的新内涵

身体是主体生理存在的必需条件，人们性格的发展必须依托于这个物质存在的基础。胡塞尔在现象学的理论中生成出了统觉理论，他这样

说道:"我的生命的有形的有机体(在我的原初的领域里)作为其所予方式而具有中心的'这儿';每一个其他的身体从而'他人的'身体则具有'那儿'这种方式。尽管我的'这儿'不同于他人的'那儿',尽管在现实中我永远不可能进入到他人的'那儿',但是我却可以以一种想象的方式,即以一种'如果我在那儿的话,我的身体会是怎样的'这一假设方式,在意识中使他人的'那儿'成为我的'这儿',使他人的身体成为作为'首先建立的原本'的我的身体的复制形式,从而使我进入他人的'亲自行为'的中心而把他人的身体领悟为何我的身体一样的那种作为生命的有机体的身体。这样,假使一个与我自己的身体'类似的'身体突出地在我的原初领域里呈现了其自身——也就是说,该身体具有这样的一些规定性以至于它必然进入到与我自己的身体的现象的联对之中,那么似乎立即清楚的事,随着意义的转移,这个身体必定从我自己的身体中挪用了生命有机体这种意义。"①胡塞尔想说明主体在承认自己的同时也承认他人身体的存在,统觉理论首先将"我的身体"认定为应该首先建立的根本,进而把他人的身体设定成为一种复制或一种化身,我们可以将他人的身体领悟为和我的身体一样的生命有机体。虽然主体都存在于自己的"这儿"而无法进入他人的"那儿",但是却可以利用想象,使他人的"那儿"成为自我的"这儿",这种现象学的统觉,是一种"视域互换"。他进一步阐释道:"对我自己适用的以上种种,如我所知,也对我周围的其他人有效。在把他们当作人来经验时,我把他们每一个人理解和承认作一个像我一样的自我主体,并把他们理解作与周围的自然世界相关。但我在这样理解时,是把他们的周围世界和我的周围世界都客观地当作同一世界。对此我们大家都意识到,虽然方式各有不同,每个人都有自己的位置并从这个位置上去看身边的事物,而且每个人将因此而看到不同的事物显相。对每一个人来说,实际知觉、实际记忆等等领域也都是不同的,尽管在那些领域中主体间共同的意识对象是以不同把握方式、不同清晰度等被意识

---

① HUSSERL E.Cartesian mediatations[M].Hague:Martinus.Nijhoff Publishers.1982:116.转引自张再林.关于现代西方哲学的"主体间性转向"[J].人文杂志,2000(4):9-15.

到的。尽管如此,我们与我们的邻人相互理解并共同假定存在着一个客观的时空现实,一个我们本身也属于其中的、事实上存在的周围世界。"①

胡塞尔的理论表明对于人类的主体性构建,要处理好"我"和"他者"的关系。观看主体通过"我"的作用,激活了一个"他者",使这个他者成为"我"的一部分,其中,观看和联想起了核心作用。这个他者的躯体中包含"我"的属性,因为"他"是在我的观看和心理之下被激活的。在这个过程中,原本无意义的虚拟性变得有意义起来。通过观看,虚拟环境产生出的模拟感觉被回馈给大脑,这种反应不会驱使你真实的身体而是驱动你虚拟的身体,但是在这个过程中,你的感受是真实的。

在真实时空中,身体只能是某种特定的存在,"这儿"与"那儿"是分离的;媒介化的观看克服了空间局限,媒介的发展勾连起"这儿"与"那儿"的时空间隔,在视觉上建立起联系。旧金山艺术学院曾经做过一个新媒体艺术展,一个名为《虚拟拥抱》的作品引起人们的关注。艺术家迪茨在画廊的两个彼此分离的空间摆上两个沙发,靠在蓝色的屏幕上,视频摄像机与显示器可以把沙发上的人物呈现在屏幕上。迪茨这样解释他的作品:"部分是历史,部分是想象,部分在现场,部分在网上,它跨越了艺术、通信与流行文化的界限。"②原本被空间阻隔的体验者分别位于"这儿"与"那儿"的"身体实在",但经过摄取和投射到屏幕上,这种身体实在变成了一种虚拟的影像"存在"。这种存在超越了"这儿"与"那儿"的空间鸿沟,将两者统一并用视觉呈现在一起。在这个过程中,两个存在的物理空间被观看媒介交叠在一处。

数码化身向人机共生的电子人的转变,表示数码化身已经从一种虚拟的"躯体"模仿变成一种真实的"身体"存在,这种转变成为未来的发展趋势。在胡塞尔的现象学理论中,"身体"和"躯体"的概念是被区分的,躯体具有物质属性,而身体的内涵外延更大,它还兼具精神性。"我之所

---

① 胡塞尔.纯粹现象学通论[M].李幼蒸,译.北京:商务印书馆,1992:92-93.
② HELFAND G. Telematic connections:the virtual embrace[EB/OL].(2001-02-07) http://walkerart.org/overview/helfand-sfgate.html.

以能够把一个自然事物理解为一个'躯体',即承认他人的肉体存在,并且进而把一个'躯体'理解为一个'身体',即承认他自我的存在,意识中的'联想'能力在这里起着双重关键的作用。"①他人的躯体能被激活,在胡塞尔看来完全是来自"我"的心理作用,他提出了"主体间性"的观点,把它划分为"纯粹的主体间性"和"先验的主体间性",并认为其中后者是人类的根本存在。在每个本我的存在中都隐含着他人,正是这种隐含才构成了客观世界的意义性。对于媒介化的观看来说,虚拟的人物所呈现的静态影像即使可以被激活,也完全依赖于观看者的心理想象。这种想象赋予虚拟躯体以灵魂,使其成为审美观看的对象。在这个过程中,主体间性被建立,虚拟躯体不仅是参与者的遐想,还可以作为体验者的化身与人进行互动。

美国亚特兰大艺术学院的艺术家贝内特创作了一个"人人脸"网站,他认为脸部的标准图像没有把人格的完整性呈现出来,像素、储存点的二维排列让人们无法捕捉到人的人格特征,因而他这个网站对所采集的人的面部造型加以消解、切割、重组。比如,任意观看者选定的面部肖像都是由很多图块构成的,并且不断离析,像万花筒一样不断变化,艺术家希望用这样的方式引导观者看穿人格完整性的幻想。人们在社会生存中接触到各式各样的人,并根据他们的界定来判断好的或坏的类型,同时把他们的性格特征和体貌特征结合形成人格特征并内化到自己的内心世界,一旦遇到特殊情景,就会调动自己的经验,根据被内化为自我的他人行为模式来进行活动。

(二)机器的人性化

从虚拟化身到电子人的转变,预示了人类改变生命载体的强烈愿望。人类的高级精神活动都是一种信息流。如果这种信息流也可以被还原为比特进行重新编码的话,人的精神活动也可以被机器进行处理。那么,从

---

① 倪梁康.现象学及其效应:胡塞尔与当代德国哲学[M].北京:三联书店,1994:148-150.

这个意义上说，人不就是机器的一种吗？或者说机器已经类人化。科学家库茨维尔说："到21世纪后期，我们的技术远非是神经植入了，我们可以把自己的思维过程安装在新的计算机媒体上——也就是说，我们成了软件——那时候，我们就能在更深的层次上控制和安排我们的感觉了。"①信息变成了生命的体现，信息成为生命本身。现在困扰我们的诸多问题，比如，能源危机、环境恶化等都将不是问题。我们可以把生命的延续从血脉的传递理解为信息的复制，传说中的长生不老就不是痴人说梦了；生命可以作为信息传输，"万水千山只等闲"也不只是美好愿景，人类可以以光速在宇宙中运动；信息可以编码，我们可以将记忆、思维等生命体信息存储于各种载体中，甚至可以将代表生命的信息和其他生命信息混合，创造新的生命体。

当然以上种种都是未来发展的一种可能。但是，在互联网应用普及之前，从来没有一种媒体能够引发如此深刻、沉重、彻底的有关观看主体的改变。与此同时，互联网正向着类人化发展，它将具备自己的视觉、听觉、运动神经系统，也逐渐开始拥有自己的记忆神经系统、中枢神经系统、自主神经系统，从感性到理性，从任意到规律，这个庞大的虚拟空间使得世界的非线性变成了一个可操控的数据空间。在这个空间内，人类和周遭世界的边界不再是不可跨越的，人们通过机器和人的连接与混合，使机器获得了人的意识与感知，这种混杂的、复杂的、可渗透的实体已经突破了物的概念，被涂抹上了人性的色彩。

2011年谷歌开启了"谷歌大脑"计划，项目涉及无人汽车、工厂机械人、智能家居等多方面，中国的百度也提出了百度大脑（目前，百度大脑的智商达到3岁孩子的水平）。总有一天，人与机器的概念会完全模糊，届时，也许我们不会再定义电子人的含义，我们得重新定义人类。

---

① 库茨维尔.灵魂机器的时代：当计算机超过人类智能时[M].沈志彦,祁阿红,王晓东,译.上海：上海人民出版社,2006:134.

(三)人机共生下自我的迷失

后现代主义给我们这样的启发:"自我"的概念并非是一个统一的整体,而是一种观念上的混合,由个人所经历的不同背景、角色与体验所决定。在新的观看关系和媒介环境中,"自我"成谜,自我在人机共生的条件下也被虚拟化了。这种虚拟化是建立在身体的虚拟化和身份的虚拟化基础之上的。个体不能将自我独立于规律之外,必须进入到虚拟世界所设置的情境中。同时,自我的虚拟表现是多重身份的一种呈现,多重自我取向定位于交往。在虚拟空间中,任何人都拥有双重身份:一个是真实世界的社会身份,另一个是虚拟的数码身份。数码化身模糊了观看主体,使身体与自我相分离,身份和自我的对应性、统一性被媒介化观看消解,分布在各个媒体终端的化身赋予任何个体以多重数码身份,这些身份和现实身份差别很大。虽然在真实世界里,我们在不同的场合扮演着不同的角色,以局部人格与他人互动,但在多重人格身份之间,人们必须保持一致性,否则就会引发怀疑和不信任,进而在生活中引起诸多麻烦,因为人格身份的一致是社会化生存获得基本信任的基础。

媒介化观看使得真实空间和赛博空间被割裂,人们呈现出多重人格身份并存的现象,真正的自我在这个过程中迷失了。学者黄厚铭说:"电脑网络是一个前台,真实世界是一个后台。在因特网上,不同的活动范围分别构成一个个几乎互不重叠的前台。个人既可以在网上塑造一个有别于真实世界的自我认同,也可以在不同赛博社群中同时维持数个身份,个人由此主动地塑造出一个新的自我及相应的人际关系。"[①]莫尔认为,在互联网上,"身份变成了一种空虚的构造,因为在表(再)现身份的符号系统后面不存在任何东西"[②]。身份建构在超媒体的影响下,正在经历着一些变化。莫尔认为,"在虚拟世界里,真实与虚拟身份的分界线含混不清,

---

① 黄厚铭.网路人际关系的亲疏远近[EB/OL](2011-05-22).http://wenku.baidu.com/view/ea333941ea300abc30c229f5b.html.
②③ 穆尔.赛博空间的奥德赛[M].麦永雄,译.桂林:广西师范大学出版社,2007:181-185.

个人与公众之间的边界趋于消失,现实交往与虚拟交往同时存在。"③因此,在现实生活中,人们开始无法区分虚拟与现实之间的关系,沉溺于网络,并表现出多重人格身份紊乱,成为一种不容忽视的社会现象。同时,网络化身的多重与模糊使网络变得越来越不安全,我们如何在虚拟的和网络空间中定义自身,成为一个非常关键的问题。

艺术家曾钰涓创作了一个新媒体装置——《数位肖像系列》(见图3.1),探讨了网络上个人存在状态的真实性。人们将自己的照片上传至网络,自己以0与1对信号重组,在网络上的个人指称(姓名)就不再具有唯一性与独特性,并在与众生重组的过程中,换成另一个不同面貌重新存在。此作品提供输入自己的姓名,参与者可以每天制作专属于自己的数码肖像。这样,艺术家提出了一个问题:网络上名字的指代能否代表原来的自己?网络收集了这样多的面孔,分解组成一个个模糊不清的脸,在信号的对称下,他告诉你,这就是你,你会接受吗?在虚拟世界里,身份成谜。

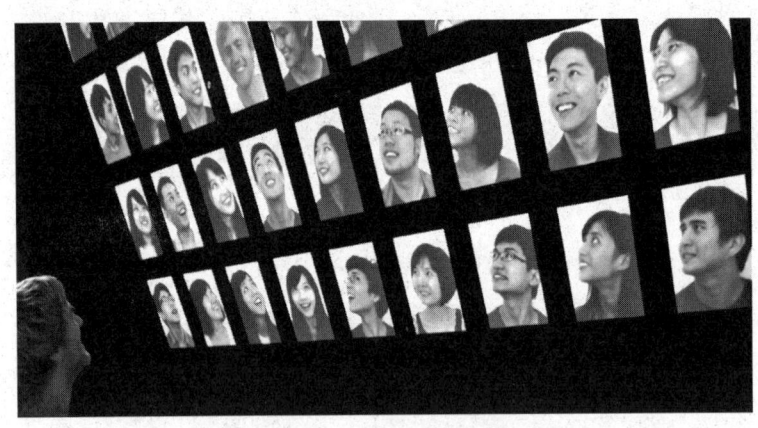

图 3.1 曾钰涓《数位肖像系列》

艺术家林珮淳在自己的影像装置《夏娃克隆启示录 M》中探讨了这个问题(见图 3.2)。这个作品以 3D 动画及程式运算形塑了一尊具有宗教意义的雕塑——夏娃克隆体,底部则呈现《圣经》"启示录"章节的六种语言(中文、英文、希腊文、拉丁文、阿拉伯文以及希伯来文)。在文字中,我们知道,"夏娃克隆"是以《但以理》书中记载的金、银、铜、铁、泥、半铁半泥的大偶像来塑造的,她以360度练习自转的姿态悠然存在于水中。当有观众面对她时,她则缓缓抬起高贵的头轻轻舞动,头顶的金色光辉与数字成为生命力的象征,在圣诗的背景音乐衬托下,显得庄严而又神圣。

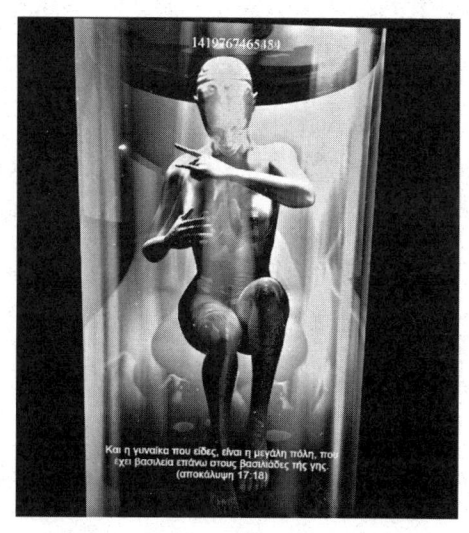

图 3.2　林珮淳《夏娃克隆启示录 M》

她是虚拟基因生殖试验室里的大地之母,隐喻了当代生殖科技发展中,人类借由科技,意欲成为具有改造生物形貌权力的神祇想象。随着这种边界的模糊,我们不得不放弃更多被视为人类所具有的东西,我们将面对一场永久的身份危机,从这个角度上讲,电子人出现带来的最大问题不是增加了效率和刺激了经济的发展,而是重新定义人类,告诉人类——我是谁?

第三节
新型观看关系的变化与建立

看是人们与世界的一种经验关系,体现出观看主体与世界的存在关系。它不是简单的自然关系,而是有着极深的社会、文化意义。首先,观看总是发生在一定的社会情境和相应的语境当中。在生活中,纯粹单一的个体观看当然存在,但更多的是在一个情境当中,许多不同的眼光交互作用,形成一个有意味的整体——一个含义复杂的"视觉场"。因此,本章节在新媒体环境下,研究观看场域中,各个"意义体"之间的关系,揭露其中所蕴含的复杂的"意义"。当然,这种分析不仅仅限于看和被看,还有更多复杂的情况和关系也在我们的研究范畴里。我们把观看主体间的文化背景和地位(受教育程度的差异,艺术修养的差异,社会地位的差异,阶级和种族、性别的差异)也考虑进去。现代媒体社会延伸出一种新型的看与被看的关系,被改变的观看主体和观看对象之间,形成了一种新型的观看关系。

一、福柯的权力观看——少数人对多数人的监看

观看作为一种文化现象,表现了观看者和观看对象所处的社会关系和文化位置。尽管观看是主动选择的结果,但是,这又在相当程度上被社会文化所决定,因为没有超然物外的自然眼光。福柯的全景敞视监狱是"少数人对多数人的观看",代表了阶级社会,表现眼睛作为一种权力器官所进行的权力机能。17—18世纪,观看经历了一个从封闭性的监视隔离向全景敞开式观看的转变,原来狭小、黑暗的幽闭空间被边沁的"全景式监狱"所代替。如果说以前的暗室是用来适应偷窥、监视机制的观看场域,那么后者成为一种建筑学上权力的政治技术象征,福柯相信这直接导致了"规训的社会"的出现。他是这样描述的:"为了行使这种权力,必须使它具备一种持久的、洞察一切的、无所不在的监视手段。这种手段能使一切隐而不现的事物变得昭然若揭。它必须像一种无面孔的目光,把这个社会机体变成一个感知领域:有上千只眼睛分布在各处,流动的注意力总是保持着警觉,有一个庞大的等线网络。"①

福柯把权力看作一种制度性的规训力量。权力的社会是一种机制网络,在这种现代权力场域中,"注视"形成了一种监视的目光。全景敞视

---

① 福柯.规训与惩罚[M].刘北城,杨远婴,译.北京:三联书店,1999:240.

监狱对空间进行了有效的划分与安排,位置的不同导致了观看的不平等性。在观看技术的庇护下,站在核心观察位置的人拥有了观看的权利,其他人则被剥夺了权利,成为被监看的一方。在这里,全景敞视监狱代表了一种特殊的观看情境,在这样的观看中,形成了观看和被观看之间的不平等关系。观看与被观看被极大地突出与强调,形成了一种二元对立。由此,观看的位置变得至关重要,空间被区域划分成几个场域,在观看区域的环形边缘,人彻底地被观看,失去了观看的权利;在中心瞭望塔上,人被赋予了如上帝般的视角,观看者因为观看获得了隐形的权利,他可以随意地观看,自身又受到保护,不被看到。塔楼的特殊权力机制保证了观看者的不可见性质。观看者的目光形成了信息的不平等,一方面,观看者不断监视被观看者,让对方完全暴露在视野之下,即使不情愿,也由于有了视觉机器的保证,让这一切自然而然、合情合理。观看者在严密的视觉机器中享有最大的权限,监视的行为被隐匿起来并受到保护,视觉机器是这种信息不对等的基础,直接规范了双方的行为界限。被观看者因为观看受限,不能能动地把握自己的前途和命运,与之相反,由于视觉机器的作用,观看者被赋予绝对的权威。

全景敞视监狱是一种视觉政体,很大程度上保证了观看者的观看,同时具有威慑力,它是理性的、制度的、规范的。观看者是社会生活的管理者,代表着一种公正和秩序,但也是少数者。观看者维持视觉机器的秩序,只有执行这个秩序,才能实现整个观看机器的运转。观看者的眼光是社会秩序的象征,而受监控的对象,也就是被观看的主体,就被定义为可疑的、时刻要加以规范的、不可靠的对象。因此,目光不断向权力边缘透射,企图使边缘服膺于这个观看中心。

视觉政体赋予了处于观看中心的观看者以巨大的权力,这种权力从现实空间渗透,迅速被内化到被观看者心中去,汇聚为社会的主流价值观。当这种价值观形成,有形之眼就变成了无形之眼,即使没有观看主体的存在,也能发挥强大效力。它是逼死阮玲玉的"人言可畏",也是让林黛玉感叹的"一年三百六十日,风刀霜剑严相逼",眼光在这里汇聚成刀,具有切割现实的功能。"为了行使这种权力,必须使它具备一种持久的、洞察一切的、无所不在的监视手段。这种手段能使一切隐而不见的事物变得昭然若揭。它必须像一种无面孔的目光,把整个社会机体变成一个感知领域:有上千只眼睛分布在各处,流动的注意力总是保持着警觉,有一个庞大的等级网络。"① 长久以来,这个无所不在的目光聚合成一个庞大的网络系统,我们身处其中却浑然不觉,或者说甘于接受,甚至获得了被监看的安全感。资产阶级的规训社会就如同一个环形监狱,它将每个人笼罩其中接受其监控和规训。在窥视之下,我们身处的世界已经不再有隐私的暗处。

观看者的观看特性使他同时具有话语上的权威,观看的权利使观看主体获得话语的权力。虽然话语权不能决定被观看者是否存在,但是它可以决定谁可以被观看到,并被纳入观看者的言说体系中,这样被观看的人或物才有了价值的体现,换句话说,只有获得了观看者的观看和阐释,被观看的人或物才能得以显现,这场观看才是意义完整的观看。从这个过程中,我们可以看到被观看者是被动的、无力的、消极的甚至是弱势的,而观看行为的另一极——观看者权威的目光是一种强势的言说方式。它把观看行为变成了一种秩序的存在,目光所及之处,权威感和秩序化被有效地传达给接受者,虽然这种目光是不可见的,但却可以被感知到。况且"他们并非仅仅是代表作为这些词语的'传达者'的个人而宣布出来的,授权的发言人只能使用这些词语以作用于其他能动者,并且通过其他能动者的行动,作用于事物本身,这是因为在他的言说中,集中包括了群体所累积的象征资本,即选举他并且由他作为其权威化的代表的群体所累积的象征性资本"②。视线所及之处,所传达的不仅仅是权力,还有包含在权力中的文化、社会身份等,在特定文化环境中能够有效地运作并具有极强的威慑作用。同时它也受到统治阶层的认可并具有合法性,由此形

---

① 福柯.规训与惩罚:监狱的诞生[M].刘北成,杨远婴,译.北京:生活·读书·新知三联书店,2003:34.
② 福柯.规训与惩罚:监狱的诞生[M].刘北成,杨远婴,译.北京:生活·读书·新知三联书店,2003:27.

成的合力可以对一切可视化的事物作出裁定，并提出要求。被观看的一方的身份一旦被界定为可视性的，那么他们所做出的一系列行为就被认定成一种有意义的表达，这种表达要接受社会合力的评判与裁决。社会合力所形成的规范是由观看者来指定的，由此被观看者所表达的意义正确与否，必然受观看者的分析和阐释。观看者根据自己的需要对被观看者的行动进

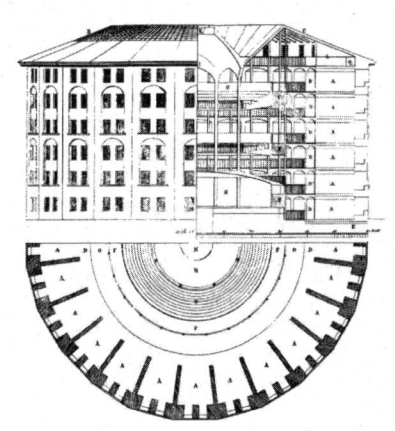

图 3.3　福柯的全景敞视监狱

行利己的理解和阐释，决定被观看者的行动是否合法，这种合法一定要符合目光所规定的秩序。目光的威慑性力量形成了一种绝对的权威，代表了一种理想的可视性秩序，这基本是传统社会约定俗成的观看范式。

二、大众传媒下的观看——多数人对少数人的观看

如果说福柯的全景敞视监狱表现了现代社会人们在观看权力下被规范和被建构起来的技术话语系统，那么随着媒介技术的发展，观看关系发生了巨大的改变。如果说全景敞视监狱代表了少数人对多数人的监控，大众文化视野下的观看则呈现出多数人把目光聚集在少数人身上，被观看成了少数人的权力，这种观看本身被打上了深深的消费社会的烙印。媒介推进消费文化迅猛发展，消费文化使媒介急速扩张，两者相辅相成，形成一种共谋共生的状态。大众媒介通过节目为电视受众塑造了一个特定的符号空间，强调物的符号意义，营造特殊的氛围，刺激公众的物质与精神双重的消费欲望。这种宣传与诱使的前提就是设立偶像，把少数人变成满足欲望、释放情绪的情感符号，利用媒介使他们被大多数人观看。电视是这种新式观看的典型媒介，主持人与嘉宾侃侃而谈，谈话被视觉化，变成形象符号，被人看见，他们只是信息的载体，绝非交流的对象，因

为这种看见,在消费社会中,形成了经济活动。因为看的行为本身构成了消费,恰如费斯克所言:"观看制造意义,因此它成为一种进入社会关系的方式,一种将自己嵌入总的社会秩序的手段,一种控制个人特定社会关系的手段。"①

少数人因为被观看,获得了关注度并因此拥有被消费的可能。这些人往往活动于体育界、娱乐界,或者本身就是流行歌手、知名主持人,等等,不一而足。因为有了媒介的力量,他们获得了巨大的权力,可以成功地吸引"眼球"和"注意力",他们的一举一动、一颦一笑都牵动大众的神经。著名的诺贝尔奖获得者赫伯特·西蒙曾经说过:"随着信息的发展,有价值的不是信息,而是注意力。"在新媒体时代,媒介每天生产海量信息,这种增长速度是爆炸式的,它借助电子媒介的高效传输,但是却导致眼睛相对信息的麻木,人们即便不主动搜寻信息,大量的信息也会从四面八方的媒介渠道接踵而至。可是,眼睛如何关注这些信息才尤为重要。凭借媒介,这些偶像对公众产生了巨大的潜在影响,他们的个人气质、能力、个性、隐私都会变成视觉符号并被商业社会所操作与运用,这使得他们本身变成了一个个被观看的消费品。

少数偶像作为消费社会的生活样板,凭借媒体的力量,使自身成为商品符号,争取最大数量的"被观看",由此衍生出一定的影响力(这种影响力往往与特定的消费意识形态相联系),以此引导观看大众的日常消费甚至日常生活。而这种被观看的特权威力非常巨大,因为当下的社会已经成为完全意义上的消费社会。福柯所描述的全景敞视监狱形成的权利和责任正被消费者的经济地位所取代,消费者的概念取代了公民的概念。

在消费社会里,重要的社会实践,以及文化价值、理念、欲望与身份都来自消费,传统公民的自由权、宗教信仰逐渐失去了控制力、约束力,社会的中心不再围绕社会问题运转而是围绕消费进行。观看者看待生活和世界的方式发生了巨大的改变,逐渐过渡为以消费意识形态的观念去审视

---

① 菲斯克.解读大众文化[M].王晓钰,宋伟杰,译.南京:南京大学出版社,2001:38.

日常生活;他们不仅仅是商品消费群体,甚至是一种重要的文化力量、政治力量。但是,能够掌握并驾驭这种力量的人却不是这个群体中的单个个体,而是他们目光汇聚的少数人。

消费社会削平了传统社会的特权,带有民主自由的性质,可是,从另一个角度来看,又被推向了新的不平等——视觉观看导致的不平等。因为消费的自由实际上存在着某种先天的强迫性,人们在被影像包围时,不得不通过观看产生购买,然后再通过身份认同中的商品来实现自我的延续以及再生产。人们的需求变成某种欲望,成为一种歇斯底里的内心幻觉。他们对少数人的观看,其实就是把这种幻觉投注在这些个体身上,通过观看与追随,把欲望转化为一种对认同的期待与追求。这是一个"文化霸权"确立的过程。在这个过程中,媒介通过诱使大众对少部分人——"偶像"的观看,让他们对偶像这一符号产生模仿、崇拜和认可,并趁机推销某种商品、生活方式甚至价值观,使之成为大众生活的一部分。

三、新媒体环境下的观看——主客体模糊的围观

如果说大众传播媒体"使多数人能够看少数对象"的话,那么,新媒体技术的观看已经演变为"主客体模糊的围观"。曾经区隔多数人与少数人的信息限制被媒介技术的大发展所打破了,由此带来传播主体和客体之间的界限模糊,很难再用传统的方法区分观看者和观看对象之间的角色定位。观看者在观看和搜索信息的同时,自身也成为他人观看的对象,"看"与"被看"之间,从一种动作描述变成了一种互动的关系。观看主体、被观看的客体,在新媒体带来的交互作用下,呈现出一种对话和交往。在很多新媒体艺术中,每个观看者因为观看行为的发生,自身都变成艺术活动主体的一部分,随之观看变成了一种相互选择、相互理解、相互解释乃至相互对抗、相互否定的过程。

新媒体艺术家伊夫·贝纳德和杨尼克·安东尼曾经创作了一个作品《门》,这个所谓的"门"是一个大型的电子显示屏幕,屏幕内容是风靡一

时的网络游戏"第二人生"。通过互动装置,虚拟世界"第二人生"的玩家可以看到展览现场的观看者,同时,观看者也可以看到玩家在虚拟生活中的生活状态,相互观看,互相成为被观看的一方。这种对视不仅是一种影像的呈现,更是一种叙事上的交流与融合。这个作品充分地说明现实世界可以被虚拟化,虚拟世界和公共空间可以形成一种互融性的存在。

曾经的观众是我们所谓的"沉默的大多数",他们在面对媒体的传播的时候,只能被动地接受;自从有了网络,这种传播状况被逆转了,这种传播异于以往的单向度的传播方式,而变成了"所有人对所有人的传播"。从这个意义上来说,观看从"多数人对少数人"的观看变成了一种群体性的"围观"。沉默的大多数把观看转向围观后,他们不再保持沉默,而是开始发表言论,众声喧哗能产生巨大的力量。一个新闻事件在网络上发酵、成熟且迅速变成一个网络热点事件,它并不是作为一种网络信息孤立地存在着,而是能迅速聚集起一群观看者,网络的传播特性使得观看主体对于事件的发生和进展随时保持高度关注,观看主体逐渐转化成网络围观的主体,而他们对事件的观点又变成了事件的一部分,从而被其他观看者观看。由此,观看者和被观看者的身份开始模糊,观点在这里迅速集合、发酵,形成一个强大的话语中心。

道格拉斯·拉什科在《媒介病毒》一书中曾引述过一段话:"媒介是一种公司所有物……你没有办法参与到媒介。让媒介从幕后走出是第一步,第二步是区别公众与受众的不同。受众是被动的,而公众则富于参与性。我们需要一种从公众角度对媒介的定义。"①观看的主客体模糊,正是因为强调公众的参与,使得新媒体从本质上变成了一种"共有媒体",区别于传统的大众传播媒体的"少数人对多数人"的传播。传统的媒介话语权始终被控制在少数权威、精英阶层手中,媒介把控着意识形态的输出。由于新媒体的共有特性,在媒介技术的支持下解放了被精英话语统治的普通受众,使得他们在围观中形成了庞大的网络关系网,个人的信息

---

① DOUGLAS R T.Media virusi hidden agendas in popular culture[M].New York:Ballantine Books. 1994.

在网络中被迅速传递给新闻事件的观看者,从而对该信息产生的个人看法进行交流。在这一过程中,所有人都是传播的主角和发起者,所有人也都是传播的受众。

网络空间具有超时空的特性,信息的传播不受到时间和空间的制约,这使围观变得随时随地。网络空间的超时空性、超文本性以及共享性使观看主体可以在虚拟的空间内自由地发表言论,针对被关注的对象,以匿名的方式发表个人的看法。同时,网络围观者在观看的同时还能获得网络虚拟社区赋予其的自由交流和表达的权利,很多可供留言、转帖的网络平台纷纷确立,对事件和对象产生影响。由于人数众多,环境位置的分离被互联网的网络特性弥补,这个由共同观点集结起来的群体力量非常强大,从某种意义上推动了民主的发展。

如果说福柯的理论表现出阶级社会的"权力之眼",大众传播媒介表现的是资本社会的"消费之眼",那么,新媒体环境下呈现的观看则是"民主之眼"。媒介化的观看使得在场、空间、知觉中心、主体建构等多方面的传统观念发生了改变,空间场所的光线、目光和身体的关系配置被各种隐匿的结构所规制。这种隐匿的结构从某种权力话语(如"福柯所见")发展为某种媒介机制(如"鲍德里亚所见")。

第四节
观看场域中各要素的变化

一、观看视线的变化——从定点观看到多视点游移

观看媒介的飞速发展导致图像的泛滥,为了获得观者的注视,任何视觉形象都在使出浑身解数使自己能够得以显现。因此,视线控制和视线引领被提升到前所未有的高度,成为视觉上对观看者形成控制的首要

任务。

"所谓'视线控制'即通过表征的运作实现对观者的视觉吸引、指引、说服直到达到观者视线认同的过程。"[1]视像为了实现其意旨,首先,必须在视线上控制观者,所以无论在绘画、摄影还是影视当中,画面的构图、线条和色彩等都是最重要的视觉语言;其次,它不仅和审美有关,还要进入到传播领域,把它所蕴含的意旨让观者通过观看后得以领会。这个过程是一个对视觉进行说服的过程,因为在新媒体环境下,所有的视觉传达从本质上来讲都是一种"说服性传播"。

在前一章节通过对观看范式的梳理,我们发现,在眼睛没有被媒介改变之前,眼睛与对象的关系直接对应,由此形成的观看领域是清晰的、完整的、封闭的。虽然,我们的两只眼睛在观看同一事物时并非完全一致,但是人的知觉系统会迅速把这其中的差别进行有效的调节,我们的大脑会根据现场情况预期形成一种假定,认为视觉效果是一致的并保持整体的连续性,并由此形成一个稳定的视觉场域。人们对可见世界的视觉把握是清晰的、连贯的,任何对现有的连续性和规则性违背的视觉对象,都被认定为不可见之物并被排除于场域之外,传统的观看希望用这种方式保证视觉对于观看对象的优先性和绝对性。

新媒体的观看方式,借助观看机器构建虚拟环境,促使身体与视觉结合,让身体的移动带动视觉的移动。视觉的定点观看方式被打破,原先的清晰、完整的视线变成了短暂的、非线性的、变化的。视觉稳定性的主导地位被消解,视觉与视觉对象之间原先建立的那种封闭的、简单的、同质的一元空间被新媒体环境下的开放的、非线性的多元空间所取代。

乔那森·克莱瑞这样谈及旧有观看模式的瓦解,"作为一个确定观看者位置的典范,暗箱模式的崩溃是现代化巨大过程的一部分,甚至暗箱本身也是早期现代性的一个因素。至19世纪初,暗箱的刻板、直线性的视觉系统、固定的位置、内外的类别差异、感知与对象的同一,都不再适应和

---

[1] 曾军.观看的文化分析[J].文学评论,2008(4):93-97.

适用于新世纪的需要。新的话语和实践都极其需要一个更具流动性的、可使用的和生产性的观看者。这种观看者既适应于对身体的新用法,又适应于同样是流动、互换的符号与图像的增殖。现代化承担了对视觉的解码和去领域化"[1]。

艺术家八股和彦在自己的作品"Inter Discommunication"中探讨了这一问题。他让体验者戴上数据头盔,头盔所显示的内容是对方的视角所观察的东西。这个艺术作品模糊了你和我之间的界限,让人不禁联想到威廉·吉布森的小说《神经漫游者》的科幻想象,人们随意地进入他人的身体,在不影响其思维的同时感知世界。

皮特·威贝尔是一个有哲学背景的视觉媒体研究者,"Virtuelle Welten"是他的代表作品。他在这个装置艺术中设置了一个巨大的屏幕,当体验者走入空荡荡的展示大厅时,整个空间开始变化,大屏幕前的32个感应器开始工作,每一个都控制着构架虚拟世界的媒介参数开关。这些媒介参数开关由四种元素组成,分别是语言符号、建筑物形态、各种生物和物体、气体。体验者想做选择题,可以任选不同类型的元素构建虚拟空间,根据物体形状的伸缩、变形进行自由组合。在屏幕前,观众的观看不得不依赖于身体的各种动作的发生才能完成。

美国虚拟现实公司的罗比内特在《共享虚拟世界中的交互性与个人视点:大屏幕对网络人格显示》一文中认为:"在共享虚拟中给予大规模人群充分交互性体验的较好方式,是让每个参与者都有个人的显示装置(而非使用单一大屏幕)。这样,他们都能有进入虚拟世界的独立视点。运用网络化的个人显示,参与者可以彼此独立地穿过虚拟世界,操作其中的虚拟物体,并进行虚拟角色之间的仿真交谈。"[2]这种多视点游移的观看构成了新媒体观看的特点。

---

[1] JONATHAN C.Modernizing vision and visuality.[M]//Modernizing vision.New York:The New Press,1988:42.
[2] ROBINETT W.Interactivity and individual viewpoint in shared virtual worlds:the big screen versus networked personal displays.In digital illusion:entertaining the future with high technology.New York:Addison_Wesley and ACM Press.1998:331-342.

游移视点使观看随着观看文本而演进,展示了视点间相互连接的复杂性,并产生了一个可能链接的网络,视点的不断转移将观看对象分割,然后随着期待和记忆,将切割开的意义体重新融合。这种视点导致综合意义的形成,新媒体文本通过设置上的层系结构、树冠状交叉模式来呈现非线性的多重视点,每一个视点都是一个可供选择的路径,观看者在观看的路径中跳跃,这种流动的观看使观看变得有机化、动力化了。

二、视框的变化——从画框到界面

视框按照经验可以划分为"生理视框"和"物理视框"。曾军在其论文《观看的文化分析》中对"视框"进行了界定:"一种由观看主体所确立的'视框',它是生理学意义上的'视力范围'(即眼眶为眼球所设定的宽度和肉眼所能及的长度)和基于观看经验的'注意力范围'(即观者从纷繁复杂的事物中找到他/她所要关注的东西从而确立自己的观看范围)。另一种是基于表征的运作而形成的'视框',它是由视像的承载物(诸如画框、屏幕、银幕)等呈现的视觉边界和被进行技术处理或艺术加工过了的视像本身所具有的视觉吸引力组成。"[①]

画框的作用,与绘画中"图—底"关系中涉及的心理活动息息相关。在文艺复兴时期,画家们为了使作品和墙壁呈现的平面有所区分,让绘画空间获得独立,形成一定程度的景深效果,不得不在物理空间和绘画空间之间确立一条明晰的边界线。视框的意义在于把表征和现实进行了区分,能够把视觉图像从现实情境当中剥离出来。观看者将绘画空间想象成无限,所以画框的边界线代表的仅仅是构图的边界,而并不意味着所要表现空间的边界。因而,画框才被称为一个"窗口",观者通过这个窗口看到另外一个世界。

画框设定了作品的边界,只有有了边界,视线有了落点,看与被看的

---

① 曾军.观看的文化分析[J].文学评论,2008(4):93-97.

关系才被界定清楚;但是,画框的作用不仅仅是边框的作用,还包含着作品中所蕴含的象征发挥作用,在区分了现实的基础上它还表现了现实。有了"视框"就区分开了"视像的观看"和"现实的观看"之间的差异。德勒兹(Gilles Deleuze)曾经这样描述:"空间自身的建构在这里失去了其特权方向……屏幕本身,尽管它照例保留着垂直位置,但似乎不再像一扇窗或一幅画那样贴合人类的姿势,而是构成一个信息台,即储存各种数据的黑暗平面,信息取代了自然,而城市——大脑、第三只眼取代了自然之眼。"①在这里,屏幕超越了个体的外在机制部署,自身形成了一种社会关系与生产关系的总和。

屏幕和画框一样,是视像与现实的空间边界。界面是基于网络技术发展起来的一种观看方式,它的意义在于对平面视框的假想性突破。波斯特这样写道:"在诸如电脑这样的表征性机器中,界面问题尤为突出,因为人机分野的这一边是牛顿式的物理空间,而那一边则是赛博空间。高品质的界面容许人们毫无痕迹地穿梭于两个世界,因此有助于促成这两个世界间差异的消失,同时也改变了这两个世界的联系类型。界面是人类与机器之间进行协商的敏感边界区域,同时也是一套新兴的人机关系的枢纽。"②由这段话我们可以看出,界面是人与计算机发生联系的中介物。它不仅仅是一种物质介质,更是一种环境和一种空间的呈现,人们通过观看把自己投射到这个环境内。它不仅仅是一种界限的分割,还提供了人机交互的平台。这个平台将信息可视化,在展示上非常立体和丰富,可以呈现图像、音响、动画等多种样态。界面为观看营造出一个充满象征和隐喻的环境,用户通过访问和浏览进入到虚拟空间之中。学者瑞安认为:"在作为表演空间的计算机中,如超文本、电脑游戏、用户参与型虚拟交互剧、具备人工生命特征的诗歌机器或赛博文本等,叙事文本不能从界面中分离。界面需要提供如视觉显示交互式运算、程序运转的环境支持,

---

① ALBERTO P G, LOUISE P. Architectural representation and the perspective hinge [M]. The Mit press, 1997.
② 波斯特.第二媒介时代[M].范敬晔,译.南京:南京大学出版社,2000:25.

使叙事文本成为独一无二的实时操作模式。"①海姆认为:"在一种意义下,界面指计算机的外围设备和显示屏;在另一种意义,它指通过显示屏与数据相连的人的活动。"②

(一)字符界面的观看

法国哲学家德里达的后结构主义相关理论对于基于超链接技术的界面观看做了很好的诠释。德里达把赋意的过程看作是一种差异的形式游戏,他的理论迥异于索绪尔的解构主义,他认为给予"所谓时间上的语音实体"特权是荒谬的,更加排斥"空间上的书写实体"这样的论述。他说:"差异游戏必须先假定综合和参照,它们在任何时刻或任何意义上,都禁止这样一种单一的要素(自身在场并且仅仅指涉自身)。"③他认为话语系统无论是口头的还是文字的,每个语素要作为符号意义出现,就必须能够指涉另一个自身并非在场的要素。语意系统的交织使每一个语素(语音素或文字素),都建立在符号链上或系统的其他要素的踪迹上。这样形成的语意系统的交织,依托于另一个文本的变化,在这个文本的变化中产生出来意义单位。在这个要素交织系统之中,所有要素不是简单在场或不在场的存在,而表现为差异和踪迹遍布在语意系统各处。为此,德里达发明了"延异"(difference)和"间隔",通过间隔,要素之间形成联系,延异是差异之中的系统游戏。在当下的新媒体观看中,超文本正是这样的系统游戏。

超文本的基本要素是一个个彼此间隔的文本单位,这种间隔积极地生成了新的观看空间——联想空间。构成这些文本联系的链接因为文本间的差异得以延异。德里达说:"作为文字的间隔是主体退席的过程,是

---

① JOHNSON S.Interface Culture:How New Technology Transforms the Way We Create[M].San Francisco:Basic Books,1997.
② 海姆.从界面到网络空间:虚拟实在的形而上学[M].金吾伦,刘钢,译.上海:上海科技教育出版社,2000:80.
③ 德里达.写作与差异[M].张宁,译.北京:三联书店,2001:43.

主体作为无意识的过程。"①间隔的出现,使得原有的观看被中断,观看主体退席,但是,这种退席为新的出席做了准备,促使观看主体从意识转化为无意识。这种观看方式与绘画和电影的历时性观看不同,它强调的是,一种结构是各种要素的共时性在场。"延异""延"的是时间性,"异"体现了空间性。

德里达的表述中还有一个词"播撒",也是新的视框所呈现的特点。意义就像蒲公英种子一样,没有中心,不断变化,新的观看不再是自我完足的封闭空间,而是无限敞开的解构世界。超文本的因异而延,和随之产生的因延而异,使得我们的阅读从一个页面到另一个页面,也就完成了从一个语境到另一个语境的过程。这是一个意义播撒的过程,无所谓起点也注定没有终点。

因为视框的概念兼具物理性和生理性,这一过程从心理视框的角度来看,观者的观看其实是一种"进与出",观者"投入"和"抽身"的心理状态则构成了"进出游走"于视像与现实的心理视框。这个过程是伴随着观看主体的兴趣选择而发生的。这种观看牺牲了思想和表达的连贯性,放弃了传统叙事的阐释和说明,更强调信息的连接和互文,同时抹掉了观看主体与对象的边界。界面呈现媒体的表层,植根于媒体的内在结构。

芬兰图像设计师罗德里格斯把福柯的《性史》制作成了一本电子书,整个界面是一个时钟,由 8 个分别代表真理、权利、性、宗教、艺术与设计、性技术、激情与信念、生与死的齿轮构成。点击每个齿轮都可以进入相应的章节,辅以录音。随着一个章节的完成,相应的齿轮就被加入一个代表组装的方框之中;最后当观看结束,作者设计的十种之谜被揭晓,性这个齿轮无法运动。艺术家像是在告诉我们书未读尽,性说不完,与性相关的问题还有待研究,同时也向福柯致敬。

(二) 动态界面的观看

超文本链接的界面是一种字符界面。字符界面是一种单一媒体界

---

① 德里达.论文自学[M].汪克家,译.上海:上海译文出版社,1999:97.

面,而动态界面则是一种多媒体界面。多媒体界面可以以三维方式显示文字、图像、动画、声音和视频。字符界面的缺点是不够直观,动态界面却可以做到"所见即所得",达到一种现实环境的感觉,是动态仿真界面。例如,加拿大艺术家戴维斯(Char Davies)的艺术尝试,他的多媒体作品有一种戏剧性,利用创新性的界面拓展了观看者与虚拟环境的交互。这个新型界面的有趣之处在于,除了我们常见的头盔和数据手套外,还特意加上了一种传感器,使人们可以通过呼吸与平衡来体验深海潜水。戴维斯加强了身体对于观看的功能性作用,利用姿势和身体的运动,作为人机交互的命令来源,让观看不再是一种静态的行为,而变成即时的,以内部感觉的方式体验到所观看的空间。

在这里,观看界面向虚拟现实方向发展,我们生活在发生于赛博空间的事件对社会的影响日深的时代,但赛博空间本身却是不可见的,位于我们的知觉所能把握的范围之外。我们只能通过计算机界面的渠道进入赛博空间,这意味着当代世界最富于动态性、创新性的领域,只有通过界面设计的匿名中介,人才得以向我们展示自身。美国职业专栏作家约翰逊这样说:"界面的设计者和维多利亚时代的作家们所起的作用具有某种可比性:人们正是通过他们的引导把握新的技术革命的社会意义与政治意义。界面的变革不仅影响到人们使用计算机的方式,而且波及社会生活的方方面面,人们开始意识到界面自身变成了一种媒介,不再是用户与微处理器之间无生命的、神秘的交叉点。"[1]

界面的未来发展趋势是向透明化和柔性化方向发展,界面在显示其新异性的同时,正在鼓励人们去探索它的差异性。也就是说,要隐蔽自己作为介质性的特性。加拿大多伦多大学麦克卢汉文化与技术中心主任德·克隆夫认为,界面将逐渐隐去。他说:"新的装置,如图像隐形(image-con-tact)和脑波界面(brain-wave interface),再加上从激光到视网

---

[1] JOHNSON S.Interface culture:how new technology transforms the way we create and communicate [M].San Francisco:Harper Edge,1997:15,19-20,25.

膜的投射,正在朝着从思维到机器的即时处理这一总体方向发展。"①

《黑镜2:马上回来》对于未来的新媒体生存环境做了大胆的预测,女主人公做插画的柔性屏并不是科技奇迹和预言,在2013年的CES电子展品世界展上,基于这种技术的手机和电视吸引了很多人的目光。三星公司推出的Galaxy S6 edge系列手机和柔性电视OLED,LG公司推出的可弯曲的电子报纸等,都表现出人们对界面的性能的需求。在这股潮流之下,界面的"透明化"必将导致艺术的"透明化",人们随时随地置身于各种界面,被各种信息包围,同时人们根据自己的意愿与情景中的人物互动,生活在虚拟环境中。学者拉齐奥内罗说:"未来的方式将是借助已在发展中的仿生工程,把电子途径直接与我们的生物神经网络连接起来。这一思想将隐去界面,以便获得直接联系。"②

界面的透明化趋势代表了观看的进一步诉求,要求我们通过媒介化的观看消除人和机器之间一切的障碍,实现观看下的人机融合。正如麻省理工学院的专家莫里所说的:"由于虚拟世界的表现性与日俱增,我们将慢慢习惯于生活在当下让我们吃惊的幻想环境中。但是,我们将在某一点上发现自己是看穿(looking through)媒体而非仅仅看(looking at)媒体。当媒体透明起来,我们将得鱼忘筌,只是关心故事本身,不再注意它是何时发生的,我们将在信息面板中如鱼得水。"③界面的透明化导致观看的透明化,人们在观看中,与故事中的设置互动,体验高强度的沉浸观感。对此,很多学者也提出隐忧,海姆指出:"当我们觉得正穿过界面转移到一种有其自身维度和规则、相对独立的世界的时候,我们便是住在网络空间里了。我们越是使自己习惯于界面,我们越是在网络空间住得惯。界面所带来的最大危险,在于会使我们有可能与内心世界失去联系。"④

---

① 克隆夫.文化肌肤:真实社会的电子克隆[M].汪冰,译.保定:河北大学出版社,1998:63.
② 克隆夫.文化肌肤:真实社会的电子克隆[M].汪冰,译.保定:河北大学出版社,1998:55.
③ MOULTHROP S. The world without cybertext [EB/OL]. http://iat.ubalt.edu/moulthrop/talks/dac2001/dac01text.htm.
④ 海姆.从界面到网络空间:虚拟实在的形而上学[M].金吾伦,刘钢,译.上海:上海科技教育出版社,2000:89.

第五节
观看的全感官参与——从视听结合审美到全感官的联觉体验

一、视觉中心主义下的感官等级和被贬抑的身体观

"古希腊哲学时代以来,视觉在各种感觉中一直享有最高的殊荣。对 Theoria 这一最高贵的心灵活动的描述,其所采用的大部分修辞隐喻都来自视觉领域……视觉,除了为显示智力活动的高层结构提供比拟外,往往被作为各种感知的典范,并因而作为其他种种感觉的论衡标准。"①

在西方哲学思想中,视觉中心主义有古代与近代的划分。古代的视觉中心主义建立在对身体和其他感官的贬抑之上。毕达哥拉斯就说,身体是灵魂的坟墓。而柏拉图的洞穴理论则明确指出,通过洞穴中被束缚的身体所得的知识是偏见的,只有摆脱身体的束缚,认识并净化灵魂,才能走出洞穴(身体),重见真理的光明,所以哲学家不应该关心他的身体,而更应该把注意力从身体引开,指向他的灵魂。"审慎优于其他德行,恰如视觉优于其他感觉",这是因为,早期人类文化为口耳相传,文化围绕口承、聆听展开。随后古希腊人走向观看,对确定性知识的探求使他们最终摒弃听觉,开始与视觉结盟,因为他们相信"视观在肉体感官中是最尖锐的"②。

古希腊人强调"审慎"的至高无上,却无意间带出对视觉的态度,视

---

① HANS J.The phenomenon of life[M].New York:Harper&Row,1966:111.
② 柏拉图.文艺对话集[M].朱光潜,译.北京:人民文学出版社,1963:114.

觉归属于精神,眼睛归属于头部,其他感官归属于腹部。他们在实践中逐渐确认对于真的考辨与审视,必须是反复观看的过程,"较之于耳朵,眼睛是最可靠的见证"[1]。但是无法否认的是,人类通过五官和外部世界发生联系,除了看之外,我们还必须借助听、触、嗅、尝来获得对周遭世界的认知。所以古代的哲学家不断分析、论述视觉和其他感官之间的关系,并逐渐对所有感官进行等级上的划分。

古希腊哲学家赫拉克利特认为,视觉与听觉在认识事物时比其他感官有优越性,他将视觉能力和听觉能力并置,认为它们都受制于灵魂,而一个灵魂的高尚程度决定了感官功能的优劣。他的理论指明了感官要排除动物本能,要受到理性的制约。这种动物性的本能代表着一种诱惑,感官越是沉溺于肉欲的诱惑中,人便越趋于堕落和灭亡。而眼睛对事物的认知具有优势,它的中心地位由此确立。眼睛的优势在于,与其他感官相比,眼睛所具有的一些特性:首先,视觉需要与观看对象保持一定的距离,使肉体对这一感官的束缚最小。在其他感官之中,听觉与之相同,而触觉则与之相反。触觉必须消除空间距离直接与物体发生联系,而距离的产生,在淡化肉体的同时还能生成新的关系,构成了观者和观看对象关系的确立,这两种关系可以被引申为人与外部世界、主体与客体的关系。其次,视觉不需要通过介质和被观看对象发生联系,这使视觉显得最为真实。在这一点上,触觉和视觉优于其他感官,因为它们都强调在场性。综合以上,只有眼睛能够保证既在场又有一定的距离,所以人们常说"眼见为实"。最后,与其他器官相比,眼睛的活动更加活跃,视觉因此对于事物的把握更加全面。触觉则要求对此时此地当下静态的事物接触,因而很难对正在持续发生的事物产生认识。听觉也是如此,声音的转瞬即逝,使得耳朵只能与某一瞬间发生联系,而眼睛却能够与被观看对象在时间的连续中持续地发生接触,所以眼睛对世界的把握更加全面、准确,充满主体的控制性,在这个基础上,人们才可以观察、测量、检验我们习得的

---

[1] 赫拉克利特.西方哲学原著选读(上卷)[M].北京大学哲学系外国哲学史教研室,编译.北京:商务印书馆,1981:26.

知识。

希腊哲人对身体进行贬抑,但至少他们承认身体的存在。正因为他们感受到了身体的存在,意识到身体产生的感受会对灵魂产生干扰,所以才会要求人们将注意力从身体的感受中移除出去,强调内心的纯粹。而近代哲学中对身体的抛弃在于对身体特性的误读,身体与眼睛、自我与他人、人与外部世界被割裂和对立起来,观看行为被抽去身体的丰富性,身体被理性和意识遗忘。以笛卡尔为首的哲学家,以身心的二元对立论来崇尚心灵而排斥身体;在中国的文化传统中也充斥着褒扬心灵而贬斥肉体的言论。弗洛伊德认为:"最重要的一点似乎是,不可能忽略文明建立在抛弃本能基础之上的程度,也不能忽视文明在多大程度上确实是以不满足强有力的本能(通过遏制、压抑或其他手段)为条件的。"①身体在视觉文化的发展过程中,往往是以一个被监视、控制、遮蔽的对象而被言说的。

20世纪以来的西方哲学研究中,眼睛和身体二元对立的局面逐渐被打破,眼睛开始向身体回归。随着生理学的发展,视觉和身体的关联性日益显现,视觉不是眼睛与外部世界的简单联系,眼睛开始从向身体外部转向向身体内部,形成一种对自身的审视和反观,由此在自己的身体中获得存在的内容和价值,从一种客体视觉转变为一种主体视觉。诚如乔那森·克莱瑞所言:"我想讨论的这个转变的一个关键性的维度是,一个新的术语已经进入了视觉的话语和实践之中:人类的身体,这个术语的排他性是经典视觉理论的一个根基。"②视觉与身体开始走向融合,观看行为被重新认知为是对身体的展示。在身体的介入下,内部与外部的界限被主体视觉消融,都统一在主体的身体里。主体视觉赋予观者以全新的感知的自主权和生产性,由此主体获得了自由并成为真正的个体,可以实现对自身的自由观照,这种观照又使视觉的可见性显现出来。梅洛·庞帝给予身体合法地位,"身体不再是低等之物,不再是相对于头脑和精神的单

---

① SIGMUND.Civilization and its discontent[M].New York:Norton,1961.
② JONATHAN C.Modernizing vision[M]// Vision and Visuality.New York:The New Press,1988:33.

一的肉体机器,它是思维的基础,甚至就是思维本身,打破了意识的传统认识,即'我思',而是意向性的'我能'。"①他在海德格尔的基础上前行一步,将"此在"具体到"身体"和"存在于身体的第三只眼睛",同时把胡塞尔的"生活世界"具体为"知觉世界"。梅洛·庞蒂排斥灵与肉、身与心的对立。他找到了一个中介——身体,以排除二元对立。身体是认识的主体(心、灵)与客体(事、物)交涉、统合的中间物,它既是施动者又是受动者,它有居间的属性,虽是物却深嵌世界之中,深有感知,是心灵之源。对外部世界的感知,首先要经由身体引向世界,所孵化出的思想,仅仅是对自己身体的再度思考,或是对身体知觉的事后追忆。

二、身体的重新出场

现象学对身体的思考启迪了数码艺术家的灵感,胡塞尔的统觉理论认为身体的可看性区别了自己和他人的存在。他做了"这儿"与"那儿"的区分,观看者"我的身体"得以建立,而他人的身体是对我的身体的复制,我永远存在于"这儿",无法进入到他人的"那儿",数码化身可以使人将他人的身体领悟为和我的身体相一致的生命有机体,在类比的基础上形成统觉——每个人都在自己的位置上去观看世界,也因为如此,每个人看到的事不尽相同。

在现实空间中,肉身只能存在于特定空间之中,人无法既在"这儿"又在"那儿",但是人们可以利用媒介克服这种不在场的局限,比如可视电话的发明,人与人之间从听觉到视觉建立起"这儿"与"那儿"的联系。数码媒体的发展更向前跨了一大步,它的互动性能够依托数码摄像机和数码投影仪轻易地让肉身与虚拟身体产生互动。胡塞尔的理论将视觉对象从物转向他人,丰富了主体理论的内涵,数码理论进一步扩展了主体理论。

---

① 庞帝.知觉现象学[M].姜志辉,译.北京:商务印书馆,2001:183.

借助于数码媒体实现主体虚拟交互的作品又对理论做了很好的实证:日本新媒体艺术家八谷和彦创作了一个新媒体装置"视听交换器",这是一个以传输和接受感觉体验为主的交流系统。两个戴着头盔的体验者,机器把其中一个人对于周围环境的所见所闻通过感觉传输给另一个人,由此"你"和"我"之间的身份边界被混淆了。"视听交换器"允许它的穿戴者通过互不影响的方式进入到彼此的身体和感知当中。

以身体作为交互媒介,很多艺术家挖掘出了其中蕴含的哲学深意,由于身体与身份密切相关,身体成为新近艺术表达的主体。从艺术家莫娜·哈特姆的作品中我们可以看到福柯强调身体作为强制性"规训"或者"铭刻"场所对她的启发,她在装置作品《陌生的身体》中表达了她的身体观。她把录像投射到一个狭窄的圆柱形场地的地板上,然后利用一个内窥镜摄像机拍摄艺术家的身体,包括外部与内部都投放在地板上。这个装置艺术用一种迷失方向的、肢解的、近距离的拍摄方式再现了身体,消解了人的内部与外部之间的区别,表达了作者将身体作为一个舞台环境,对理想化的鲜明拒绝以及对物质性的强调,给人感觉既恐怖又新奇。

澳大利艺术家亚斯蒂拉克喜欢用数字技术阐明身体,他的作品《Ping身体:网络启动并上载的行为》受到大众的关注。他在自己身上插满了电极,这些电极检测着网络上数据流的"Ping 协议",根据数据流的变化发出微小的电击,使得他身上的肌肉痉挛、扭曲。他想让大家更直观地感受到艺术家所代表的人类的身体已经被全球信息和通信网络所接管,电脑作为一种辅助与控制手段的技术进步是一种超个人力量的存在,为人类的身体交流提供了全新的、晦暗的而又迷人的可能。

海勒斯在《具身虚拟性:或如何将身体放回图像》一文中,将赛博空间当成去身性媒体的流行观念,强调身体在构建赛博空间中所起到的作用,在文中她试图定义在数码艺术发展的今天,身体在精明机器时代的特殊状态。

从媒体的角度把握主体性的历史变迁,主体性经历了三个阶段的演变:口头主体,特点是流动性、变化性、情境性、分散性、冲突性;书面主体,特点是确定性、一致性、稳定性、自我同一性、规范化、去背景化;虚拟主体,通过计算机的动态界面形成,当界面是键盘与屏幕时,空间属于计算机,"流"属于用户,身体边界通过形成于和计算机界面结合的本体感受一致性而扩展。

以前,人类的心灵在想象的时空中无论怎样自由地游走,都无法避免与此同时沉重的肉身注定被遗忘在尘世的尴尬。媒介化的观看方式将生命本体带入到幻想世界里,在这个过程中,审美意境被数字化重构了,随之而来的是生命本体的虚拟生存在新媒体技术的支持下得以实现。海姆认为:"身体的实存是第一位的,只有身体的实存才能表明我们个人的身份和个性。"①

身体是个感知系统,是一个视觉域,是观者与可见者的混合体,与可见的外部世界相连。无论我们身处哪一种观看场所,我们都要意识到身体的存在。在观看被媒介化后,身体的重要性被重新凸显。在新媒体发展的趋势下,身体理论超越了现代、后现代身份观所包含的二元对立,肉体和心理都被变成了编码系统,思维和意识固然不能离开一定的实体,但这种实体并不一定是血肉之躯。计算机最终沿着能思考、有意识的方向发展,理性心灵注定拥有新的物质基础。

传统的身体观念是身份与身体的统一,但是在赛博空间里,个人身份的统一性和永恒性变得没有意义,身体呈现分布式存在,呈现形式也许是网络状的集合体,肉身的死亡并不消解身份,完全可以通过转录而得以延续。新媒体技术的革命使得身体重新出场,身体诸功能得到统一,观看不再是视觉感官的功能,新型的观看将其他的感官也纳入视觉系统当中。

视觉中心主义的错误在于,它首先把"我的一对眼睛"作为孤立对象强调出来,然后再设想一种综合。事实上,我们的眼睛一开始就是作为某个单一器官、作为身体的部分而发生作用的,因此不仅仅是我们的眼睛在看,我们的身体也在看。观看是我身体意向性的体现,而不是一种精神意

---

① 海姆.从界面到网络空间:虚拟实在的形而上学[M].金吾伦,刘钢,译.上海:上海科技教育出版社,2000:92.

向性。旧的观看范式,不强调身体与物体之间的综合性,观看处于一种不平衡的状态,而新媒体对于身体的其他感官的强调,正是对这种不平衡的消除和完善。

在麦克卢汉看来,不同媒介对不同的感官起作用,"书面媒介影响视觉,使人的感知成线性结构;视听媒介影响触觉,使人的感知成三维结构"①。他进一步解释道:"声觉与视觉、味觉、触觉和嗅觉的区别:声音似乎在所有场合都和我们贴得很紧,一切环境中发出来的声音传到我们身上。每天晚上,这个世界都是黑咕隆咚的(视力的确给切断了),但是夜晚从来都不曾真正地安静过。我们可以闭上眼睛,但我们不可能关闭耳朵。触觉和味觉的表现比视觉更加具体明确:我们只能够用触觉和味觉感觉到皮肤和舌头接触的东西。没有直接的接触,触觉和味觉就用不上……嗅觉比触觉和味觉更加弥散。我们侦探世界,靠的是视觉和听觉(依靠嗅觉的程度低得多)。我们与世界交手,靠的是触觉和味觉……视觉提供的是准确、详细的现场报告,告诉我们什么是我们的视觉应该需要优先投射上去的东西……而听觉24小时与外界保持联系。"②

最终来说,观看是我们身体图示的体现,媒介化的观看从一开始就将感官和人的认知能力紧密联系起来,强调身体协调统一各个感官,使之成为一个统一运作的整体。

三、全感官的观看

(一)被重新审视的触觉

在视觉占据绝对优势的时期,哲学家贝克莱第一次强调了身体的重要性,尤其是触觉的重要。他反对洛克的白板理论,也拒绝笛卡尔的唯理

---

① 麦克卢汉.人的延伸——媒介通论[M].何道宽,译.成都:四川人民出版社,1992:52.
② 莱文森.数字麦克卢汉——信息化新纪元指南[M].何道宽,译.北京:社会科学文献出版社,2001:67.

论,他抛弃了几何学对视觉的假设,而是根据视觉的材料与对象,建立了新的观看学说。在他的学说中,生理因素被引入,他强调视觉与触觉的互融在观看中的作用,他认为两者在过程中须臾不分,你中有我,我中有你。我们所能看到的不单纯是视觉的作用,更重要的是触觉的参与。"我所见的只是光和色,及其各种明暗的变化,除此之外,我并不能看到别的。"①在这里他强调了观看的复杂性,观看对象是由空间、距离、体积、位置、深度、质感、量感、形状、运动等构成的,单靠眼睛无法准确地捕捉。比如,距离的感知是由身体在场的触觉暗示来判定的。"我们注意周围事物的程度,是按照它们或损或益于我们的身体为衡的,是按照它们在我们心中产生或乐或苦的感觉为衡。不过各种对象在直接接触于我们的感官时,才能发生作用,而且由此所发生的利益损害完全依赖于物象的可触性质,而不依靠其可见性质。"②再如,体积亦是触觉的后果,眼睛所接受的对象是平面的,借助触觉经验将其立体化,"我们说任何事物的体积时,所指的乃是可触的体积,否则关于它所说的一切都是游移不定、意义含糊的了"③。触觉与视觉的发生几乎同时,是经验、联想、归纳或暗示的结果。二者的关系如同声音与意义的配合关系,"如果把一个排除了,就不能不把另一个亦排除"。

  哲学家孔狄亚克延续了这一理论,并结合洛克的经验论,推翻"视觉中心主义"而推崇"触觉中心主义":触觉能感知事物的原形,其他感官则感知的是事物在心中形成的变形。没有触觉的介入,视觉收录的形象很可能扭曲(生活中,我们的观看会随着光线和颜色的变化而产生变化),更重要的是,触觉向视觉传达对事物的判断,视觉只是在此基础上重复判断并形成习惯。

  芬兰学者胡布塔默的研究方向即为考察触觉艺术,他在专著《孪生—触摸—测试—树脂黏结剂:对艺术、交互性和触知性的考古学探索》一文

---

① 贝克莱.视觉新论[M].关其桐,译.北京:商务印书馆,1935:129-130.
② 贝克莱.视觉新论[M].关其桐,译.北京:商务印书馆,1935:59.
③ 贝克莱.视觉新论[M].关其桐,译.北京:商务印书馆,1935:156.

中指出，西方艺术界存在反触觉传统，其中最明显的例子莫过于博物馆展品的禁止触摸了。有关触觉性的话语在 19 世纪末出现，当时的人们主张"用眼睛触摸"，杜尚率先反其道行之，他的作品《自行车车轮》鼓励观众用手转动。1921 年，激浪派艺术家马里内蒂发表《触觉艺术宣言》，把触觉当作新的艺术形式。奥地利女性主义艺术家埃波特的作品《触与尝电影》就将触摸被动的身体当作游戏。

触觉逐渐被大家所重视。视觉和触觉开始不再对立，触觉召唤起身体各感官尤其是触觉的感受，引发人的身体记忆，形成人们在观看时的感官性体验，这便是触觉的影像。

(二) 触觉和影像

梅洛·庞蒂对身体理论的发展为触觉的审美机制提供了理论支持，身体兼具主体性和客体性，感觉可以承载在身体之中，所以人与世界能产生联系。在理论专著《感觉现象学》(Phenomenology of Perception) 中，他第一次引用了触手理论来阐释身体的主客体同一性和可逆转性。在他看来，"当人的手相互触碰时，这个动作间的关系是暧昧不明的，每一只手都兼具主体与客体的双重角色"①。这种关系后来被移植到看与被看的关系，为我们理解和界定影像和观看者之间的关系提供了新的视角。因为这一触手所引发的感觉的双重性表现了主体—客体关系的原形：彼此不可替代，但却共同嵌置在相互依存的经验中。

人们发现，虽然梅洛·庞蒂的身体观并不是直接针对电影理论的，但它直接启发了"身体类型"说 (body genres) 理论的生成。"身体类型"说的提出者——加州大学电影学者琳达·威廉姆斯 (Linda Williams) 发现了"观看—身体—影像"之间的关系，提出了电影"触感学派"和"体感经验"的观点。威廉姆斯认为，银幕与观者的"体感"互动成为衡量这些影片是否成功的标准，即这些影片是否能最大限度地激起观看者的反应，人

---

① 庞蒂.感觉现象学[M].姜志辉，译.北京：商务印书馆，2002：93.

们的生理反应与观看电影的"身体反应"是否能够准确对位:"看色情片的观众是否真的有高潮,看恐怖片的观众是否在悚然中战栗,看情节剧的观众是否在泪水中融化。"①

此后维维安·索布切克在此基础上阐述了她对触感在电影中的作用的理解,她高度评价了女性主义色彩浓郁的电影《钢琴课》,称赞这部影片:"我们对一部影片的体验并非仅仅通过眼睛。我们是在用全部的身体存在来看、理解和感觉电影……我的眼睛没看到任何有意义的东西,差不多变得像盲人一般漆黑;不过与此同时,通过手指,我在现实世界中的触感存在捕捉到了影像感,而抢先一步并困惑着的视觉却不能做到这一点。"②

劳拉·马科斯总结了以上学者的观点并在此基础上形成了"触感影像"(tactile image)和"触感视觉"(haptic visuality)的概念。她的"电影皮肤"的提法让人耳目一新,更重要的是,她把触觉的作用提升到了一个前所未有的高度。她强调虽然对于电影来说,视听要素最为重要,但"触感视觉"才是认知方面不可替代的经验。触感先于视觉存在,而又与视觉紧密相连构成"体化视觉"(embodied visuality)。为了解释这种"体化视觉",她援引《火车进站》的例子加以说明,早期观影者被疾驰而来的火车吓得纷纷躲避,可以被视为最直接的观众对屏幕影像产生身体反应即"体化视觉"效应的例子。

另一位现象学电影理论家詹妮弗·巴克则在自己的理论专著《触感之眼:体触与电影经验》(*The Tactile Eye: Touch and the Cinematic Experience*)中,明晰地论述了体感、触感与视感三者之间的关系。她的观点对观看心理的拓展很有理论价值。她认为在影像里,我们不是失去自我的被动存在,而是电影和观看者自我身体的接触,此时电影不是纯粹的视觉媒体,而我们也不仅仅是远距离的观察者,两者达成了一种"近密体验"。两者共同存在,相互激发,相互转换。在这里,我们看到了梅洛·庞蒂触

---

① 威廉姆斯.电影身体:性别、类型与过量[J].电影季刊,1991(4):2—13.
② 索布切克.肉体思想:身体化和活动影像文化[M].伯克利:加州大学出版社,2004:70.

手理论的影子,这是对于主客体依存关系理论的延伸。在这里,影像与观者之间的接触理论已经开始隐约地预示了数字媒体的互动性和交互性原则。

(三)虚拟触觉化观看

数码科技的发展利用数字技术对触觉进行模拟,构成了新的技术发展方向——虚拟触觉(virtualhaptic)。触觉技术有三个分支:身体触觉技术、触觉传感技术和虚拟触觉技术。这三个方向互为因果,代表了触觉技术不同的发展阶段和未来发展的不同方向。触觉变成了观看的一种有效补充,体现出触觉和观看之间从疏离到分离再到交互的发展趋势。

杜克大学媒体与信息学研究教授马克·汉森(Mark B.N.Hansen)把梅洛·庞蒂的现象学理论与虚拟触觉技术相结合,深入地探讨了数字环境下人类的体感经验,以及数字技术对身体和触觉带来的巨大变化。比如作品"Simulationsraum_Mosaik Mobiler Datenklange",这个由学者、艺术家、技术人员共同创作而成的作品非常有趣,它要求体验者单只眼睛戴上隐形镜片,并戴上带有感应装置的手套进入到漆黑的展厅,在环境中漫游时体验者会听到扩音器里传来的声音,观众的手指和空间中的某一点接触后,就会触发声音数据库装置,系统中提前录制好的声音,包括音乐、对话开始播放,与此同时,隐形眼镜可以观察到各种声音的数据。人们一边移动,一边触摸,一边观看,获得一种全新的观看体验,感受到在移动通信到来之际,人类在资讯的海洋中利用身体感觉作为导航向前航行的姿态。

艺术家用多种方式探讨技术与身体之间的关系。纽约建筑公司的迪勒·斯科菲迪奥在瑞士湖边搭建了一个金属框架,框架上安置的喷管喷出烟雾状的水,从外观上很难说它是一个完整的建筑。从对岸看,它像是悬浮在湖面上的一层水汽,观众身处其中只能看清距离自己几米的距离,因此在所在空间里辨别方向成为难题,原有的视觉线索变得毫无用处,人们必须求助于自己的触觉与直觉本能。因而,创作者给每个人配备了一件大脑外套——一件塑料雨衣附加电子感应设备,它能帮助观众穿越空间。此外,最重要的是,在进入空间之前,人们都填写了问卷,个人信息被程序化了,当两个体验者相遇,电脑会对彼此进行判断,他们是否能够和谐相处,从而闪现出红光或绿光,体验者以此判断是否和对方发生接触。

匈牙利艺术家艾格尼丝·海盖迪斯的交互作品《手的视野》最有触觉与视觉关系的隐喻,他设计了一个人工眼球形状的界面,里面安装了传感器,观众想看的时候,得手握眼球转动角度,屏幕上则显示的是观众手里的眼球所看到的世界。

艺术家丹·罗斯嘉德创作开发的互动装置《沙丘4.0》由数百个光纤组成,这些光纤会根据参观者的移动或者声响做出反应。这是自然和技术的混杂体,亦是一个平台,通过它增强了参观者和固有建筑之间的联系。依靠着观看、行走和互动,参观者与整个空间融为一体,颇有"爱丽丝梦游科幻岛"的意境。在装置的内部,有一些麦克风和现时传感器能够捕捉到人类的活动。这一切由专门为此开发的软件掌管着,然后输出至电子元件。该输出有70%基于参观者的行动,而其余的30%则取决于参观者发出的声响。根据人们不同的活动,它的灯光有128种变化。没有所谓的"开"和

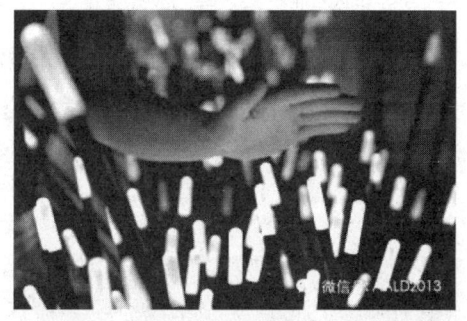

图3.4　丹·罗斯嘉德作品《沙丘》

"关",它完全是一个随你而动的景致。这个景观装置有这样几种状态:没有人的时候,它会进入睡眠状态,变得温柔而黯淡;当你一旦走进《沙丘》,灯光会立刻亮起来,犹如是你的动作的延伸,然而它并非始终是温柔而淡然的,要是你制造出一大堆噪音的话,它会变幻出疯狂的灯光,猛烈

地闪烁。

从这些作品中我们可以看出观看方式被触觉大大拓展了,人的情感需求和生理需求在观看的同时被激发出来,人在观看的时候充分调动身体经验,形成一种沉浸式、多模式、自然式的感知体验,对观看主体的感知结构和感知尺度产生影响。在这种影响下,未来人们的观看方式和生存模式都将发生变化。

未来的发展趋势是,电脑将人的触觉转化为数字信息,同时也将我们的观看对象转化为可以控制的触觉信息,要让物也拥有感觉。这样我们现在不得不借助的诸如电子手套等技术媒介都可以被抛弃,我们可以最大限度地实现与被观看对象零距离,并实现观看在触觉上的跨时空存在。可以预见的是,届时触觉甚至可以代替眼睛去获取信息,通过图像传感器,皮肤的触感以物理刺激的形式将信息传递给电脑,再生成视觉信息,通过电脑的触觉通道在人的脑海中重组、再现。到那时,眼见未必为实,必须手摸才为真。这样的运用,相信能为视觉障碍者带来极大的便利。媒介化观看使触觉重新回到身体,触觉主体与被感知的世界可以进行无障碍的交流,最后甚至把媒介——横亘于主客体之间的媒介也消解掉。

触觉技术的发展不仅使人的观看得到了触觉上的延伸,观者和被观看对象的互动更是创造了一种全新的生存世界。媒介化使人类的生命力通过信息的方式存在,并且可以存储、移动,尽管身体不在场,却仍可以操纵机器,用意念的形式,生命可以与世界相逢。显然,触觉传感技术使赛博空间构成更加丰富,成为一个蓬勃的有机体,在此其中,生命可以跨时空地存在。

通过视觉我们感知外部世界的形态——颜色、形状、大小、亮度和空间,在其他感官的帮助下,我们也能感知诸如声音、音调、语气、音量、频率和节奏等变量组。特别是触感,更给予人们质感、重量、温度、压力等感受,将这些感受具体数据化使之可以呈现出来,这是科技领域一直在研究的方向。例如,有研究表明,人类的大脑在面对大功率连续输入信号并对所看见的图像信息进行处理的时候,这些信息被暂时性地存储于大脑负责快速衰减的那部分区域,这使得新纳入头脑的这部分视觉记忆会被不断地覆盖,人类因此常常会产生遗忘。但是,调动嗅觉帮助观看在很大程度上能加深记忆,帮助人们对过往经验进行记忆。这是因为,嗅觉、触觉等感知方式对记忆过程的运行与存储都与负责长期记忆体的信息处理相同步。所以,即使再健忘的人也无法轻易无法忘记味道,忘记触感,而且很容易通过气味和触感回忆起一段被遗忘的往事。总的来说,多样性的感官体验可以使感官数据更丰富、更有效,全方位地将气味、声音、口感或触感与视觉联系在一起,使得数据体验的强度成倍增长,这样人类的感受更细微,印象也会更深,产生比任何单一模式更好的观看效果。

现在一种针对盲人的观看眼镜就利用了这些原理。正常的观看过程有一整套程序,视觉信息投射到视网膜成像,通过视觉神经传递给大脑,大脑相应的感官区域将它们翻译成视觉图像使我们能够看到景象,在整个过程中,眼睛的功能类似一个传感器,视觉障碍者就是传感器出现了问题。新的观看媒介尝试着对此进行补偿,新型的观看眼镜用摄像机代替眼睛收集信息,变成了一个"通往大脑的 USB 接口",在专门配备的微型摄像机的协作下,图像信息被有效地转换为电信号,这些电信号不断地刺激舌头表面神经,大脑将这些刺痛感转化为图像,顺利地完成一场观看。这个过程实质上是对现实观看的一个模拟,将大脑和摄像头相连,盲人通过使用控制器来调节刺激强度、摄像头的对焦、对比度以及其他功能,从而达到自如地观察世界的效果。至于为什么选择舌头来进行感应,是因为科学家认为舌头更为敏感并且方便接触,感受到的脉冲信号就像香槟泡沫在舌尖上的爆破一样不会有痛感。

当然,观看行为过程本身极为复杂,我们处理复杂问题的时候需要多感官协作。长期以来,其他感官能力被忽视的

图 3.5　触觉化观看装置

现象在新媒体的介入下发生了改变,全感官的观看方式逐渐产生,各种感觉系统被调动起来最大限度地对可视化进行补充,新的观看正在形成。

第六节
观看心理的变化

在观看中,既有身体与世界想象性关系的感触,或对某种经验的认同,也有身体欲望的投射。观看心理和欲望的生成相关。欲望和本能在表象上非常近似,所以观看行为看似是一种本能,其实更是一种欲望。本能与欲望潜藏在人的无意识当中。本能是生物体的属性,介乎人的精神和身体之间;欲望则是一种更高级的精神活动,有欲望是人与动物很大的区别之一。

弗洛伊德认为,欲望的产生源自于匮乏,出于对于匮乏的满足,人的心理机制常常将人类身体内潜藏的对本能的需求转化成一种知觉上的记忆,在这个过程中,欲望就产生了。比如,一个人饥饿的时候,曾经的味觉经验就被调动起来,在想象中曾经吃过的某种食物的诱惑就非常强烈,这就是欲望。如弗洛伊德所说,知觉的再现就是欲望的满足。欲望和具体的需要之间被迫分离。为了弥合这种距离,一种驱动力自发地升腾出来并作用于人的心理层面,这种驱动力的表现既可以是知觉形象,也可以是幻觉想象,从本质上说,都是心理的欲望满足。

视觉既扎根于过去的经验记忆,亦立足于对未来的蓝图规划。观看心理在指向外界事物的同时兼顾自身带有的反思性。总的来说,观看心理经历了一个从追求错觉到追求幻觉的过程,这个过程也是人们从视觉理性的规范性走向追求刺激的感性化的过程。这体现了人们观看心理的趋势——追求感官愉悦。曾经的观看包含复杂的体验、感受、评价、辨识、判知、领会、区分,对事物并非被动接受而是创造性把握;而现在的观看变得被动,被图像和人造奇观紧紧裹挟,人们沉醉其中,同时这种被动当中又包含主动性,是基于新媒体技术支持下的观看主体的互动观看。

一、从"视错觉"到"视知觉"再到"视幻觉"

人的欲望和知觉作用具有紧密的联系。在欲望的驱使下,人们殚精竭虑地寻求最佳的观看机制,其中,艺术家的眼睛开启了变革之旅。他们急切地寻找适宜的技术、技巧、手段,去再现他们眼中的世界。利用视知觉系统的特点,结合观看心理,创造有意的视错觉,是有效的观看机制形成的原因。

在中世纪的欧洲,绘画和宗教联系紧密,目不识丁的信众无法解悟经文,了解圣迹,需要借助宗教画从心里感受上帝的荣光。这样的观看要求画作真实,才能唤起信众内心对主的崇拜与尊敬,画家竭力摆脱平面对观看者眼睛的桎梏,让平面的画作呈现立体的效果。14世纪乔托的作品《犹大之吻》壁画,在中世纪图案式绘画中已经暗藏了错觉效果(见图3.6)。为了从中世纪的僵硬呆板的构图形式中摆脱出来,画家竭力追求一种观看的景深效果,他把人与自然环境的层次关系安排得更加接近真实,努力处理明暗表现和物体的体积感,形成了

图3.6　14世纪乔托的作品《犹大之吻》壁画

近大远小的观看效果。画家马萨乔、乌切洛在作品中以视觉经验和视觉感知的直观方式铺陈透视效果,制造错觉任务。艺术家采纳科学的透视法,尽量地解决所有的观看问题,例如怎样布局,怎样铺陈。错觉效果的营造,给图像添设了更多的内容,附着了更多的信息。

再比如名画《蒙娜丽莎》，为了表现人物的微笑，达·芬奇有意识地运用视觉错觉的观看原理，在绘画嘴部线条时有意将之模糊处理，因为线条巧妙地融入阴影之中，形成了一种暧昧与不确定，成就了这个世界上最著名的微笑。蒙娜丽莎的微笑变得神秘而深邃，观看者由此获得了无限的想象空间。

在对视错觉的营造上，同时代画家也做了诸多尝试。有的画家采用变形、碎片化的手法，打破以往绘画传统中只能表现一个凝固时间点的惯例，形成一种动态的效果呈现。有的画家则在景物与人物的空间关系处理上做文章，通过精准地还原光影投射，来突破二维平面的限制。比如画家凡·艾克兄弟，他们的画作如一面镜子将外物收罗殆尽，希望通过拼命堆积细节，使得画面立体而真实。但是，一旦所传达的信息溢出传统图像的载荷限度，这样的错觉营造就会使画面显得混乱。1787 年，罗伯特·巴克发明了"自然错视法"，他用这套绘画法则绘画出的全景画，《爱丁堡风景》，可以让观看者从某一个角度看到画面中对一个城市的展示，这个画作一经推出就引起全球震动。

全景画以环形画面将观看者包围，甚至还会在画面与观看者之间增加实物，造成画面是真实场景并向外延伸的立体错觉，观看者会感觉画面的内容完全等同于外部世界，因而人们的观看心理得到了满足。《大不列颠百科全书》这样解释全景画："在视觉艺术中指连续性的叙事场面或风景，按照一定的平面或曲形背景绘制，画面环绕观众或在观众面前展开。通常以粗放而真实的手法绘制，与布景或舞台画相似，盛行于 18 世纪后期和 19 世纪。真正的全景画陈列在大圆筒形的房屋内墙上。观众站在圆筒中心的平台上，就地旋转，依次看到视平面上的所有画面。身临其境的效果还可通过多种形式得以加强，在观众与圆筒内墙之间布置会逐渐与画面融为一体的实物，或是使用间接照明，让人错觉光亮来自画面本身。"① 它成为 19 世纪融合艺术与科技的图像媒体的标志，是艺术史上分

---

① 不列颠百科全书(国际中文版第 13 卷)[M].北京:中国大百科全书出版社,2004:4.

布最为广泛的图像媒体之一。其他由传统技术构建的幻觉空间都没能创造出如此惊人的错觉艺术和暗示力量。

这种全景式的视错觉改变了当时人们的视觉欣赏习惯。法国学者魏瑞里奥认为,这个阶段是视觉文化发展的第一阶段,即"形象的形式逻辑时期",它的基本特征就是观看者通过各种形式的视觉法则来塑造对世界的看法。这些视觉法则其实就是建立在视错觉基础上的。当艺术不再注重"逼真的艺术再现"这个问题时,美学理论就放弃了自古希腊开始的模仿论。以贡布里希为代表的思考者进入了"视错觉"的广袤领域,在他的心里,人的知觉同科学方面,都在试图清除种种"错觉",从而形成一种检验和修改我们对世界信念的"试错过程"。视觉发现的显著效果,在一定程度上取决于"观看"世界方法的"可塑性",视觉发现的体验是诸多要素的混合。

图 3.7　全景画《亚历山大之役》(阿尔布雷希特·阿尔特多费尔)

图 3.8　现代新媒体全景画

匈牙利电影理论家巴拉兹指出,随着现代媒介的发展,视觉的作用在生活中被削弱,"可见的思想就这样变成了可理解的思想,视觉的文化变成了概念的文化",然而,摄影机使人类文化重新回到视觉文化。1839 年摄影术的诞生，使廉价、迅速地再现物象成为可能。直至1895年电影的诞生，进一步启动了人类的视觉敏感性。电影技术带来的活动影像不仅能在二维平面上展现三维的空间，还能通过画面的运动展示时间的延续，从而完整地再现事物运动着的视觉形象。这个机械之眼是完美技术的完美范本，是正确观看的代表，人们无须再利用错觉获得更好的观看，摄影和电影擦掉了所有"看"与"知"之间的阻隔或障碍。

如果说"视错觉"是探求视觉的物理机制，追求法则之下的确定性，那么"视知觉"则是考量视觉的生物功能，颂扬肉身之眼的奇异性。阿恩海姆的视知觉理论建立在摄影术和电影蓬勃发展的时期，他认为"视觉"是一种"思维"（thinking），他反对长期以来"知觉与思维割裂"，视知觉就是以视觉为纽带，视觉功能和知觉共同完善，相互补充。他说："知觉的任务应该只限于收集认识的原始材料。一旦材料收集完毕，思维就会开始在一个更高的认识水平上出现，进行加工处理的工作。离开视觉的思维会没有用处，离开知觉的思维则会失去内容。"[①]

视知觉不是低级的认识，它不仅仅具有选择性，还可以对刺激物进行能动的加工和改造。巴拉兹和阿恩海姆的观点反映出当时的影像观，在摄影和电影出现之后，新的影像构建了一种当下的观者和形象所呈现的时空过去的可见关系，形成了一种建立在视知觉体系上的辩证交流关系。影像媒介的活动性和超强的复制能力以及广泛的传播能力，促使影像对视知觉的塑造过程发展极快，爱森斯坦的"杂耍蒙太奇"理论、维尔托夫的"电影眼睛"理论、巴赞的"景深理论"，为我们梳理出一条明晰的路线——媒介再现与视知觉交互演进的过程。阿恩海姆和贡布里希在美学和艺术学领域里对此都有很多论述，贡布里希的"知觉习惯会被再现媒介不断训练"的观点以及"知觉试错法"，都对媒介发展下视知觉的持续性研究提供了路径。

时至今日，形象的构成是"虚拟形象"，我们的观看进入到"视幻觉"

---

① 阿恩海姆.视觉思维[M].滕守尧，译.成都：四川人民出版社，1998：184.

阶段。错视法和视觉认知法的概念旨在利用看似非常逼真的印象,使二维的影像呈现三维的样貌,但是,这种外在的假象很快会被识别,媒介所呈现的和观众所见的并非一致,这一点使观看者在一段时间后可以勘破真相,不受这种观看规制的制约。这一情况到了新媒体时代被全面扭转,虚拟的形象与真实渐行渐远,任何形象哪怕其本身来自现实的形象,也都可以通过计算机加以篡改、修饰和复制。虚构的事物被披上真实的外衣,数据化精确的表达把景象描摹得比真实还真实。计算机将细节、外观、质感、光照、角度和颜色完美调配建构整合在一起,形成一个复杂的、具有协同效果的幻象空间,沉浸在这个空间中,人们的观看陷入幻觉当中。

新媒体技术通过奇观化的影像穿越表象,暂时消解了影像空间和现实空间之间的距离,使得观看主体和被观看客体的关系消解,从而使虚幻对感知系统产生作用。虚拟场景迷惑住感官,用场景或影像的逻辑引导了观众的行动与感知,甚至在某种程度上控制了感知。观看媒介最大限度地消除了与观看者的内在距离,并确保了幻觉空间信息的最大功效。人们的观看从错觉、知觉直至走到现在的幻觉也显现了这样一个趋势:媒介化的观看技术会逐步模糊、否定、消除真实世界与虚拟世界之间的差异。以波德里亚的观点来看,这种虚拟的形象代表着拟像时代的到来。符号不再是对现实世界的模仿,相反,符号获得了完全的主动性,它一方面摆脱了对现实世界的模仿而自在自为地存在,另一方面又对现实施加了深刻的影响。

"波德里亚景象"代表了理论家对于数码现实和信息社会前景的思考。在新媒体技术发展中,虚拟现实技术正如波德里亚的预言那样构筑了一个视幻觉的世界,在这个世界中,观看者沉浸于与传统小说相似的形象性虚构宇宙。阿斯科特提出了"双重意识",可以解释这种视幻觉基础,媒体技术提供同时通往两个明显不同的体验领域的存在状态:精神空间和赛博空间,物质世界与虚拟世界。虚拟现实诉诸人的感觉,它力求提供某种呈现形式而使人产生恍如身临其境的感觉,即所谓的"中介效果""在场"(presence)。人从现实世界渐次进入幻觉的过程就是一个进入虚拟现实现场的过程。从理论上说，这个过程涉及包括五官感觉及平衡感觉、运动感觉在内的多种感知觉的运用，但同时人自身的直接知觉被"中介"——设备机器的作用给消解掉了，人更多的是利用想象整合视觉、听觉和触觉等感觉，这一体验所获得的感受同时具有知觉和幻觉的双重特征。

目前，虚拟现实技术的运用仅仅是局部的，我们只能在实验室、娱乐设施和各种专业训练基地看到，但是今后虚拟现实的发展会相当广阔地覆盖人们生活的方方面面，特别是对它的两个分支——增强现实和混合现实的运用。虚拟现实技术是对生活现实的强化而非虚化，从这个意义上来说，这种幻觉是一种真实的虚幻。

二、从视觉理性到视觉感性

（一）从静观到震惊到沉浸

机械印刷和电子媒介的迅猛发展对艺术产生了巨大影响，使古典的"静观"式经验感受被消解，"震惊"逐渐凸显为审美式观看的重要范式。数字化时代，新媒体发展导致人们的生活日益数字化，"沉浸"式经验观看逐渐成为主要的审美范式，观看从"震惊"过渡到"沉浸"阶段。新一轮审美经验范式的革命已然爆发。

凝神静观是一种最高境界的审美体验，它以个人欣赏为条件，要求观看者全神贯注地投入到观看对象中去，获得一种心灵上毫无拘束的自由状态。在《美学百科辞典》中，对"静观"（Aesthetic contemplation）的解释是："在美的观照里自我超绝实际生活的一切兴趣和欲念，纯粹地归附和沉入对象之中，这便叫作审美静观。"[1]需要强调的是，这样的观看是审美性的，因为静观的先决条件是无功利性的，即我们所强调的静观的直觉性。康德的理论是审美静观体系中最深刻、最系统的。他在《判断力批

---

[1] 竹内敏雄.美学百科辞典[Z].哈尔滨：黑龙江人民出版社,1987:53.

判》一书中指出:"鉴赏是凭借完全无利害的快感和不快感对某一对象或其表现方法的一种判断力。"①康德对静观审美的理解是,静观审美主体用一种无利害的、无偏好的状态与对象产生交流,它与欲念无关,也不是从概念出发,因而它获得的快感与善和生理的快适无关。本雅明的"光韵"说(Aura,也被译为"灵韵""灵氛""光晕"等)进一步对静观阐释为"光韵",即"在一定距离之外但感觉上如此贴近之物的独一无二的显现"②,"审美静观"得以发生的原因在于对象散发"光韵",观赏者被其吸引,而不得不发生走近、品鉴、感受、领悟等一系列行为。"光韵"是传统艺术最根本的审美特性,其特点是原真性和独特性的统一。这时候的艺术作品让人感到深不可测、博大精深,无论它的表现形式为何,它的形态都是静态的,观看者都是在凝神观照中感受到作品的魅力的,在这一过程中,观看者有意无意地迷失其中,被作品营造的氛围所笼罩从而产生审美愉悦。

通过漫长的生产实践,人类逐渐学会将事物内质与形式加以区分,只有把握这种能力的人才能将功用归于属性,将物体的形式与外观分离,这样审美静观的发生才成为可能。审美静观是古典艺术的观看方式。当手工制作被大规模的机械复制所替代的时候,现代艺术以一种"震惊的方式出现"。大规模的复制使得原作失去意义,大规模的传播成为趋势,原作的珍贵程度降低了,失去了评判标准的权威地位。因此,传统艺术的宗教膜拜功能被现代艺术的展示功能所取代。图像资源的缺乏所造成的对作品的膜拜,是审美静观发生的前提条件。图像的大批复制使图像变得唾手可得,人们从原来的趋近图像变成现在的为图所困,"震惊"的直接性和即时性使得它成为主导性的审美方式,取代了"静观"的审美,从此个人化的审美趣味让位于集体观赏的群体选择,审美失去了距离。本雅明有一种描述颇为传神:"形象变成了一枚子弹,它击中了观赏者。"③电子

---

① 康德.判断力批判[M].邓晓芒,译.北京:人民出版社,2002:47.
② 本雅明.摄影小史:机械复制时代的艺术作品[M].王才勇,译.南京:江苏人民出版社,2006:55.
③ 本雅明.摄影小史:机械复制时代的艺术作品[M].王才勇,译.南京:江苏人民出版社,2006:38.

媒介催生的摄影、电影、电视剧等新艺术形态生产出一颗颗子弹,它们的快速发展为震惊范式提供了更大和更直接的动力。人们已经不愿意再看见庸常的现实世界,所以当摄影、电影、电视凭借高科技手段,把一个人们习以为常的世界"发现"出来的时候,人们必定形成了惊异、震颤的心理体验。

如果说摄影只能捕捉一个决定性的瞬间,那么影视则可以是对流动的生活过程的"发现"。电影、电视抑制了膜拜精神,崇高和礼仪的功能让位于展示功能,这些变化使得视知觉也随之变化。观众从膜拜走向鉴赏,这种鉴赏使人不再沉浸其中而是超然物外,不再沉浸在作品中而是沉浸在自我感受中。比如对于影视的观看,他们还来不及对单帧画面产生思索,画面就消失在时间的尽头,新的画面又占据了眼睛,这种情境的转瞬即逝使冥想变得没有可能。蒙太奇的叙事功能还能挖掘内心,把情绪进行视觉化表达。无怪乎本雅明这样说,"面对画布,观赏者就沉浸于他的联想活动中,而面对电影银幕,观赏者却不会沉浸在他的联想中。观赏者很难对电影画面进行思索,当他意欲进行这种思索时,银幕画面就已变掉了……基于此,就产生了电影的惊颤效果"。[1]

当代数字媒介技术的发展使沉浸式经验范式逐渐成为主流的审美经验。准确地说,沉浸有很长的历史,19世纪的全景画、20世纪的电影院都与沉浸性有关。但是,传统意义上的沉浸性和媒介化观看后的沉浸性并不是同一个概念。传统的沉浸性建立在传统媒介的生产实践基础上,传播还必须依托语言、图画符号,处于波德里亚所说的"仿象"和"生产"阶段,所以被观看的意象都仍然是客观世界的真实,观看主体的意识往往游走于"意象"与"真相"的二元对立之间。虽然在宽泛意义上,我们可将其视为虚拟现实或者虚构现实,但是这种"虚构"发生在传统艺术美学的范畴中,是人的意识层面的一种主观想象。简而言之,传统的沉浸是一种基于现实的想象空间,通过"想象"达到"真实",所以对于观看主体的要求

---

[1] 本雅明.摄影小史:机械复制时代的艺术作品[M].王才勇,译.南京:江苏人民出版社,2006:38.

很高,观看主体的受教育程度、感受力和艺术修养都决定了沉浸的深度。只有少部分精英才能在接受中自由地处理时空和事物的因果,在通达万物的基础上获得"与物同在"的沉浸体验。这种沉浸只存在于心而不存在于世。所以,人们往往在沉浸的时候由于身体和意识无法统一,沉浸性的体验会被打断而回到"现实",使得审美感受无法流畅地延续。因此,这种沉浸很难进入一定的深度和广度之中。

数字技术时代的沉浸是基于虚拟现实下的审美经验。"这种感觉必须使观众脱离他们所处的现实世界,产生沉浸在另一种环境的感觉,需要说明的是,这种感觉的产生必须由感觉器官独自产生,而不是靠想象力产生的。这种感觉的精华在于:可创造令人信服的感官输入和一个逼真的感觉。这种感觉是指操作者自身的动作和行为以一种现实的、令人信服的方式影响虚拟世界,简单地说,我们必须能够与这个虚拟世界交互作用。"①

数字媒体技术使得人类的"仿象"已进入到"仿真"阶段,即虚拟现实阶段。数字技术时代的沉浸性的优越性在于,它根植于一个"人造世界"。它并不真实存在,却可以被看到、听到甚至感知到。虚拟现实世界不再是客观自然世界的副本,这个世界是与自然世界相平行的真实空间。身处其中的主体不仅仅受数字技术虚拟技术的影响,更是被人工环境和艺术氛围所环绕,被新的介质所充盈,在此基础上,形成了有别于传统或一般异质世界的"沉浸"体验。在这个环境之下,任何人都可以凭借各种传感设备和人机交互界面等交互手段,使自己无障碍地沉浸到该环境之中。

对于观看者来说,新媒体环境下的沉浸是一个主动的精神过程,它削弱了临界距离以及引起了参观者的情感卷入,使得那些需要距离和空间进行反思的美学体验被沉浸策略所颠覆。《流动的视野》正是一件体现这样观点的作品,艺术家莫妮卡·弗莱施曼和沃尔夫冈·施特劳斯根据

---

① 布赖斯.多媒体与虚拟现实工程[M].史萍,等,译.北京:中国电影出版社,2000:4-5.

希腊神话纳克索斯自恋的故事创作了这个新媒体装置,他们将观众的形象投入数字图像创作的液体世界,当观众站在屏幕前,自己的影像会被置换成数据映入屏幕,观众化身为美少年纳克索斯沉入水里。它提供了一个非日常化的视角,利用新媒体影像的特点,使体验者在观看的同时能体验到自我感受的变化,真正地融入这个希腊神话的情境中去。

不仅是叙事性故事,沉浸性也在向真实记录的方向发展。目前,一部全沉浸性的纪录片项目已经开始拍摄,内容讲述了一个墨西哥移民的苦难命运。该片取材于一个真实事件:2010年,一位叫赫尔南德斯·罗哈斯(Anastasio Hernandez Rojas)的移民被美国边境巡逻人员毒打并开枪杀死,这一事件当时被人用手机拍摄了下来。这部纪录片的拍摄把所有的观众变成在场的目击者,去经历这起骇人听闻的暴力事件。团队精心地修复了当时目击者拍摄的视频,并且把目击者的脸形精心扫描,再现了他们的动作和声音。每个观看者都会配备一个装置,这个装置包含有60秒的视频内存和一个虚拟摄像头手机。这一刻你不是你,而变成2010年在那起事件中的亲历者。随着故事的展开,我们无比真切地目击一个男子被残忍地殴打,可是我们无能为力,心中的感触和震撼是非常大的。所有的观看者在情绪激动的时候都会不由自主地点击录制按钮,此时对应的屏幕会出现虚拟手机,实时追踪行凶者的方向和位置。当然这个行动的目的不是让你把项目变成一个游戏,没有输赢的刺激,而是希望激励观众做点什么。为了让沉浸性的体验更完美,这个片子可以随意地转换视角和位置,观看者可以按照自己的意愿来经历这起事件,这样观看者的沉浸感受变得更为强烈。

这项技术之所以可以如此优秀地呈现出沉浸性和故事性,是因为如下几个因素:首先,团队精心修复了那两个目击者用手机拍摄的视频。其次,当你进入到系统的时候,你会被要求手中拿着一个装置。这个装置是你的虚拟摄像头手机,它有60秒的视频内存,你将会作为一个"虚拟证人",用手机拍摄下当时的画面,作为你的证据,就像是2010年的那起事件的见证人。当你点击录制按钮,你的屏幕上就会出现一部虚拟手机,并且实时追踪方向和位置,和现实世界中你手中的设备相对应。作为项目开发者之一,范吉利斯(Vangelis)认为,这个虚拟手机的设置不仅仅是为了让使用者在重新经历当年事件的过程中记录并且分享给他人,还有一个目的就是加强使用者的沉浸感,通过触觉这一途径,让体验者感受到更真实的虚拟现实。最后一个因素就是观看者在虚拟世界里的体验并非是唯一的、固定的。在现实世界中,你可以转换视角,移动位置,同时跟踪摄像头也会实时监控你的运动;在虚拟世界里,你的位置和视角也会有相应变化,你完全可以按照自己的意愿和路径来经历这次事件。针对这一点,范吉利斯说:"首先,我想带给使用者一种感觉,一种让他们觉得现在自己就处在故事中的感觉,帮助他们以这个特殊的方式来理解感受事件的影响,这种方式是其他平台不能够提供的。我想要他们与这个世界的每一个角落连接起来,感受这个世界每一个角落所发生的事情,体会这个世界每一个人的遭遇,希望他们在感受到这些之后能够做一个好的公民,让这个社会更加民主。"①

与沉浸性纪录片一样,更多的沉浸式新闻被制作出来。随着虚拟现实技术的发展和进入主流,沉浸式新闻也可以随之成长,充实更多的故事。据英国广播公司(BBC)报道,一个由科学家组成的团队计划将把从月球反馈回来的图像制成虚拟现实场景。范吉利斯说道:"对于观众来说,应用这种跨空间的虚拟体验来讲述故事是让人难以置信的,这一刻我们就像是电影艺术的新曙光。"②

信息生产与传播的视觉化已然成为一种潮流和发展趋势,而沉浸性的视觉体验是其核心所在。沉浸性纪录片或者沉浸性新闻表明这样一种观看心理:观看者会获得和新闻传播者共鸣性的情感体验。在这种共鸣中,信息本身不再重要,意义(meaning)被观看媒介的沉浸性强调出来,是新闻价值传播的终极所在。美国著名的科学史学家乔治·戴森说:"我们生活在一个信息无限膨胀的世界里。在这个世界里,信息是廉价的,而意

---

① 新闻来源于:http://www.gdi.com.cn.
② 全晓艳,常江.2015年西方新闻可视化发展的新趋势及其解读[J].中国记者,2016(1):115-117.

义是昂贵的。"①这说明在观看的媒介化发展的今天,传统观看的理性、冷峻、客观的立场与需要被体验感所取代,新闻传播的效果被能在多大程度上刺激受众产生沉浸性体验所决定。

(二)沉浸性观看的特点

1.全感官的沉浸

无论是"静观"还是"震惊",人们的审美感受基本都诉诸人的视觉、听觉。西方的哲学传统认为,味觉、嗅觉、触觉等感觉器官因为与人的欲望联系过于直接而容易唤起生理快感,所以它们一直被排斥在审美感官之外。沉浸却要求一种身体的"在场",新媒体制造出的影像信息不仅能吸引人们的眼球还试图吸引其他感官。科学家希望召唤人的感觉,包括与外部感官相联系的视觉、听觉、嗅觉、味觉、触觉,甚至与内部器官相联系的平衡觉、运动觉、饥饿觉,来达到真正完整的身体感受,向观看者传达存在于自然界复杂结构空间内的幻觉。这里的身体不再是传统美学观念中,将肉与灵、身与心进行简单的二元对立结构中的身体,它不再是与精神、意识完全隔绝的物理性生物体,而是一个完整的视知觉的意义体。传统艺术作品所诉诸的感官体验是单一的,而沉浸式的观看将人肢体的运动与视觉反应结合起来,使人在移动中对仿真界面形成更具交互感的观看。

美国艺术家费希尔一直致力于沉浸艺术的开发,为了增进虚拟环境的逼真性,他着手开发涉及几乎所有感觉的界面,将观看者推入全感官沉浸领域。他主持研发的 NASA 系统包括一个头盔,能够提供观看者深度域的立体图像,同时他给观看者加上环绕立体声耳机和供语音认知之用的麦克风,并与科学家齐默尔曼合作改进了数据手套,使用户可以触摸赛博空间的虚拟物品。

---

① 全晓艳,常江.2015年西方新闻可视化发展的新趋势及其解读[J].中国记者,2016(1):115-117.

艺术家罗惠瑜的作品《奇幻微光》邀请观看者通过参与、观看、控制，在视觉化的界面中，感受作品的成长与变化（见图3.9）。艺术家创造了一个真实世界中的幻影，在全黑的环境中，用光照诱发暗夜中的光影之花，散发出脉脉香气的花朵与艺术家舞动的肢体相迎合，在幽微之处创造出华丽的光之舞。

正是这些多媒体技术的研发，使得"沉浸"全方位地诉诸观看主体的所有感觉器官，人们获得了综合性的多感官的身心体验，不由自主地沉醉其中，从而消弭了观看者与虚拟世界的距离，使观看者获得比现实还要"真实"的感觉。

图3.9 罗惠瑜的作品《奇幻微光》

2. 参与性的沉浸

"静观"和"震惊"的审美体验，来自艺术形式对作品的独立性和完整性的要求，为了达到这一点，防止观看者的参与显得尤为重要。戏剧传统中的第四堵墙起到的正是这个作用。一位作者在追忆童年在剧场时的经历时说，本来他已经沉迷于剧情的幻觉当中，可是当情节推向最高点时，演员却从台上向观众发出吁求，要孩子证明对仙女的信仰，这样一来，一切都乱了套，涌上心头的是尖锐的痛苦。这位作者认为要求观众参与剧情是对剧作家与观众之间契约的破坏，是否认戏剧作为艺术的特性。

与传统艺术不同，数码艺术鼓励而不是防止参与。在数字媒介艺术活动中，观看者往往要依赖计算机网络从外部输入数据、选择进入路径，以便达到更好的沉浸。最近很多科研工作者都在致力于手势追踪技术，实时手指动作捕捉新技术除了与虚拟外围设备有极好的兼容性外,还能快速识别手势动作,轻松完成虚拟交互。用户通过佩戴轻便的手指动作捕捉设备,只需轻轻用大拇指碰下小拇指,便可以在虚拟场景中召唤出操作菜单,屏幕的鼠标也会跟随用户的手臂移动,快速而准确地定位到所需要点击的按钮上,再用大拇指碰下食指,便可完成点击、拖拽等操作。用户同样可以通过抓、握等手势抓取和放置虚拟场景中的各种物体。新媒体艺术家劳雷尔说:"计算机游戏的参与感和交互性的频率、范围、意义都有关,但也可能有其他来源,如感觉的沉浸、肌肉的运动知觉与视觉反应的结合。如果一个星球的如月亮般的界面,能让人可以四处走、四处看,那么观看者就极有可能产生交互感。用操纵杆、鼠标或虚拟手之类设备指指点点毕竟是不够的。"[1]因而,这种沉浸不同于静观和震惊时期的沉醉,它不是丧失主动性的被动沉醉,而是在主体交互参与下的一种"合作创作"。这种创作和接受美学所说的"参与创作"有所区别。"参与创作"是在"静观"式和"震惊"式欣赏中,观看者对不能变更的文本被动欣赏时,对符号或文字进行心理转化的一种补充。而沉浸式观看的观看主体在观看的同时能够将作者提供的文本或意义符码进行有意识的重新组合,在观看的同时创造出新的文本。

2010年,北京德国文化中心歌德学院(中国)和今日美术馆主办了一场名为"城市—隐秘的边界—柏林"的新媒体艺术展。这个展览带有很多互动性体验的装置,极大地拓展了人们的观看经验,具有鲜明的新媒体色彩的梦幻性。观众从进入当代艺术馆的瞬间就获得一种沉浸在梦幻世界的心理感受。这个装置利用专业的红外线捕捉仪,将一定区域内的体验者转化为可以移动的笔画,这些笔画的运动轨迹按照一定坐标运动,根据人们的位移,大屏幕会呈现出动态的图画,人们很快会意识到,这些画面和自己的运动有关。当人们发现自己成了展览的一部分,不由自主地惊呼起来,而这又被即时地呈现,震惊的体验被延绵下去。展览中一个名

---

[1] LAUREL B.Computers as theatre [M]. Reading, Mass: Addison‑Wesley Publishing Company, 1991:20-21.

为《小蜜蜂》的作品获得了很多人的关注,创作该作品的艺术家施工忠昊,利用红外线对装置进行自动控制,玻璃内部的彩色灯光会变幻各种颜色。当观看者站在装置前,用玻璃制作的"小蜜蜂"会受到感应,配合观看者的位置用各种相应频率扇动翅膀。人们为了追求蜜蜂的舞动,最大限度地调动自己身体的运动轨迹,和作品形成的影像一起互动,移动的人体和飞舞的蝴蝶形成了一种肢体上的对话(见图 3.10)。

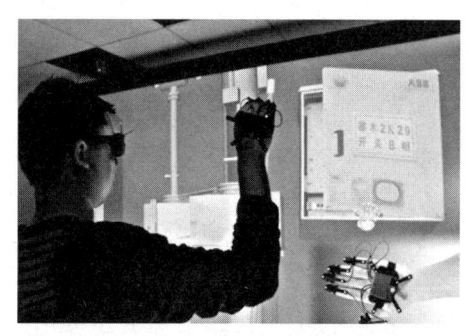

柯罗夫(Rolf Kluenter)和程智(Richard Cheng)则在传统神怪小说中寻找灵感,他们的作品《源点》借鉴了《聊斋》的故事,构建出一个蒲松龄式的神话世界。在作品展览区域中间有一堆稻草,当人们对稻草踩踏的时候,发现展区周围的墙

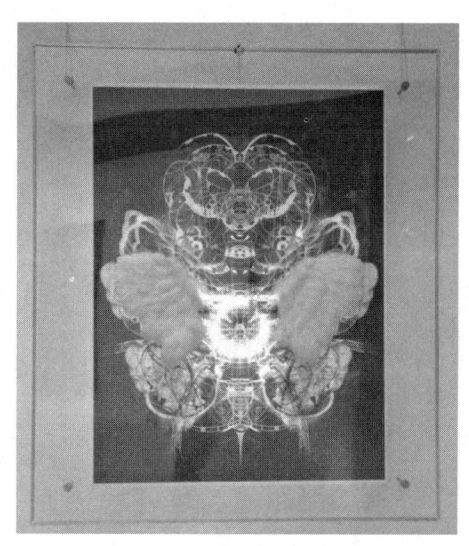

图 3.10　施工忠昊《小蜜蜂》

壁会呈现出与《聊斋》故事有关的各种不同图像。在稻草旁还有一条长凳,参观者可以坐在长凳上与图像故事进行互动。参展的多位艺术家运用新媒体互动艺术从不同的角度对传统意义上单调的观看方式做出了大胆的创新与尝试,艺术品抽象意义的传达完全有赖于观看者在观看时的身体参与,身体活动介入到观看情境中去,因而获得一种"身临其境"的"沉浸式"体验。

3.情感投入的沉浸

文学作品可以召唤读者身上的情感反应,这种反应来源于人们日常生活的情感体验——移情、悲哀、安慰、欢笑、羡慕、困扰、害怕甚至是性唤起,由此可以看出,艺术作品的沉浸能够唤起观众的内心情感,使之与被观看的事物之间产生融合。

电影在大众媒介中是最有沉浸性的,通过影像叙事使画面细节与语言产生流动,观众对故事加以仿真,形成情感带入,与屏幕上的人物同生共死。这种审美体验的根源在于传统文学作品、戏剧、音乐、电影等构建了一个虚构现实。这种"虚构"在传统艺术美学范畴中主要指发生在人的意识层面的创造性想象行为,人们通过想象唤起经验,因为日常经验被召唤起感受,而所有的感受来源于生活经验的沉淀。

但是,新媒体艺术创造出的虚拟现实环境所引发的沉浸感是独一无二的,它更本能,也更直接,如同直面生活真实的本身。进入虚拟世界,人们完全融入环境中,配合场景观看幻象,达到物我两忘的地步,所有的情感不是被唤起的,而是生物本能的直接应激。在一个互动游戏的测试之中,玩家和虚拟的拳击手对打,当虚拟的拳击手对真实人物挥舞拳头的时候,玩家并没有被碰触却依然本能地做出躲避动作,并发出惨叫,似乎真的被打击到了。这充分地显现出,新媒体沉浸对人心理感受的直观刺激。

很多虚拟艺术作品都在加强叙事,玩家对这些作品的访问就是一种状态的进入,它的入口和出口,如同故事的开始和结局。玩家穿梭其间,不时感受到种种刺激,产生惊奇感、愉悦感、恐怖感。沉浸意味着玩家被吸引到故事的内层,进入到它的叙事策略当中,而这些策略包含对玩家个体爱好、性格特征等多方面的考察和定制,这些因素反过来对玩家的沉浸投入度又有推动作用。全感觉、参与性并包含叙事的虚拟艺术确实能让人产生身临其境的观看体验,能够唤起人类的成功、失败、愉悦、悲哀等复杂情感。

台湾艺术家叶瑾睿的互动装置《听话的眼泪》,以卡谬的名著《异乡人》(又译《局外人》)为灵感,启发人们心中对于疏离感的恐惧。观看银幕变成了具有感知知觉的身躯,用不断滴落的泪珠与灰色色彩呈现低落的心情,等待观众的关注与参与。当观众用适当的身体移动回馈给系统时,屏幕则出现快乐的气泡和开心的色彩,在亮丽但充满虚伪感的环境之中,气泡随着观众的肢体运动而飘动。人们会随之改变情绪、伤感、孤独、快乐、厌倦、空虚。新媒体营造的沉浸感能够最大限度地调动起观众的心理情绪,产生极强的情感带入。

三、从以身观之到以心观之——基于遥在技术下的审美观看

"坐地日行八万里,巡天遥看一千河。"遥在是一种理想,是人类跨越物理时空、全面掌控世界的心灵渴望。心理的自由和身体的不自由是一种矛盾,有没有一种法力把身体和心灵通过介质传递到另一个时空的对象身上,让行动和意志结合起来控制外部世界?这是萦绕在人类心头最深邃、最普遍的情结。

遥在(telepresence)意味着此在与彼在的统一。因为时空的限制,古人把遥在内化为一种想象和心理体验。比如雍正皇帝非常喜欢将自己化入各个"行乐图"中,他把自己变成吟诗的李白、偷桃的东方朔、乘槎升仙的老者、身披袈裟的僧人、西洋武士,雍正希望通过这样的方式达到一种和帝王生活相反的另类生活,形成一种生活在他处的"遥在"。

《聊斋志异》当中有一篇故事叫《画壁》(见图3.11),讲的是书生孟龙潭来到一座古寺之中,被墙上的壁画所吸引,起心

图3.11 《画壁》插图

动念之间似乎来到画中,和一个仙女谈起了恋爱。对于凡人来说,不过是几句话的时间,孟生却似乎在这个异世界当中生活了很久,正当他沉浸着迷之时,却发现自己还在画壁之前,此前种种仿佛南柯一梦,然而壁画中女子的打扮已经从少女变成少妇,手里还抱着一个婴孩,这一切似乎都在告诉孟生,这一切并不是梦。这个故事的魅力在于它的缥缈和虚无,传达出一种古老的心灵感应、心灵触动、立体体验的美好。观看者由此可以进入到一个立体的三维空间当中,置身于一个太虚幻境当中,如同《红楼梦》里所描述的"假作真时真亦假,无为有处有还无"。

随着数字技术在应用领域的发展,基于遥在技术表现的"遥在意境"越来越丰富,使得观看向更加深入的范围发展。虚拟现实使得艺术不再局限于对现实的临摹和复制,而是创造出更有趣、更有创意、更有思想的虚拟存在。在这一过程中,人们的遥在情节借助数字化慢慢形成一种新的观看。

"遥在"在不同论著中有不同的表述。莫尔斯认为:"遥在就是对图像的交互性控制以及随之而来的对世界的远程控制,在欧洲它也被称为远程通信。任何阐述行为或符号类型的行动,一旦与远程执行指令的机器联系起来,即可以具备实际的、必定是远程通信的权利。"[1]我国学者黄鸣奋认为遥在的界定包括:(1)远程通信意义上的遥在;(2)远程操作意义上的遥在;(3)远程传输意义上的遥在。新媒体研究学者格劳将"遥在"作为机器人、电子通信和虚拟现实这三种技术的合成物来加以阐释,从而为遥在技术做了历史定位。他认为遥在包括人类欲望的三个原型领域:自动操作、虚拟幻象以及个体的非物质景象。遥在能够使用户同时在三个场所呈现:由用户身体位置决定的时空场地、虚拟图像空间,以及通过远程作用所施加影响的空间。在不久的未来,遥在技术将在三个领域对人类视觉产生影响:人工生命的形成、虚拟图像和真实世界的视觉融合呈现、人类信息的数据化转换。

---

[1] MORSE M.Virtualities:television,media art,and cyberculture[M].Bloomington and Indianapolis:Indiana University press,1998:23.

综上所述,"遥在"技术是一种新兴的综合性技术形式,它可以把三维成像、全息影像和虚拟现实技术融合在一起,是把远距离环境传送到观看者面前的一种虚拟性干预技术。遥在现象改变了迄今为止我们所具有的由身体感受决定的空间体验,通过某种形式为视觉和触觉方面的协调感知创造了新途径——用户与虚拟图像机器的多感觉连接能够实现远程用户亲密的身体接触。赫什曼曾经创作了一个网络作品《玩偶克隆》(The Dolly Clones)。艺术家带着遥控机器人四处旅行,他把机器人看到的景象拍摄下来并发布在网络上。艺术家希望通过这个作品表达这样的深意:机器将人的视野扩展到生理限制之外的边缘区域。在很多情况下,人与机器的能力彼此混合。通过遥控机器人的眼睛我们重新观看,但是这次我们不是偷窥者,而是变成了电子人。

曾经,我们不得不依赖于玄思与冥想,脱离所在空间的束缚,达到天人合一的境界。在这种欲望的驱动之下,催生了西方的摄影技术、远程通信技术、数据储存技术等。这些技术的发明可以远程执行命令,不仅使遥在变得可能,而且使遥在更直观化、肉身化。因为对工具的使用,人类已经大大拓展了自己在环境中的影响。遥在使影像成为人们身心的镜像,成为艺术灵感的契机、艺术快感的源泉。

遥在艺术是基于电信、机器人学、新式人机界面与计算机的艺术。根据科学家卡茨的看法,"遥在艺术"可以在电子交互艺术的框架中理解。"它意味着较少地强调形式或结构,较多地强调行为、意义和交流,并将活跃的公众置于前景。"[1]卡茨将遥在视为一种新的媒体或交流体验。传统的艺术观,对于意境的体会一定是和心灵相关的,心灵在无限自由的时空中游走,而肉身却被遗落在此时此地的现实世界。如果没有艺术主体心理情绪的激发,艺术的意境也就无法生成,这个时候意境是依赖于头脑里冥想的建构,属于精神场域的范畴。而遥在艺术打破了这个场域,把身体与世界相联系,它在尊崇视觉为中心的同时延伸了触觉,构建了一个触觉

---

[1] KRUEGER M.Responsive environments[M]//Multimedia:from wagner to virtual reality New York and London:W.W.Norton company,2002:105.

的物质场域。物质场域和精神场域相应和、相碰撞,使得遥在的境界不再是镜中水月、海市蜃楼,而变成了身体在遥在世界的亲身触碰。肉身于此不再沉重,虚拟现实世界的生命活动都是以身遇之、以眼观之、以情感之,展现了身体的遥在显现,从而获得了身体知觉的跨时空体验和感官上的多维度生存。这是一种生命形式的理想化与自由化,人的自由意志全面激发,诠释着从未有过的生存体验。

本章结语

德国学者德尔迈(Leidlmair)认为,人类的心智结构被我们使用的不同媒介所改造,虚拟世界整合了众多传播媒介的功能,表现出千变万化的面貌。数字技术将声音、图像、文字、视频甚至嗅觉、触觉进行转化和融合,并通过观看媒介进行传递。观看媒介化后,人类的知觉和视觉的存在关系发生了巨大的改变,由此人类建构世界的方式也产生了深刻的变化。当我们见证历史事件时,我们和观看媒介之间形成了唐·伊德所谓的"赋形关系",媒介成为人的眼睛和耳朵的延伸;当我们打游戏、用化身交友聊天时,网络上的 ID 成为一个独立生存意义上的他者。从这个意义上说,人们和观看媒介之间的关系难以简单地归纳分类,但是,观看媒介对人类的观看经验进行选择和转化,在这个过程中,观看主体也在被改变和塑造,"我"因为媒介化观看而分化为"现实我"与"虚拟我","我思"因为媒介化观看而被分化为"现实之思"与"虚拟之思","我在"随之变成了"实在"与"虚在"。观看媒介促进、强调、加强、放大、扩展了人们的某些经验。我们在对观看媒介适应掌握的过程中,被观看的世界也在被重新建构,主体、客体都处于变化之中。

第四章

技术性观看下的生存图景

第一节
新媒体环境下观看范式的特点

从以上的梳理我们可以看出，根据观看媒介的不同，"观看"大体可以分为三种形式：第一种是"肉身之眼"的看，这是纯粹生理性的基本存在形态；第二种是"心灵之眼"的看，依托人们凭借想象而拥有的"心眼"，这种观看的能力要靠后天的教育、经验习得；第三种则是"机械之眼"的观看，人们依靠观看装置才能获得观看，这种观看就演变为一种技术型观看。媒介化观看究其本质就是一种技术化、中介化的观看。媒介技术的历史性进步，使得人类的观看更多地依赖于观看工具。我们可以看到，现代社会，海量的图像信息不是我们对外部世界直接观看而来的，而是经过电脑的传播转换而来的，我们在此基础上接触世界、理解世界。可以这样说，我们感受到的世界已经是经过技术的中介转换了。当我们面对这些在现代技术条件下生产出来的图像产品时，我们的眼睛越来越少面对真实、自然的世界了。从这个意义上说，当今世界，我们对事物和世界的"观看方式"很大程度上是技术化、中介化了的间接观视。那么，这种观看又有哪些特点呢？

一、将一切不可视的可视化——媒介对观看能力的延伸

人的视觉不断发展，不断延伸。一方面，从宏观上，我们的视野已经

被哈勃望远镜延伸到外太空。从微观上，显微镜又让我们一窥分子结构的奥秘。当代社会生活中，高清电视提高了眼睛对视像的分辨率和清晰度的要求，在更清晰的道路上，人们不断探索不可知之物。另一方面，人们对不可知领域的观看需求逐步增加，公共场所的探头使得监视之眼无所不在，夜视技术又使人们穿越黑暗的囚笼而凝视世界；人类的眼睛也投注到身体的内部，现代医学技术的内窥镜技术、X光、B超、CT和核磁共振等等的快速发展，使得原本藏于暗处的器官被暴露于凝视之下。米歇尔·亨宁指出："随着诸如X射线技术、超声波核磁共振成像这样的媒体以及诸如能透过身体拍摄交叉截面或片段的X射线断层摄影术这样的新技术的出现，今天，照相机改变了我们看世界的方式这个观点甚至更为恰当。加上显微照相，这些技术使得我们能够看到裸眼观察不到的身体的某些方面。"[1]这个表述让我们发现，当下的一切被摊开成为被观看的对象。

本雅明一直都在研究视觉机器的发展在视觉领域引起的革命，他认为感知既不像阿恩海姆所认为的那样，以恒定不变的方式向前发展，也不像卡希尔所说的，感知必须在不断演进的抽象的理论图示引导中才能发展。感知工具带来的条件和手段的变革导致新的感知模式的变化，在这个理论基础上，本雅明坚持认为，随着观看的被媒介化，不可见的领域消失了，这个过程就是"光晕"消失的过程，不可见的"光晕"总是被可见的世界所展示。对于古典审美来说，"光晕"赋予现实世界独特性、不可接触性和紧密性，能够使现实事物散发出独特的氛围和意境。光晕的消失使得上述的不真实感、距离感和陌生感被搁置，如果一切事物都能够借用机械的方式被表现、被观看，那么技术化观视则成为一种绝对的排他的观看范式，那些不可见的东西就会被忽略、被消解，直至消失殆尽。这既是"光晕"的消失，也是"世界的去魅"。他进一步论证道，不可见领域的消失彻底颠覆和重塑了人类和世界的关系以及人类自身之间的关系。

---

[1] 吴琼,杜予.上帝的眼睛[M].北京:中国人民大学出版社,2005:124.

人们看得越多，就越不能容忍未见区域的存在，"技术改变了我们对世界的看法：图像不仅仅使我们目光敏锐，而且在实实在在地制造目光，看到肉眼看不到的现实"①。在《黑镜·你的全部记忆》中，编导给我们描绘了这样一幅图景：人们把记忆这个存在于人脑潜意识层面的信息可视化了，一个被植入的小小芯片可以把你所经历的事情事无巨细地记录保存下来，眼睛在这里变成了一个显示器，你可以随时调取视觉记录进行观看、回味。记忆变成了影像可视，同时记忆也变成了可存储的数据，这使得眼睛成了传播媒介。这段话深刻地反映出媒介化观看的一个突出的特点，就是将一切不可视的东西可视化。麦克卢汉所说的"媒介是人的延伸"，媒介技术延伸了人眼观看的功能，也对眼睛的局限进行了弥补，人类开始大幅度地向传统的不可见领域纵深开掘。

视觉对听觉的入侵是另一个较为明显的例子。现代传媒技术的发展使得音乐也被纳入到了视觉的范畴。比如 MTV 和 MV，将音乐视觉化已经成为人们习以为常的音乐形式，在新媒体的发展下，居庙堂之高的高雅音乐也逐渐被视觉化的浪潮席卷，相当一部分音乐家在这方面做了大胆的尝试。比如谭盾，他在作品中利用多媒体画面配合音乐演奏。受众听音乐时，可以看到屏幕上的画面和演奏者的手指对切，这种衔接剪辑不是生硬的堆砌，而是按照音乐的韵律形成节奏。在他的另一部作品《永恒的水》中，即时地把水撞击产生的水花与音乐连接，受众在欣赏旋律的同时可以看到水波的运动轨迹，他的作品因而被称为"可以看的音乐"（见图 4.1）。他在作品《地图》中阐释了这样一种理念：作为一个音乐家，他正在努力将听觉用视觉的方式

图 4.1　谭盾《永恒的水》

---

①　西卡尔.视觉工厂[M].杨元良，译.长沙：湖南文艺出版社，2001：封底.

呈现出来,他的《地图》正是"听音寻路"的一种尝试。

艺术家黄怡静做了一个新媒体艺术品《群众变奏曲》,她选取了一首对于台湾人具有集体回忆的中文歌,把它解构成破裂和无意义的碎片,将这些音符和旋律放在网络平台 Amazon Mechanical Turk 上,并邀请了 207 个来自世界不同国家的参与者,让他们以自己的声音对这些无极切片(inorganic slice)进行模仿,产生并演化出新的有机单元(organic unit)。这些充满变异特性的单元经由原解构的轨迹重组,再产出一首熟悉却又陌生的变奏曲。人的不确定性,造成期待有不可预期的随机美感。原本来自世界各地的陌生人的断裂关系,经由这首陌生国度的经典歌曲联结在一起,在无意识下共同创作出这首充满异乡风格又怀旧的变奏曲。

新媒体艺术的发展,使得扩音设备、音轨模拟、速度调变、程序编写等方面联合发展起来,启发了艺术家的思维,打破了固有的思维与时空的局限。声音的不可见性被打破,抽象的表现形式可视化。各个艺术形式在同一时空场域中并存,使感官融合成为一种可能,在这个过程中,节奏韵律的不可见与程式编排的时间性被转换成为一种视觉化多感官的经验。在黄怡静的作品中,受众对外在信息接收的感知翻转了以视觉为中心的主导意识,将声音上升到与视觉同等重要的地位,并借此辅助声音意识的觉醒,从本质上改变了聆听与观看的根本认知方式。

媒体艺术家林经尧的作品"Auto Music Machine 2015",用几何元素构成的视觉元素,随机地连接串联,创造出奇特的点与点构成的视觉风景(见图 4.2)。通过解析音乐的十二平均律,再以程式撰写出随机的逻辑和结构,艺术家创造出永不重复的音乐演奏曲目。在三台机器的随机运作与演奏中,呈现出协

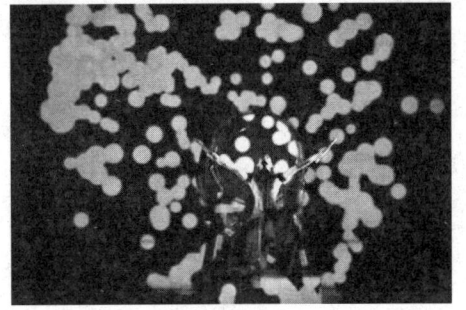

图 4.2　林经尧的作品"Auto Music Machine 2015"

调的合奏乐章,带领受众进入由程式自动演化的声音与视觉世界,受众在观看与聆听中,感受艺术家所传达的永恒与无尽的浩瀚宇宙。

不仅是音乐,观看的触角甚至伸向了大脑皮层的内部。你是否想看到你的大脑中一闪而过的思想闪烁,成为一个幽灵般的"读心人"?这如同天方夜谭已经实现。科学家将大脑电波进行数据扫描、分析、比对,将人类的思维活动转化为可见的脑电图,使之可视化、直观化。这个技术被称为"Glass Brain"(见图4.3)。体验者佩戴一个虚拟现实头盔,研究人员利用虚拟现实技术,把人们的大脑结构扫描下来并据此建立数字模型。体验者戴上专门的辅助系统,科学家依据这个系统监控体验者的大脑电流活动并进行数据输出,这些数据被计算机系统换算,最终被激活。动态影像显示,在事先建立的大脑模型上,体验者的大脑活动和电流通路被实时捕捉下来,不同的颜色代表不同的电能频率,能量移动代表大脑的通路。研发人员相信,观察大脑的实时反应,能够使人们在交流时更加诚实。在未来,技术可以使大脑活动透明化。不过,Glass Brain并不真正显示出人的思维,脑电图只是宽泛地描绘出人的大脑活动,但团队希望今后能够对大脑信号进行解码,然后使用虚拟现实系统对其进行展示。我们可以预见该技术对医疗领域广泛的运用前景,医生可以借助这个系统观察创伤性脑损伤患者或者其他患有神经性疾病的人的大脑活动,根据病症的位置以及病症对脑部的影响制定相应的治疗方案。

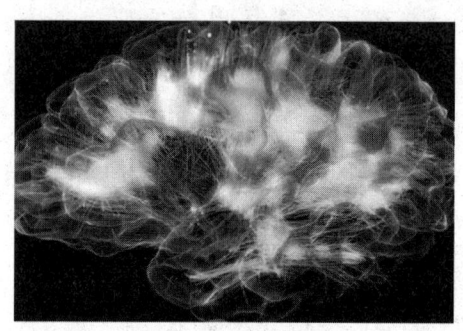

图4.3 Glass Brain

人类对于一切"不可见""不在场"之物有近乎偏执的迷恋,它们深深地吸引了思想者的关注。赫拉克利特曾经说过:"看不见的和谐比看得见的和谐更好";"可见的东西使我们看到了不可见的东西。"①法国的莫里斯·布朗肖进一步说道:"不可见之物便是那种人们无法停止观看的东西,即永不停息在使自己被看到。"②海德格尔反复强调真理处在澄明之境,需要人的探索,这个探索的过程就是"开启"与"去蔽"的过程。可见,事物与不可见实物、概念与知觉之间一直有着楚汉鸿沟。

人们对知觉的贬抑来源于知觉的相对性和不确定性。时间和空间制约着知觉的发生,使得后者总是随着外界事物的变化而变化,感官由此显得不能把握、不可靠。但是,随着观看媒介的技术进步,上述传统观念被颠覆了。影像对于知觉可以定格,人类的直觉可靠了、精确了,而且相较于概念,它不仅在逻辑上被印证,还可以直观地被呈现。本雅明曾经把摄影师比喻成外科医生,摄影师可以视觉机器这把手术刀对不可见的世界进行解剖,这正是科技手段对人类视觉文化的重构和塑造,表现了可见性对不可见性的征服。

同时,媒介手段本身也被视觉化了,最明显的例子莫过于手机。作为听觉中介,它从电话功能到短信功能,人们从读文字到传图片,甚至是看电影,手机已经从对听觉的延伸演化成一个标准的视觉媒介。如果没有视觉的附加功能,它的使用价值将被大大降低,这一切足以证明视觉的强大,它把一切纳入其麾下,甚至大众媒介本身也不例外。

从伦理层面上看,普遍的视觉化已经在现代生活的各个层面体现出来,政治生活的媒体图像化、经济指数的图表化、个人着装的视觉化、课堂教学的多媒体化、社会管理的电子监控化,以及战争的全程直播、政治体制改革的"公开性"与"透明性"举措,我们可以看到可视性在现代发展历程中重要的功能性。福柯在解释边沁(Bentham Jeremy)的全景监狱构想时有一个重要发现,视觉形象从黑暗的不可见状态,向光明的、可见状态转变是一个重要标志,它表明人类社会从传统向现代社会过渡,它对黑暗的不容忍是因为黑暗代表的是一种落后的、未知的东西。"看见""启蒙"

---

①② 赫拉克利特.西方哲学原著选读:上卷[M].北京大学哲学系外国哲学史教研室,编译.北京:商务印书馆,2007:24.

"去蔽"既是一个可视化的发展过程,也是社会和文化被视觉化的现代化发展过程。福柯对"观看"的界定与表述,确定了现代性的视觉范式的建立。

日趋扩展的可见领域,逐渐缩小的未见空间,都昭示着现代性对视觉文化领域的影响与控制。可见性是科学、进步的代表,世界的隐晦不明、模糊不清、含糊不定,都在媒介技术的照射下被澄明廓清。电脑把物质世界改变为可视世界,世界沦为现象和表象,一切虚幻都可以被把握、被测量、被观察,现代化的观看逐渐形成可规范性、可度量性。

二、从封闭的看到开放的看——超文本链接下观看的开放性

(一)从单一到融合——超文本与超媒体

所谓文本,在英语中被指称为用于表达某种信息的符号集,并通过特定的材料呈现。文本是保存、发布信息或数据的工具。比如,口语文本的物质形式是一种空气的振动,这种振动表达了语言是人类思想的传递;书面语言是人类思想的机械复制,其物质载体是印制于材料表面的符号。我们可以看到文本必须具备三个要素:信息、符号、材料。书面文本的解读,要求以文本块和意义单元或行动步骤的顺序逐渐深入,为了明确了解意义,必须遵循写作或阅读的顺序,如自上而下、自左至右、循环往复等,那么就产生了线性的文本,并由此养成特定的观看秩序,进而形成观察世界、思考问题、表达想法的习惯,这就是线性思维。但是,文本所包含的路径并非总是唯一的,"超文本"(hypertext)由此而来。英语中的"hyper"是前缀,源自希腊语中的"具备、超出"之意,暗示出它要摆脱书面文本的线性制约的主旨。超文本是一种相互链接的数据。它的提出者——美国学者托德·尼尔逊认为它是一种"非线性著述",首先就否定了线性的路径,而把文本看成一个具有全局性的信息聚合体。这个聚合体由无数信息单位构成,这些信息单位构成非常丰富,可以是图片、视频和文字。在

这个情况下,超文本较之以前的传统文本,它更具有动态性、复合性、开放性和互动性等特征。

在超文本的基础上出现了超媒体的研究热潮。超媒体即各种表现手段的非线性集合,是多媒体和超文本的汇聚。"超媒体"被赋予了丰富的含义。超文本、超媒体以及由此衍生的多媒体、跨媒体在使用上有交叉,但是在本书中,超媒体的概念被涵盖于超文本之中。在此基础上总结出的超文本的基本特征是:第一,超文本系统中的信息不是整体的而是被划分为彼此独立而又产生关联的区块,这些区块被称为信息节点,通过链接动作,这些节点被连缀串联成一个庞大的语意相关系统,进而形成一个具有关联性的网络数据库。第二,超文本是对传统的"线性结构"的彻底颠覆。超文本的阅读(观看)是一种全新意义的"非线性"的阅读,每一次观看都伴随着个体的不同选择,人们的视线随意地游历于各相关的信息单位。第三,超文本的基本特征就是互动性,读者的观看是自主的、动态的,有些系统更能让读者与作者实时地进行有效互动,这种交互带来即时性和不确定性,文本的传播不再是固定不变的,而是一个动态的过程。在这个过程中,作者与作者、作者与观者、观者与观者之间都可以随时进行交互,并可能影响作品的最终结果。由于交互性的影响,作品即使是在完成以后,也仍然是动态的,可能随时改变的。第四,超文本具有"多媒体"的特点,文本的存在形式不是单一的文字而涵盖了大量非文字性的资料,如FLASH 动画、声音、影像等。超媒体使得媒体的单一性被融合起来,各媒体的传播特性和媒体要素被结合在一起,发挥了强大的传播功能。第五,超文本各组成部分具有相互依存性,超文本作品的各组成部分与其他部分、与整个作品,具有相互依存关系,一个部分会影响到其他所有部分,影响到整体作品。对于超文本艺术而言,往往一个环节的残缺会导致整个作品的失败,所以每一个参与者都不仅要考虑自己直接参与的部分,还要着眼于作品整体来通盘考虑各个环节,并且竭尽所能去帮助别人,尽最大的努力保持合作与团结,这样才能保证作品得以顺利完成。

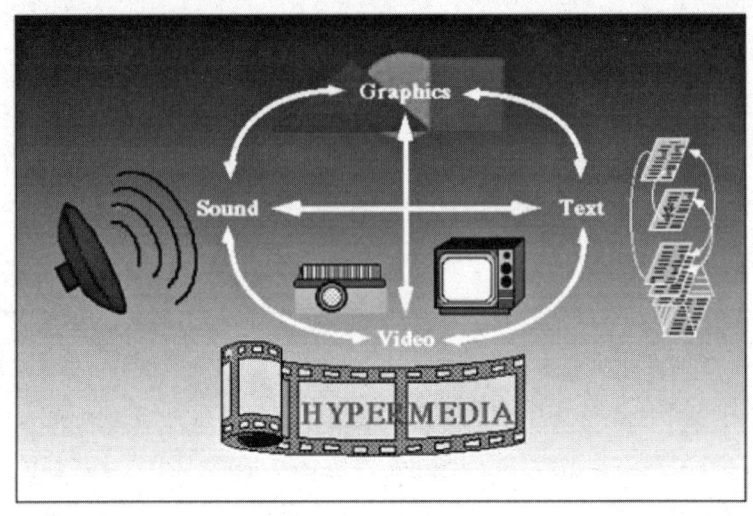

图 4.4 超文本构成

(二)叙事的消失和观看的"巡游"

新媒体批评家玛莎·金德(Marsha Kinder)提出了"影像数据库"(database narrative)的概念。她认为,超文本使得传统的叙事体系发生崩塌,故事的构成不再是经典性的开端、发展、高潮、结尾的封闭式呈现。叙事的非线性使开端和结尾变得不重要,甚至建构在因果关系上的故事结构都失去了意义,转化成一个个充满故事因素的"叙述场"(narrative field)。一个叙事行为真正意义的结束,不再是由创作者的表述完成,而取决于观者与这些"叙述场"互动的完成。由于观者每次对故事因素的进入角度不同,加之观者个性以及意识形态观念的差异,直接导致每一次的观看行为都会产生不同的观看体验,而这正是新媒体叙述的重要特征之一。

大量媒体艺术家创作了很多艺术作品,使得这些理论不仅仅停留在理论层面。他们制作发行了一系列新媒体影像数据库作品,这些作品不仅仅是文字的集合,更是由图片、影像、文字、地图、访谈、音乐等构成的含义丰富的综合性数据库。它们的呈现方式也很难定义,是众多资料的集成，是一种集小说、电影、人物访谈纪录片等于一体的多媒体艺术作品。这些作品为欣赏者提供了迷宫式的虚拟空间，任其在作品中遨游。在这里，观看行为从"看"变成了一种目光的"巡游"。

单一的"受众"观念已经不能囊括这种观看行为下的主体身份的丰富性，观众可以是使用者、操作者、经验者、阅读者等等多重身份。观看变得错综复杂，观看路径的多重交织形成了无数观看的交叉点，这些交叉点可以是一个叙事的结束，但更可能是新的叙述继续的切入点。这种观看颠覆了传统叙述由作者一手把握的单向度叙述方式。传统的小说、电影的叙述无论多么复杂，最终所形成的无外乎是一个网状的叙述场。新媒体作品因为立体和多维路径交织的叙述方式，所形成的叙述场从形象的角度上更类似于一个三维球，它和球体一样，从哪个角度看上去都一样，它没法确定中心；它的叙述由围绕在一起的各个点组成，每一个点都是一个叙述中心，既可以让欣赏者定点观看，也可以无限扩大，与其他点共同搭造出巨大的作品空间，任欣赏者在其中巡游。这种观看给我们带来了一种全新的审美形式。

以新媒体作品《渗血的穿行》为例，我们可以看到这种目光的"巡游"是如何达成的。这部小说讲述的是一个犯罪故事：老妇人莫莱（Molly）家住洛杉矶安琪里诺岗（Angelino Heights），故事由她的某个清晨开始。一天，她的第二任老公瓦特（Walt）神秘失踪了，这使得她成为重要的怀疑对象，警察开始了细致的调查。随着调查的展开，我们逐渐对主人公身世有所了解，莫莱于20世纪初移居洛杉矶，开了家生意不错的成衣店。跟随叙述的推进，读者很快发现，不同于一般的悬疑推理小说，谁是凶手在这里并不重要。对于凶手的追踪只是为引介其他叙述因素而做的铺垫，整本小说根本无意于揭示凶手，而是通过莫莱这个线索人物的引入，勾画一幅洛杉矶的市井图。对于案情的叙述很快被对于环境的叙述所湮没，直至结尾，我们也不知道谁是凶手，甚至在结尾处，对瓦特是否真的死了，我们都没搞清楚。但观者通过追寻凶手，对洛杉矶这座城市有了深入的了解。游戏的娱乐性是这个文本的表层样式，它吸引观者的观看冲动，并且其中还蕴含着深层次的文化思考。通过非常复杂的链接,这个文本变成了一个复杂莫测的迷宫,人们随着情节的发展获得观看的满足,又在不经意间学习了很多历史知识,了解了社会的风情百态。

《渗血的穿行》的叙事场由五个"意义单位"组成:文字库,包括故事文本和相应图片的文字说明等;地图库,包括地理区域的地图等;图片库,涉及城市历史变迁的海量照片,包括历史事件的记录和日常居民生活的照片都被纳入其中;访谈库,包括主创人员访谈、历史亲历者采访和一些街头采访等;电影库,包括纪录片镜头与好莱坞影片片段等。这些影像、图片和声音比文字更加直观,人们通过超链接,可以看到近百年前的洛杉矶的市井民情,小说中主人公的生活环境,不同角色对于同一事件又有怎样的观察和立场……界面设计完全配合观看的多视角进入,可以进行切入的点非常多,整个观看路径是随机的,鼠标的按动与否决定了切入点的取舍。

这样的作品,使得观看的体验更加丰富。这种叙述的非线性,导致了叙述中心的消解,并且不断变化,一个个包含故事因素的"叙述场"构成了一个庞大的语意体。这个语意体建立在超文本链接的基础之上,使观看变得更加多元和开放,满足了观看的多方面要求。文字赋予创造以巨大的想象空间;画面对人物和时代景观进行直观的呈现;音乐音响的使用使观看变得丰富。在某些章节,观看者甚至可以选择直接倾听小说作者对于作品的介绍与解读。这个多媒体作品更像是一部宏大而内容翔实的"史书",在讲述故事的同时呈现历史。

超媒体用多种媒介的长处组织时空,讲述故事,将个人体验与他人体验联系在一起。这种观看经验不像传统观看所限制的那样总是在创作者的引导下探寻最后的结果,而是重新塑造人们的观看思维,形成了一种发散式的、漫游式的观看方式。以摩尔斯洛普著名的超文本小说《维克托花园》为例,他的这部小说有 993 个文本空间,它们之间有 2804 个电子链接,体现出超文本作品中蕴含的交叉性,将它们组合排列的可能性是惊人的。拿文学与建筑做类比,是常见的现象,在类比的意义上,线性文本作品好似长廊,超文本作品好似迷宫,对于观众和读者来说,前者基本是透亮的,虽然也有"悬念"或"机关",后者基本是幽暗的。步入长廊与迷宫,观感完全不同。长廊强化了时间感,因为我们知道自己的起始点和终点,这种观看使得时间的计量成为可能。迷宫则强化了空间感,我们很可能在巡游中迷失方向。就像游览一座宫殿,打开任意一扇窗,就可以看见怡人美景,巨大的迷宫使人绝无重复之感。游览者无论站在哪个点上都可以观看,只要观看的行为不停,你永远不知道后面会有怎样的惊喜。观看变成了对于繁复交叉的枝蔓、层层叠叠的枝叶的关注。

三、从被动到互动:交互技术下观看的主动性参与

(一)交互性技术与互动性

"交互",在通俗意义上泛指事物之间的相互作用,强调事物双方相互作用而形成的因果关系。无论是自然界还是人类社会,人类都是在相互作用中获得生存。我们把概念范围缩小至特指与人有关的相互作用,这样交互就表现为三种类型:"社会生态意义上的交互是围绕角色进行的人与人之间的相互作用,交互可相应分为人际交互、人群交互、群际交互、社群交互等类型;媒体生态意义上的交互是围绕传播进行的人与交互性媒体之间、媒体与媒体之间的交互;精神生态意义上的交互是围绕人的自我意识进行的观念的交互,通过叙事这一中介进行。以上所说的角色、界面、叙事构成了新媒体艺术的中介。人机交互、人机互动(英文:Human-Computer Interaction 或 Human-Machine Interaction,简称 HCI 或 HMI)。"[①]

用户通过人机交互界面与系统交流,并进行操作。人机交互是信息科学与计算机科学发展的结果。研究学者利克莱德(Licklider J.C.R.)在1960年计算机蓬勃发展时,对未来人际互动发表了大胆的预测,提出了关于人与机器之间对话、交流的构想,认为共生关系将成为人类和计算机

---

① 黄鸣奋.新媒体与西方数码艺术理论[M].上海:学林出版社,2009:166-183.

发展的新趋势。人机交互把观看主体和客体之间的互动交流强化了,它特别强调观看主体通过新媒体技术和交互设备与被观看的景象和环境的互动,这种互动使得信息在观看者和被观看物质间双向流动,人们的观看行为不再单一,更能对观看对象施加影响,凸显主体的能动性。

互动性是一种媒体特征,不同媒体会在互动形式和程度上表现出极大的不同。以传统媒体来说,在互动性上,它呈现出的是低互动性,受众所能做出的选择非常有限,无非局限于看哪一份报纸,选择哪一个频道而已。就具体文本的观看来说,人们对于传统文学、电影作品的欣赏,往往也是单向度的。所有的叙事都是由导演或者作者展开的,受众只能在其引领之下完成观看,虽然欣赏者具有艺术想象和创造空间的能力,但是不能对文本本身产生影响,更不用说与另一极的作者进行有效的沟通,对其施加影响了。与之不同,新媒体被称为"高互动类媒体",人们可以主动控制甚至改变传播信息的内容和形式。现在逐渐占领市场的互动电视,就给用户提供了多条线索的叙事和多种可选择的结局安排,这种形式显然更能在观看体验上让用户满意。观看行为变成了一场直接互动,特别是在电子游戏当中,观看者已经被内化为一个角色,观看者和主人公的视点融合,其参与热情和参与程度远远超过任何电影观众和阅读者。当下的很多新媒体作品,对它的欣赏和观看必须在主体参与之下才能完成,观看者参与体会影像,在观看中与被观看对象形成关系,进而形成观看思维与观看经验。

(二)交互性文学文本的"阅读"

在观看范式当中,对于文本的阅读是非常重要的。阅读是特别针对以文字符号为对象的观看行为。而交互性阅读使得曾经单向接受的读者成为双向互动的观者,观看行为是由作者和读者共同完成的,观看的发生伴随着一系列意义复杂的动作。"常见的动作有登录(含远程登录)、注册、邮寄、回复、订阅、抄送、授权、认证、点击、复制、粘贴、载入(包含上载、下载)、刷新、下行、上行、前进、后退、张帖、跟帖、层叠(排列帖子)、忽略

(见于 IRC 聊天室,作用是屏蔽自己所讨厌的人的发言)、潜伏(lurk,指在聊天室、BBS 或论坛中一言不发)、踢(kick)、删除、列表(列出目录)、排序、更新、升级,等等。"[1]交互性使观看行为变得复杂而又多义。从某种意义上说,对新媒体艺术文本(包括装置、影像或者游戏)的观看是一种"访问",把它定义为"访问"是因为观看行为的含义被拓展了,观看变成了一种对信息的跟踪、对信息节点路径的探索。这种观看伴随着点击鼠标、粘贴复制、剪切等更深入的交互性行为。

相对于报纸和杂志以及书籍的阅读,交互性文本使得观看具有"现在进行时"的观看感受。比如对于网络上的话题或新闻事件的观看,观看者可以通过"跟帖"的方式与作者互动,甚至对事件提供或补充细节,他们的观点和看法变成了文本中的一部分,被后来的观看者观看。因为网络文本的持续更新,作者与读者的众声喧哗,使观看变得更加动态、开放以及互动性更强。以网页为载体的网络小说是一种虚拟文本,它的呈现形态取决于显示终端。为了加强可看性,页面的设计非常多样,字体的大小、色彩的种类等等都可以变化,这使得阅读时的观看也随之变成流动的状态。在链接之间,受众可以随时点击、搜索,甚至存储、下载,而因为这些操作,情节故事的走向发生变化,走向不同的结局。

(三)交互性视听文本的观看

与文字文本不同,视听文本是以视听形象作为叙事载体的文本形态,包括影像、声音、动画、图片等多种形式。数字媒体艺术结合传统艺术的艺术特性,在作品中将文字、图像、声音和影像融合,形成混合型的媒介文本。从宽泛的概念上讲,现在的数字电视就是一个大型的互动视听媒体,所有的用户都可以改变播放顺序和任意点播自己想看的电视节目。本书所要重点论述的交互性视听文本,特指数字媒体时代将交互性与线性电影或视频结合起来的单个影像作品。比如世界上第一部交互性电影《电

---

[1] 黄鸣奋.网络文学之我见[J].社会科学战线,2002(4):93-98.

影自动机》(Kino-Automat)，这部电影在20世纪70年代初引起了人们的热议，因为每个观众都不习惯这样"看"电影，在观看过程中，他们可以依据手中的红绿按键选择情节的分叉。此后，很多艺术家都尝试将交互艺术与传统艺术样式相结合。在艺术理念的指导下，把影像和声音加以改变，比如扭曲、夸张、变形、逆转，这些重新组合形成新的结构，令人耳目一新。我们可以从美国新媒体艺术家赫什曼的一部早期作品中看到新媒体交互性观看的魅力，他的作品《罗纳》被认为是艺术家首次利用电子媒体的交互性技术创作出的作品。女主角罗纳在作品中被设定为恐旷症患者，她害怕离开她的房间，房间的布置里有电视，这个电视成为她联系外部世界的唯一媒介，但是电视里播出的信息让她感到恐惧。这是这部作品的故事情境，每个观看者都会被发一个遥控器，按钮上的号码对应罗纳房间的很多物品。观众通过按键访问作品，因而了解了主人公的内心世界，诸如她的过去、心理冲突等等。比如，如果你访问电话，你会听到一段她和朋友的聊天，这有点像偷听电话，从中你能了解她目前的状态。这部作品的互动性体现在对于故事发展方向的选择上，罗纳的结局被设定为向电视开枪自杀和离开这个房间。观看沿着分叉结构巡游，这种观看最终导致了罗纳的结局。情节本身可以前进、后退、加速、减速、变化视点。在好奇心的驱动下，观看者根据自己的喜好，随时选择不同的切入点，获得独特的观赏体验。

如果说早期的交互性视听文本还带有强烈的实验性色彩，那么现在的交互性视听文本已经成为日常观看的常态了。在现在的节目中，都会增加互动环节。以中国人最为熟悉的春节联欢晚会为例，三十年的发展历程，从最初的热线电话到发送短信，再到微博话题，互动方式日新月异，都是节目组加强互动、鼓励人们参与的有效尝试。在2015年春晚，一个新鲜事物完全颠覆了传统的互动方式——"红包摇一摇"，这个功能成为晚会新的亮点，摇出的各项惊喜都与春晚的环节设计密切相关，节目组把节目单和正在表演的演员信息以及设定的好友距离用贺卡的方式传送，增加用户的观看体验。数据表明，除夕全天微信红包收发总量达到10.1

亿次,央视春晚微信摇一摇互动总量达 110 亿次,峰值达 8.1 亿次/分钟,祝福在 185 个国家传递了 3 万亿公里。红包摇一摇,将亲情、节庆、娱乐等元素融合,且将观众的目光吸引过来,因而创造出极大的经济价值。观众对媒介互动性的要求不断提高,对节目内容需要即时评论,在这样的情况下,弹幕网站应运而生。弹幕视频来自射击游戏,屏幕上密集的子弹像一块大屏幕,弹幕视频可以让观看者的评论直接在屏幕上显现,甚至可以滚动、停留,大量的评论有时覆盖了整个屏幕,犀利的语言就像密集的子弹,这种视频网站因此而得名。观看视频的网友,在收看影视作品时把私人空间变成了公共的电影院,迫切地想和其他人表达自己的感受,形成并非一个人的观影氛围,增加观看乐趣。

在众多的互动形式当中,对节目内容的参与和改造更能体现交互性视听文本的互动功能。一些网络大型真人秀节目就积极利用网络的互动性特点,边拍摄边播出。这些交互性视听文本通过互联网和新媒体传播,使观众的观看变得多样而随意,可以实时观看也可以下载观看,并及时地参与讨论、投票。参与度更高的观众根据观看后的感受和对演员的喜好修改剧本,增减演员。网络实时追踪剧组的拍摄进程,通过制作花絮、炒作话题,吸引网民的关注,最终作品的完成已经很难分清楚谁是主创、谁是观众了。网络剧《苏菲日记》风靡全球,这部电视剧的最初版本是葡萄牙的,因为互动性强,又是以青春时尚作为卖点的,立刻吸引了青少年的关注,播出伊始就被翻拍成美国、西班牙、德国、巴西、智利、越南等众多版本,中国也在 2008 年翻拍成同名网剧,并引发了收视狂潮。故事讲述了青春的迷茫和美好,吸引的观看主体主要是 18—30 岁的年轻人,这个群体正是移动媒体和互联网观看的主要力量。剧集在设置上特别做了符合互动观看的情节安排,观众每星期投票选择帮助苏菲解决上一集面临的困境,并决定她下一步的行动方向,投票的结果将会对下一集剧情产生影响。

此外,在一些互动装置和游戏类视频当中,借助手柄头盔、数据手套等设备,主体可以进入虚拟空间,产生新奇的观看体验。伴随着观看,观看主体对文本产生反馈,这种反馈最终会对观看环境产生影响,创造出可进行经验交流的作品,完成观看主客体之间的互动。尤其要强调的是,因为交互式文本的构成更加复杂和丰富,观看的主体一直面临着选择,这也导致在观看的过程中,主体一直发挥着强参与性。对于这种观看,我们将在沉浸性观看环节当中重点阐释。

四、从单一的看到重叠的看——界面化的多屏观看

屏幕是人类历史上最为重要的泛文本,今天影像所展示的所有活动图像,都是以屏幕为依托的。意大利学者弗利在《屏幕:当代艺术的"一般等价物"》(2008)一文中指出:"屏幕不是一种物体,而是一种功能;不是供书写的表面,而是对投射的支持。它与音乐一样是等时性的,却存在于空间。屏幕是对变化进行自然呈现的完美基础,因为它自己就是不断变化的(直至被关掉)。从最初没有技术含量的黑白对象,到开始说话(有声电影)、彩色化(彩色电影),经过阴极射线管(电视、电脑),到当代生活无处不在的日用品界面(钟表、手机、汽车仪表盘与一切电子装置的控制板),屏幕已经可以支持任何交流性意义与载体,甚至成为一种隐喻。事实上,它远不止是隐喻,而是当代文化(因此也是当代艺术)的一种基本调节原则,它是魅力之地、诱惑之地、奇观之地,具有幻觉的深度,它是交流的抽象性'一般等价物',也是艺术的'一般等价物',正如马克思将金钱当成一般等价物那样。屏幕是由框架所限制的空间,它反过来限制了我们整个世界,以及我们的艺术。"[1]屏幕成为一种最有效的观看界面。在赛博空间里,界面是一个接口,它联系的是外部世界和虚拟世界,勾连起信息空间与现实空间。界面是不同时空、不同系统、不同介质的交汇点或结合部。计算机界面为人机交互、信息可视化提供了一个展示的平台,在这个平台上,信息、图像、音响、动画互相融合,动态呈现。同时这个平台也是一

---

[1] VOLLI U.Thescreen-general equivalent of contemporary Art[M]//Vertigo:a century of multimedia art from futurism to the web.Skira:Museod'Arte Moderna di Bologna ,2008:263-268.

个舞台,对于数字艺术家来说,界面呈现的是一种比喻和象征环境,他们创作出的艺术作品(音频、视频、图片、数据等)可以在各个移动终端(如手机、电视、电脑等)上进行多媒体展示、控制、解析、传输、共享等。观看从"读文时代"发展到"读图时代",而现在真正进入到"读屏时代"。

今天通过屏幕观看已经变成主要的观看方式,眼睛一次性面对多个屏幕并不算什么太特殊的视觉体验,我们每个人都有边看电视边玩电脑并且边用手机发微博的体验。传统意义上,一个观看动作的完成非常明确,眼睛保持停留在屏幕上直至结束,就是一次完整的观看。多屏幕观看使观看变得复杂含混,因为目光在各个屏幕之间跳转频繁,眼睛抓住的是一两个趣味点,与此同时,大量信息被忽略。以对监控室防盗监视视频的观看为例,视频的连续性被分割成数个片段,影像信息是不连贯的,最后只是经过大脑的拼凑才能形成一个大概的整体印象。当然这种观看有其特殊性,但是不可否认,在多屏互动时代,在同一时间和空间里,信息的接触点越多,观看就越分散。现代人的生活状态被这种破碎、分散的观看改变,人们常常下意识把手机屏幕按亮一下,或者毫无征兆地停止谈话去查看微信状态,随时随地接发邮件。我们随时随地发起观看,而这种观看又随时被打断和中止。我们被各种移动的媒介包围,这让人们实时地了解到事情的发生,人们在观看中产生了一种多任务的错觉,在此过程中,人们的观看一直伴随着判断的需要:我要不要看这个信息?我需不需要做出反应?眼睛的灵活性裹挟了海量信息,使得大脑永远处于待命和接受状态,在观看中大脑的动力被消耗,人的专注力和判断力都出现下降。研究这个领域的学者将之称为"中断科学"(interruption science),学者们甚至列出数据说明习惯于多屏观看导致人类的 IQ 会下降 10 点,这种影响比大麻的作用都强。

五、从窥视他人到自我表演——观看欲求的改变

观看行为带有极强的刺激感,普通人都对隐私及被禁止观看的东西

有着强烈的好奇心,想一窥究竟。耶和华对亚当夏娃的告诫,是观看禁忌的最有名的故事。按照弗洛伊德的说法,这种看的本能和欲望会随着年龄的增长从对自身逐渐转移至他人身上,随着后天的自我道德的修正,窥视的本能会被压抑,但在潜意识里,以窥视他人来获得快感的欲望依然存在,中国的春宫画和日本的浮世绘最能体现这种欲望。在主题上,窥视这个题材最让人津津乐道,画家对于画面的表现和处理,通常带有戏剧性,画家精心选择环境,巧妙地搭配道具,给观众营造出一种心理氛围,人们观看时能感受到强烈的性暗示。窥视者往往是这个氛围和情节中的一部分,在画中,窥视者以奴仆、妻妾、朋友、亲眷的身份出现,最重要的是,他们的视线引领了我们的视线,使得他们的"窥视"被我们"窥视",看与被看之间的关系变得更复杂而多重。日本江户时代的画家铃木春信的代表作品《风流闺室八景》,在偷窥、凝视中暗含"观看"的复杂性。比如第三幅《倒记晚钟》,描述了一位尼姑正在窥视一对偷情的男女,其窥淫主题巧妙地与寺庙报时钟声对照,形成意义上的讽刺。第五幅《行灯夕照》,妻子偶然间"撞破"了丈夫与女佣之间的奸情,但是作品并不着重于表现妻子的恼怒,反而津津有味地描绘妻子的专注与痴迷,这正是窥视的另一种表现形式。第六幅《卧榻雨夜》,表现一个侍女偷看家主做爱,画家转换视角,从做爱者的角度,画了躲在门外的偷窥者。画面之间不仅展现的是绘画的技巧,还体现了视觉图式、修辞设置、深层观念的步步开掘,无不尽显意趣。

  从绘画到电影,平面的图画被活动的影像代替,但窥视的心理没变。麦茨的电影第二符号学理论认为,电影的本质是一种"暴露癖—窥视癖"关系。从精神分析的角度来论述电影的结构——"电影又不是裸露癖者。真正的裸露癖永远包含着一种胜利的因素,而且它在幻想的交流中永远是双向的……电影不是裸露癖者。我看着它,但它并未看到我在看它。电影知道自己在被看,但它又不知道……知道者是作为一种机构的电影,而不想知道者是最终产品,即作为文本的电影:故事。在影片映出过程中,观众出现在演员面前,但演员并不出现在观众面前,而在设置影片时演员出现,观众并不出现,于是电影设法使自己既是裸露癖者又是掩蔽者。看与被看之间的交流被从中心切断。"①

《后窗》是悬念大师希区柯克的代表作之一,这部影片因为隐喻了窥视机制而被引入到电影研究当中,"后窗"成为窥视的代名词。主人公杰夫因为脚受伤每天只能待在家里,他热衷于偷窥对面公寓楼里的邻居打发时间。这种设立类似于银幕和观众之间的关系。在电影中,杰夫被隐喻成坐在观众席上无法移动的观众,而窗外的图景对应了银幕的存在。影片最后,他的女友潜入凶手家里,其实是对窥视的打破,在这里,杰夫和观众的角色融合在一起,杰夫(观众)终于窥视到了一个景象,女朋友有性命之虞。有一个镜头极富意味,杰夫拿着望远镜焦急地观看窗外为女友担心时,凶手回头恶狠狠地将目光投射过来,视线落在了杰夫的身上。这个镜头被导演巧妙地置换成杰夫的主观镜头。这种视线上的巧妙缝合,使得杰夫与观众完成了真正意义上的融合,这种处理使观众产生了极强的心理认定,杰夫所感受到的所有恐惧全部被置换到观众自身,达到真正的心理上的惊悚,有的观众看到这里不禁失声尖叫起来。电影在正常情况下禁止演员的目光对准镜头,否则被视为穿帮,因为这样的镜头会让观众意识到自己的存在,窥视所需要的那种自我隐匿的场景被打破,观众在隐匿状态中突然被放置在阳光下,完全失去了安全感。观众窥视心理是获得观影快感的视觉基础,导演为了满足这种心理,采用各种艺术方法来消除摄影机的存在,摄影机所决定的观看视角对人们的心理认知造成了强大的冲击,消解掉真实与虚幻之间的距离,使人们产生心理幻觉,恐怖感由此而生,这样才能让观众在主人公身上完成心理投射,让观众从虚幻的镜像中将虚幻与误读重叠,获得身体与情感的真实体验。

现实生活中,大众传媒也在满足人们无尽的窥视欲,各种真人秀节目让我们在他人的生活中宣泄自己的情感。影片《楚门的世界》的主角楚门(Truman),他的生活与他的名字恰恰相反,他是一个在公众目光的窥

---

① 麦茨,等.电影与方法:符号学文选[M].李幼蒸,译.北京:三联书店,2002:249-261.

视下生活了三十多年的人。他的生活是一个虚假的存在,媒体为他营造的虚假世界在全球播放。节目赢得了极高的收视率和大众的追捧。在这部影片当中,媒体无所不能,制片人处于监视塔的顶端,宛如造物主,像上帝一样,构建了一个异于现实却又无比逼真的世界,虚幻世界被嵌入了现实世界,想象空间变成了生活空间。人们的空虚与无聊的生活借由窥视得到满足,哪怕是对无辜个体生活的践踏与损坏。影片描述了当下信仰坍塌、上帝已死的社会图景。现代社会,偷窥具有别样意味,体制化生活造就人际隔阂、自我屏蔽之际,个体却对他人产生好奇。故而,偷窥是现代人际关系的异化——德博尔说:"景观社会不是图像的积累,而是以图像为中介的人与人之间的社会关系"①,观看的快感通过视觉技术部分得以释放。在现代社会,所有事物都可以被转化为图像,只要被影像吸纳,便会潜入商品并进入到消费体系之中,欲望被形象操纵,隐私被明码标价,媒体孕育大众对私属领地的观看兴趣。

在新媒体观看当中,窥视的色彩逐渐减弱了,观看者与被观看者的边界开始模糊。在当今电子媒介传播时代里,数字技术的日新月异,创造出方便快捷的电子信息媒介。人类社会进入到自媒体时代,人的窥视欲已经被自我展示、自我暴露的"暴露癖"与"展示癖"所替代。自媒体时代的自我暴露,这一概念是人本主义心理学家西德尼·朱拉德于1958年首次提出的。他认为自我暴露就是人将个体的需要、对事物的态度、本人身世背景甚至内心潜藏不足为外人道的原始欲望等一系列私人信息,主动地告知给其他人的行为,这个行为表明暴露者希望借此将自己的内心感受与其他人进行分享的心理。借由自我暴露,这些人希望能够促进人与人相互之间的交流,通过交流增进感情,密切关系,解决自身遇到的问题,增强自信心。朱拉德就曾说:"自我表露与主观幸福感间的因果关系是双向的。一个人之所以能够自由地向别人表露自己的信息,是因为他本身是心理健康的人,而心理健康水平的提高也得益于对朋友、爱人的自我表

---

① Debord, The society of the spectacle, 4.

露。成为一个心理健康的人的关键,是使自己更透明。我们要愿意并且能够向生活中的重要他人充分地表露自己。"①但是,暴露者在自我暴露过程中如果越过一定的限制,暴露过多,或者让过多的人进入到自己的生活,反而会受到伤害,引起相反的结果。

新媒体使得观看者与被观看者的时空距离是安全的。在自媒体中进行自我暴露的人并不用担心自己发布的信息给自己带来不安全因素,也不用太在意观看者的喜好,即便引起别人的反感,也不会面临即时的尴尬与危险,因而被观看者可以放松心情,尽情在微博或网页中进行自我暴露和倾诉,自我暴露成为人们的生活常态。此外,在自媒体交流中,被观看者的主动性非常强,可以自如地掌握交流的情境,这种对环境控制的随意性使人们传达的都是他们想传达和想展示的最有利于自己的信息。人们展示得越多,获得关注也就越多,进而暴露的欲望就越强烈。比如在微博展示中,很多博主自己设计页面,发布或真或假的个人信息;在交流中可以任意修改、删除自己发布的微博信息,对网友的留言感觉不善而反感时,可以立即删除、屏蔽。这个功能到了微信里,被设置成为权限,只有获得权限的人才可以进入到你的圈子当中。

自媒体时代采用多对多传播模式,没有了中心指导,个人成为自己的传播中心,充分享有自主意识,每个人都能找到自己的群落。这一模式使得全民都变成了暴露狂,大家都在争先恐后地向外界暴露自己的心情、态度和故事。自我表演和展示变得事无巨细和随时随地。廉价的电子产品,使得人人成了摄影师,在自我暴露的渴求之下,吸引观看者的目光。我需要你看见我,你愿意看见我,两股欲望一拍即合,点击率成了最新的指标。只要我被观看就证明我的存在,反之,我虽生犹死。如果说以前是"我思故我在",现在则成了"我秀故我在"。人们每天生产出大量的影像,展示出自己生活的细节,大至一场旅游,小至一餐便饭,从心情故事到日常瞬间,生活的流水账形成了一个巨大的图像空间。在这个空间之中,

---

① 蒋索,邹泓,胡茜.国外自我表露研究述评[J].心理科学进展,2008(1):114-123.

人们观看他人,暴露自己,在看与被看之间走向迷失。乃至有人这样说道:"博客的书写表现为一种人格分裂症状:一只眼睛在自我注视,另一只眼睛却在偷偷瞟视着四周。在私密的自言自语的同时,等待一个无形的窥视的目光。暴露者和窥视者共同完成了行为。而每一个人既是暴露者,又是窥视者。每个个体都陷于一种'主体性的幻觉'当中,但这种虚拟的'主体性'实际上却是由作为窥视者的'他者'所决定的。"

虚拟环境是一种内涵丰富的、可视和可感的语意系统,观看者(体验者)通过观看和展现行为,形成一种交互性的观看,观看的完成伴随着想象和融入,观看者通过观看介质感知自我的存在。在虚拟环境中,通过对周遭环境的观看,观看者和环境中的角色合二为一,观看的很大快感来自我欣赏和自我表演,虚拟现实技术利用输入感知的模拟道具和布景,使得观看者完全"入戏"。这种混杂的真实使得窥视者变成了表演者,人们在观看中获得了最大限度的自我满足。虚拟现实的观看代表未来观看的趋势,自我隐匿的观看最终被混杂真实当中的自我表演所替代。今后的电影、电视或者游戏都是这样的观看方式。

六、从凝视到瞥视——从深度观看到碎片化观看

凝视"gaze"这个单词在《韦氏词典》中的解释是"眼睛伴随着一种热切渴望的或者是认真注意的意图,持续长久地看"。凝视的观看方式是传统艺术审美的主要方式,它所代表的观看实质是观看主体对被观看对象的认知、理解和情感投射,在这个过程中,主体与客体达到共鸣与融合。

被新媒体改变的媒介化观看,从动作解读上接近"瞥视"(glance、glimpse)的概念。"瞥"字,《现代汉语词典》中解释为短时间大略看看。以"glance"在《韦氏词典》里的解释为例:运用眼睛迅速地从一个物体移动到另一个物体或者是快速地看。在中国《辞海》中,瞥视的"瞥"字也有两层含义:第一是眼光的匆匆掠过;第二是被视物体的暂现,即很快出现一下。瞥视所传达出的快速和不经意是它的主要特点。

观看被媒介化的演进过程中，从电视观看开始，瞥视就成为人们日常观看的主要形式。就电视的表现形式来说，无论是剧集、综艺还是资讯新闻，人们都用一种短暂的瞥视方式进行观看，目光虽然停留短暂，但选择却频繁变更。相比于凝神观看的融入性，瞥视的暂时性使得观众始终保持一种理性和清醒的态度，他们和电视作品之间保持着一种心理上的"间离的效果"。因为资讯和图像的密集使得人们在接触时必须保持这样的间离，目光要在各种信息面前蜻蜓点水，受众在海量的图像信息中快速浏览，目光的迂回流转最终落于自己的兴趣点上，而一旦观看获得了满足，目光就迫不及待寻找下一个目标视线。

导致这种观看的原因有很多，最直接的原因就是网络信息的庞杂。纷繁芜杂的信息使得人们追求娱乐、休闲，形成一种追求浅显性、暂时性和愉悦性的观看心理。同时这种观看方式的出现也与现代生活节奏加快、人们追求简单和直白的观看心理有关。另一方面，泛媒介化也是导致这种现象出现的原因之一，一切都变成了媒体和媒介，比如网络、通信手机、车载、户外、网络播客、微博、微信等。在这种趋势下，真实环境和媒介环境之间的分界变得暧昧不清，我们被媒介裹挟其中，处在半梦半醒的虚拟环境之中。这些媒介争夺着人们的眼球，造成"信息超载"，身处其中的人们被各种资讯吸引，因而忙于观看，变得浮躁与焦虑，同时这种浮躁与焦虑又对人们产生影响，使得人们无法放松心情采用凝视的方法去专注地汲取信息中的养分。所以在信息轰炸下，人们追求速度、广度和功利性的阅读，一种浅尝辄止的"观其大略"的阅读方式逐渐成为人们日常观看的主要形式。再加上新媒体的媒介特性，使得观看时空被切割，观看变成了随时随地的需要。

虽然人们都习惯观看，但观看所需要的心情、场地、氛围、光线变得过于奢侈，只有那些不受环境、地点、时间制约的媒介能抢占先机。各个媒介都注重编辑和分解信息，使之变得情节上通俗易懂，体量上短小精悍，标题夸张而耸动，迎合尽可能多的受众的口味，以便人们能够快速地接受。现在最为流行的传播工具——微信，它获得受众目光的青睐得益于其对字数的限制。微信要求发布者字少意深，多用表情符号和画面辅助叙事。这种微信体造成了人们在长期的表达中形成了一种约定俗成的表达习惯，即尽量用最少的字符表达最多的意思，所以在观看上人们无需深阅读，往往只需瞥一眼即可完全领会意义。目光在文字与图片、视频与音频之间快速完成切换，通过关注，一条信息能引起一连串的链接、转发或者评论，这一系列动作使得观看无限地持续下去。总之，新媒介借助接收终端，适应了现代社会时空碎片性的需求。

第二节
图像人的生存症候——"E"世界的"异化"生存

异化作为一个哲学命题，最开始被马克思用以阐释资本主义社会中产品、劳动和人的三重思考。马克思用"异化"这个词语，关注工业社会和机器生产对自然生态环境的改变。后来的学者把这个词借用到文化批评领域，如美国尼尔·波兹曼"娱乐至死"的观点，并且衍生了"沙发土豆""电视人"等概念，日本中野牧在此基础上提出"容器人"的概念。无论是"电视人"还是"容器人"，都是一种传媒技术异化的表征。麦克卢汉把在社会生产中，因图像技术和人的身体器官之间杂交而产生的现代人称为图像人（Graphic Man）。图像人是在现代技术影响下生长出来的异形人，它不仅有内在的影响力，甚至已经开始有了遗传能力，使其后代先天就有图像性的生理和心理构造。图像人是依靠吞噬信息生活的人，呈现出被图像包围的现代人的集体症候。

技术的本质是人对自然与社会所具有的一种开放式演进的旨趣，这种旨趣和意向使观看行为成为一种人的内在向度，以此开拓人的潜能。人对观看能力无止境的拓展使得人的潜能不断地被激发，观看的媒介在这个过程中获得极大的发展。简而言之，人们建构了技术为自己服务，技术又显现出人类开放性的本质力量。但是在这个过程中我们也应看到，与之伴随的是人们长期浸润在观看媒介构筑的虚拟世界中，对于现实的认知，完全依靠媒介，人们的生活环境首先是媒介环境，人们活在一种由视觉场构建的虚幻当中。

媒介化的观看正在改变人类和人类社会：一方面，技术把人所看到的世界图像化，同时技术也内化成人的心理感受。巴洛说："现在我们已有能力把人类的所有经验汇总起来放进媒体，任其流通。也许用不了多久，计算机模拟技术就会无所不在，它创造的影像逼真程度之高，可能生命本身也不得不依靠某种标记来标识真实性。也许那一天，现实这个词也得被标记上一个星号。"[1]观看被媒介化后，世界的主观与客观、内与外、现实与虚幻的二元区分已经失去了意义，无论是人的感觉，还是感觉对象，都是技术的表现。看看你的周围，你会发现"机器与活物的交叠一年比一年多"[2]。"我们正站在命运的门槛上，门外是一个五彩缤纷的赛博世界，跨过去，我们的生活将被置换成计算机代码……技术专家正在变戏法似的制造出各种新玩意儿，它们既是人造的，又是活物的……即使生命自身也渴望被机械化，生命骚动着要冲破自身，进入晶体，进入电线，进入生物化学凝胶，进入神经和硅片的混合体"[3]。这是马克·斯劳卡在他的专著《大冲突》中对当下的社会生活的描述，生动地表现出当下人们的生活状态，人们在对观看媒介的依赖中发生了改变。

综合前文的论述，我们对观看被媒介化的演进过程的分析，可以看到未来人与传媒关系的无限可能，但也不得不认识到这样一个趋势——人终将为传媒技术所俘虏，人们的观看被改变后，人性也在扭曲、重构。观看被媒介化的过程也是人类为传媒技术所异化的过程。传媒技术的发达会反客为主，吞噬人性。当下传媒化生存成为整个社会的生存常态，观看

---

[1] 斯劳卡.大冲突[M].黄锫坚，译.南昌：江西教育出版社，1999：78.
[2] 斯劳卡.大冲突[M].黄锫坚，译.南昌：江西教育出版社，1999：100.
[3] 斯劳卡.大冲突[M].黄锫坚，译.南昌：江西教育出版社，1999：91.

媒介对人们的生活方式产生了巨大的影响。我们通过对"图像人"的特点的研究和分析,考察观看主客体身份的混乱、观看私人空间的被压缩、虚幻与真实之间的边界模糊等多重现象,重新审视和思考人们所处的观看困境。

一、机械之眼代替心灵之眼

"图像人"的最基本的特征就是他们的眼睛已经和祖先所拥有的自然之眼、心灵之眼不同了,突出表现在:人们的眼睛对于真实世界不再敏锐,没有了远古初民的活力。法国画家森·山方说:"在今天,包括我在内,没有一个画家有能力画好一个苹果,有能力恰如其分地'捉住'一个苹果的视像。我们可以使用摄影机、电脑、激光,无论它们有多少好处、多有意思,然而还是不能'捉住'。"①这些情况表明,观看媒介已经深深地被移植到人的身体之中,它作为人的感觉器官,代替人的身体感官去感受世界。观看媒介的发明和进步改变了人感受世界的方式。如果说,在以往,人们还是把世界当作自己的感受对象,而技术则不过是人和世界之间的工具媒介的话,那么当新媒体技术彻底制造各种幻象和奇观后,人和技术之间已经从对象和手段的关系,发展到一种知感和体感的杂交关系,技术代替了人的眼睛,世界和人在由照相机的镜头所呈现的图像中融为一体了。人和机器在感觉上不可分割,人的眼睛就是机器的眼睛,他所看到的现实世界就是由镜头给他的视觉体验。在新媒体技术发展之前,人类的观看必须借助身体在环境中受到的刺激做出本能的反应,现在观看被媒介化后,我们对于环境的认知更多地来自媒体,而不是亲身经历。从某种意义上,人类从驾驭技术、依赖技术变成受困于技术。由此而来,人与世界的关系产生了两个方面的深远影响:一个是技术和视觉感官的融合关系;一个是技术和身体存在之间的分裂关系。

---

① 孙周兴,高士明.视觉的思想:"现象学与艺术"国际学术研讨会论文集[C].杭州:中国美术学院出版社,2003:142.

媒体技术变革印证了这种趋势：开始，媒介是信息传播的一种渠道；然后，媒介成为一种呈现环境的手段；现在，媒介已经变成环境本身，将我们裹挟其中。每一次技术的进步却使得人们接收信息的能力下降。虽然人们凭借着媒介进步看得更多、更远，也更清晰，但是在这个看似无限美好的过程中，人也丧失了人的生物本能，观看的能力随之走向衰退。艺术家勒格拉蒂（George Legrady）在《图像、语言与合成信念》一书中指出：一切技术都有扭曲。它们在扩展人的感知能力的同时，又贬低我们。我们通过透镜体验世界和观看的行为都是赋义之一，清理环境以抵消混沌，帮助我们观看的技术塑造我们观看的方式，最终决定我们如何观看。借助于计算机技术，一种新的扭曲被引入我们对视觉证据的接受，摄影表现可以通过数学处理伪造，计算机成像可以仿真与生成任何类型的想象或人们所选择的"现实"。学者罗宾斯认为，人们对物理光学的把握与控制已经让位给现代媒介操纵下的"虚拟观看"。"在西方文化中，视觉看来与理性映射、知识逻辑及控制相联系，但视觉也使无意识力量、原始欲望、焦虑与幻想流动化。真实世界因此被排除在屏幕之外，图像空间的可能性压倒了现实的原则。用户因此成为分裂的个人，真实世界丧失了现实性。"[①]

观看被媒介化后，技术工具甚至都不是工具或者意识形态本身了，它已经和人的感觉融合在一起了；异化不仅是人的意识的异化，也是感觉的异化；异化现象已经成为一种无意识现象，人们不再意识到自己的感觉已经是被技术化的感觉。人类越来越相信，机械之眼优于肉眼，它对客观真实的反映和再现能力是人的肉眼所不可企及的。从思想根源上来说，尊重科学，相信科技理性，是机械之眼代替肉眼的心理基础。虽然理性本来就属于人的活动，但现在由于物化为技术形态，又反过来作用于人的意识，以至于人根本意识不到它的作用，而是将被技术化的表象世界当作了客观物质现实，将被技术化的体感当作了自己身体的知感存在。镜头世

---

① ROBINS K.The virtual unconscious in postphotography[M]// Electronic Culture:Technology and Visual Representation.New York:Aperture,1996:154-164.

界就是人眼中的世界,媒介越精密,人们对技术的存在就越无意识,人们甚至把技术经验当作了身体的存在经验。当技术嵌入到人的生命中,融入人的血液里时,人们几乎意识不到它的作用,就好像人在看东西的时候意识不到自己眼睛的作用一样。人不会意识到自己在运用技术来观看,也不会觉得自己受到它的控制。观看媒介把人所看到的世界进行图像化的处理,同时由于长期的耳濡目染,人们已经把技术规则内化为自己的感觉和需要,感觉不到它的存在。观看媒介使得世界的主观与客观、内部与外部、现实与虚幻之间的二元对立失去了意义,图像早已按照技术媒介所特有的方式介入到观众的视觉感受之中。现代人观看媒介创造的影像时,与其说是观看,不如说是要和世界发生一种联系。图像已经被深深地嵌入到每个人的生活感受之中,成为日常的无意识活动。没有了观看,生活就失去了意义。

我们越来越依赖被展现出来的真实,同时越来越少地依赖亲身体验,所以,我们好像越来越心甘情愿地信赖那些将世界重现给我们的媒介。今天让我们感到惊讶的反而来自真实世界,我们可以花几小时趴在显示器前观看电脑上的自然风光,可是一旦置身于丛林和草原,我们可能不知所措。媒介化的观看将我们置身于非自然化的环境里,把我们彻底地、永远地逐出真实世界。人类被包围在这个人工合成的穹顶之下,人类的感官被虚拟的世界所欺骗,我们的情绪被观看机器制造的幻觉所左右,人们已经难以将虚拟和现实区分开,或者说即便能将之区分,我们也更愿意选择数字世界而放弃真实世界。詹明信对后现代城市空间有段著名的理论:"后现代空间最终成功地超出了个人躯体的定位能力,使其无法借助感知来组织周围环境,无法在一个原本可以图绘的外在世界中理智地标定自身的位置。"①虚拟的赛博空间正是一个这样的后现代空间。媒介技术变成了兴奋剂,也变成了海洛因。法兰克福学派认为,眼睛不再是走向智慧之径,观看也不再是获取知识之途,媒介化的观看变成了技术阴影下

---

① 詹明信.晚期资本主义的文化逻辑[M].吴美真,译.北京:三联书店,1997:488.

的遮蔽,人们看得越多,越容易陷入蒙昧当中。视觉文化的流行,图像的泛滥,反映出人的观看能力的丧失,人逐步沦为观看媒介的附属物。

二、从寻找自我到迷失自我

现代人的生活空间被观看媒介大大拓展,它的纷繁芜杂已经远远超过了人们感性经验的理解范围,人们不再能像祖先那样用自己的亲身试验与周遭社会发生联系和接触,只能转而依赖观看媒介塑造的拟态环境和传播的海量信息来保持对外部世界的认知。外部环境的剧烈变动,使得人们失去了稳定感和安全感,因而他们对于媒介的依赖也就越来越强。这种依赖包括:理解依赖,人们只有依据对社会和自我的评价与理解获得存在的感觉;导向依赖,在观看媒介树立的行为导向和互动导向中,人们获得准则和支持;娱乐依赖,观看媒介可以赋予每个个体自娱自乐和与他人互动娱乐的快感。当依赖成为习惯,对观看的需求就被媒介本身的需求所替代,观看媒介从一种视觉工具变成了目的。小说家兼福音传道士罗伯特·库弗曾经说:"我们该怎么回答人类是什么这个问题?对某些人来,说人性涉及灵魂、思想感情和对意义与目的的求索,涉及传统、仪式、未解之谜和个人主义,而对另一些人来说,与他们的人性密切联系的是蜂房唯灵论,此处的蜂房指的是一个将计算机和计算机技术逐渐连接起来的宏大体系。这个体系把无数嗡嗡作响的个人电脑吸引进去,形成一个整体远大于部分之和的机器(有机体)。人类朝着蜂房状态进化是不可避免的。历史上,人们曾像蜜蜂般簇拥在亚历山大大帝和成吉思汗之类蜂王的统治之下,而未来人们也无法逃脱赛博空间这个蜂房。对于那些没有挤入蜂房的人,在知识就是力量的作用下,他们会成为无足轻重的纯粹的肉身。"[1]人们像嗡嗡作响的群蜂一样,汇聚在观看媒介这个大蜂房边上,互相拥挤着、喧闹着,但是彼此之间却是冷漠的、疏离的。

---

[1] 斯劳卡.大冲突[M].黄锫坚,译.南昌:江西教育出版社,1999:127.

在这个由媒介化观看构筑的世界里,人们因为观看陷入一个尴尬的境地,海量的观看和媒介化的间接观看使人们形成了自我的迷失和精神上的困惑,人们没有了静处时的反省,也没有了对信仰的敬畏,历史感和现实感被新媒体技术所创造出的奇观化影像所遮蔽。图像化的世界消弭了人身体感觉上的差异,也掏空了人内在的精神世界,在这种情况下,正如歌曲所唱的"跟着感觉走,紧抓住梦的手"。这个世界貌似花团锦簇,异彩纷呈,但是不知是真实还是虚幻。这个世界似乎给每个个体都提供了自我表现的机会,但也让人完全找不到自己的方向。媒介对我们的生活空间进行了重构与建造,它所反映出的生活世界并非真实本身而是它的拟像。与此同时,生活其间的主体,存在于虚幻与现实相悖的超现实之中,人的主体性被大大削弱了,不再是我们传统认识论哲学意义上的自由个体,不再是"纯粹理性"或"先验自我"的主体性存在。"我们的社会正经历着一个非同小可的文化变迁,人们正在不知不觉地远离现实,这个变迁无所不在,因而人们对它熟视无睹。"[1]加拿大交互艺术家罗克比在其论著《体验建构:作为内容的界面》中强调:虚拟化的观看正在不易察觉地改变我们的感觉、知觉、阐述甚至描绘真实世界的方式。极端的例子就是沉浸在虚拟空间,产生了迷乱。他在书中声称自己在长达24小时里丧失了在现实空间中随时定向的能力,并且他不无忧虑地发现,当今的儿童从出生开始就适应了合成界面,这个社会将陷入媒介化观看造成的观看危机当中。自我的迷失和认同的危机已经成为现代社会集体症候。

吉登斯曾经用存在性焦虑来描述当下人们的精神状态,观看媒介导致观看时空的分离,形成了现代社会迥异于以往的时空体验,时间与空间的延展、压缩、凝滞和并置,使得以往生存其中的文化环境完全消失,人类的观看范式被媒介技术形式所限定,吉登斯用"脱域"来界定这种情况。人们和原有的文化联系被割裂了,在茫茫的赛博空间中无所依傍,个体的

---

[1] CONSTANCE L H.Illusion and tragedy coexist after a couple dies[J].New York Times,1990(1).

无归属感和对自我的延续性的不确定，使人们丧失了对自我的认知。不知从哪里来也不知道去往何处，每个人都充满了不确定性。大同世界旨在促进交流，从而使每个个体充分沟通，达到相互理解的目的，但是当沟通与理解受制于观看媒介时，人们陷入一种焦虑当中。人们自我认同的不确定感越来越强烈，在图像世界中，既没有时间，也没有空间，构成世界确定性的时空边界消失了，一切被意识到的边界和鸿沟也都消失了，人们在观看中自我陶醉、自我展示，被展示的自我由于无意识地受制于图像技术，他已经不可能是可以主宰思想和行动的清醒的主体自我，而是在感觉迷狂状态中受到技术异化了的自我。"在以主体哲学之传统范畴，如意愿、再现、选择、自由、解放、知识和欲望等等来对媒介和信息领域进行分析时，存在着或总是要碰到重大的难题。因为非常显然的是，这些范畴与媒介势不两立，主体在行使其主权时绝对是要被疏远化。一个原则性的扭曲，出现于信息领域与至今仍支配着我们的道德律之间，这一道德律的规定是：你必须知道你自己，你必须知道你的意愿、欲望是什么。对此，媒介，甚至是技术和科学都不能再告诉我们任何东西；相反，它们划定意愿和再现的界限，它们混淆视听，剥夺一切主体对于其自己身体、意愿和自由的支配权。"[1]

对观看媒介的过度依赖，使每个人都患上了媒介依存症，人们丧失了主导地位，而依存在虚幻的媒介环境中。南京艺术学院传媒学院 2015 届毕业生作品《谁动了我的手机》，做了一个带有试验性质的纪录短片，导演强制性拿走女主角的手机，开始跟拍她没有手机的生活。女主角发现没有了手机，她的生活几乎陷入绝境，她无法定位找到位置，无法知道时间，无法订餐，无法在线支付，无法向朋友求助。在经历了诸多不便之后，女主角经历了从最初的新奇到恐慌再到无聊直至最后崩溃的整个过程。这个短片真实地反映出现代人对于媒介的依赖。

如果一个没有经过观看媒介洗礼的古代人看到当代社会的都市景

---

[1] JEAN B.Selected Writings[M].214.

象,他一定认为与之擦肩而过的是一具具行尸走肉。城市中遍布着低头族(Phubbing),这个词用来形容那些只顾低头看手机而冷落面前的亲友的族群。低头族无论身处何地,都一直处在"低头看屏幕"状态,无论是手机、平板电脑还是笔记本电脑,低头族沉溺于这些观看媒介提供的上网、游戏、视频的娱乐信息之中。低头族通过盯住屏幕的方式,把零碎的时间填满,他们的视线和智能手机相互交流直至难分难解。除了低头族外,还有"手机党""QQ族",以及最近时髦的"微信族",很多人醒来第一件事就是拿起手机打开微信刷新朋友圈,在公车上、地铁上因为无聊一遍遍刷新朋友圈。这个族群有一种强迫症,总是觉得手机震动了微信来消息,下意识地就拿出来看看,碰到手机没电或走到一个无信号区域导致用不了微信时就感觉心里空荡荡、七上八下、没有着落,这些全是媒介依存症患者。媒介将人类异化了,人们在依赖中走向迷失。

三、从追求美感到追求快感

在传统社会,对图像的观看是人们审美的重要途径。囿于当时历史时期图像技术的相对落后,图像生产力极其低下,图像的获得非常困难,因而造成图像成为少数人才能获取的一种非常稀缺的资源。无论是在中国古代社会还是西方文艺复兴时期,图像,尤其是那些带有仪式崇拜特征的图像都被掌握在权贵手中,这也造成了人们在观看上保持着朝圣般的仪式感,由此产生了艺术超越生活的传统美学观念。在这种观念下,人们追慕经典,对于经典持有恭敬的态度。

随着媒介技术的发展,后现代主义的价值观和消费主义文化浪潮席卷全球,形成了去中心、去深度、填平雅俗鸿沟的文化潮流。大众文化经由媒介传播,消解着经典的存在意义和审美价值。以视觉文化为主导的当代文化,因为复制技术使得图像的种种限制不复存在,图像不仅变得唾手可得,甚至已经泛滥到可以将我们淹没。曾经被我们奉为经典顶礼膜拜的一切,在今天都成为日常消费、消遣的一部分。当下的我们已经无法保持那种传统意义上的对于经典观看的审美距离了。传统的观看尤其是对经典的观看，特别要求在观看的主体与客体间建立起一种审美距离，以保证观看行为的准确，希望观看者和观看对象形成一种对话和交流。这种距离体现在时间距离、空间距离、心理距离三个维度。观看需要时间，充足的时间停顿能唤起审美经验，反之，则会剥夺审美经验各层次、各因素之间的相互影响与触发。当下媒介化的观看使得审美经验只能停留在最浅层的表面和标准上，而更深层意义上的感官体验，诸如想象、联想、理解都无法被调动起来。这是因为，当下大众传媒为了刺激吸引眼球，大量的奇观影像以最短的时间、最有效的方式从人眼前掠过，人脑还没有对所观看的形象做出反应，这个形象就被连绵不绝的影像流裹挟而去，直至消失。"观众如此紧紧地跟随着变幻迅速的电视图像，以至于难以把那些形象的所指联结成一个有意义的叙述，他（或她）仅仅陶醉于那些由众多画面叠连闪现的屏幕图像所造成的紧张与感官刺激中。"①这使得人们的观看被贬抑到最低等的层面，人们获得的是一种即时的、浮于表面的瞬间快感，审美无法向深层次的领域递进。

从曾经观看的敬畏到现在观看的随意化、日常化，印证了本雅明所说的"灵韵"消逝过程。海姆说："信息狂侵蚀了我们对于意义的容纳能力，把思维的弦崩在信息上之后，我们注意力的音符便短促起来，我们收集的是支离破碎的断简残篇，我们逐渐习惯于抱住知识的碎片而丧失了对知识后面那智慧的感悟。在这个信息时代，有人甚至会认为文学或文化是一种用我们的指尖一点便有了正确事实的事情。"②

观看的媒介化使得图像借助现代媒介展现自身，由此带来"图像人"的感知方式异于自然人，感知不再是人类的自由选择而变成了对于媒介预先设定的被动接受。在这个过程中，现实被媒介性的感知所篡改，而感知在媒介的操纵和控制下，从一种自然的本然属己的能力被转换、颠倒和

---

① 费瑟斯通.消费文化与后现代主义[M].刘精明,译.南京:译林出版社,2000:8.
② 海姆.从界面到网络空间——虚拟实在的形而上学[M].金吾伦,刘钢,译.上海:上海科技教育出版社,2000:56.

置换成一种被预设化、标准化和强制化的社会合力。这直接带来的后果就是个人化的感受被媒介设定所左右,感知的丰富性掩盖了感知深度的丧失,使我们的审美能力弱化,模糊了可感知的和不可感知的、直观的和观念的、审美的和非审美的之间的界限。人们开始变得茫然无措,对于真正能够感知的东西,我们熟视无睹,而一些观念性的东西则成了感知的对象。

对于经典艺术的那种距离式审美(静观),已经消失无踪,人们需要的是随时投入且能随时抽身的快餐消费。"想象的空间和回味的时间被抽走,人失去了退回去同艺术进行对话的能力。"[①]传统的审美活动使人类的认知行为可以自我行使观看的速度,思考的时间都在对主题的把握之中。被媒介化后的影像却是一场预设,速度、节奏、顺序都被精心设定,视觉的多种可能早已被规范和限定,我们又重新回到了柏拉图的"洞穴",视觉与自由之链被断开了。

德国哲学家布鲁门伯格把现代社会比喻为"夜的空间",他将媒介称为"预置的光学",媒介化的观看是一种"强迫性的观看"。观看的媒介化使人的身体也变得技术化和感官化了,在欲望的冲击下,追求娱乐至上的快感体验成为这个时代人的症候。浸泡在图像的社会中,"快感已经不单纯属于美学的范畴,而是统治人的一种意识形态",[②]现在的人们所有的需要都屈从于快感的需要,面对接踵而来、目不暇接的影像,人们来不及也没有时间思索,人们对事物持久的关注被消解,任何引发思考有深度的作品都不得不让位于那些能引起视觉刺激的奇观化影像。媒介在以画面刺激人们的感官时,瓦解了人们对意义的追寻和反思,排斥深度的意义与思考,追求享乐成为必然。在这个时代,每个人都是演员,生活本身被奇观化、影像化、剧情化,我们像制作影视剧一样构建我们的生活,按照媒介事先编好的剧本和它灌输给我们的角色造型、时尚风格表演。长此以往,被媒介化观看培养起来的"图像人"习惯于将一切都看成一场秀、一个表

---

① 贝尔.资本主义文化矛盾[M].南京:江苏人民出版社,2007:121.
② 詹姆逊.快感:文化与政治[M].王逢振,等,译.北京:中国社会科学出版社,2008:121.

演,人的喜、怒、哀、乐都化为一种目的,直至被娱乐。

我们通过观看获得感官刺激,却不问:这些景观背后预示着什么?这些奇观化的场景掩盖或暗示了什么?观看不再追求心灵深处的精神愉悦和净化,而是退化成为最简单生理层面的获得,它是肉体的消遣,更是欲望的释放。人们为了看而看,刺激了眼球却刺激不了脑细胞,所有的观看都只为了当下的即时性的满足。人们沉醉在观看媒介所营造的浅表的快感中,对于曾经追求的那种悦情悦意的心灵满足,则感到麻烦和不屑一顾。观看被媒介化后,人的观看行为陷入一个"死循环"当中——像吸毒成瘾的人那样,为了追求刺激,不断地从媒介中吸取更刺激的画面、更荒诞的情节,一阵饕餮之后就将之遗忘,于是再去寻求更大的刺激,制造更多、更具冲击力的图像来求得新一轮的短暂满足,如此往复,陷入观看的困境中去。生活的超越和可能性被观看的"享受性"和"现世性"所取代。传统美学趣味和深度的消失使得人们异化成了"图像人","表征紊乱"成为图像人最大的症候,哲学"元话语"的失效,使得人们不再追求美感而是追求片刻的欢愉,并逐渐陷入焦虑、绝望的信仰危机之中。

四、从匮乏消费到欲望消费

媒介化观看把人们从时间的轨道中剥离出来,进入到一个由图像构筑的视觉场,生活不再是一个存在的真实,被变成一个被描绘的图像,人们因为观看找寻自己的位置,对于每个现代人来说,不被边缘化的唯一可能就是进入这个视觉场域,进入这个场域的重要途径就是消费。

媒介化的观看所带来的直接后果是人们的日常生活完全由生产和消费统治。消费成为获得身份建构自身以及建构与他人关系的主要环节。在今天,购物就是最大的休闲,生产和生活的界限被观看的行为模糊了。人们的生活被深深卷入到生产活动中,通过消费,进入到他所要的生活空间当中,通过消费生产出新的生活空间。人们不再像祖辈那样根据需要消费,而是通过消费感受到自己的存在,买什么不是最重要的,重要的是

"买"本身。广告商深谙此道,利用视觉图像吸引人的眼球,让人们通过观看生成欲望。

媒介化的观看创造出一个无所不在的景观社会,这个社会由图像构成,无论是人和物都转化为一个又一个的表象。观看媒介使图像景观也从工具变成了目标,最终我们的一切生存都受制于这个目标。媒介创造出的影像奇观不是免费的,视觉图像通过观看变成商业的目的和行为,通过向人们推销生活风格、自我形象、自我成长和魅力诱惑等文化概念建构起一个消费的社会。

以互联网作为基础的新经济将奇观化的影像作为商品销售、再生产、流通和促销的主要手段,观看媒介产生和扩散更多的奇观化影像,将广播、电视、电影和娱乐融为一体,新的媒介形式如雨后春笋般涌现,把这个社会变成天罗地网,将每个人裹挟其中。信息和娱乐结合在一起向各领域渗透,在这个过程中,广告把自己伪装成任何一种形式将毫无防备的观看者变成消费者。在影像的世界里,它可以呈现为艺术、科学甚至人类记忆,只要你看,就无法逃离。法国诗人查尔斯·伯特莱尔将现代都市描绘成为一个大的视觉场域,在场的世人都是"漫游者",只要你身处其中,空间式和动态式的观看实践就会发生。

现代社会里,消费的新形态使得影像迫使下的观看无处不在,最终所有的观看行为都会转化成为购物行为,同时延伸到城市生活的所有面向。所有的广告都在用影像吸引我们的观看,让我们在观看中受到暗示:只要购买了该商品,我们就能过上广告所宣扬的生活,而这是对我们当下现实生活的一种治愈。我们的不完美——外表、工作、生活风格、人际关系等都可以通过拥有商品获得治愈。为此,媒介化的观看为我们树立种种典范,他们可能是更加貌美和有活力的明星,也可能是一个看似更珍贵、艺术和充满价值的世界。在这种虚幻中,广告向观看者展现了一种可能,并且怂恿人们相信,只要我们持续观看并且消费就可以获得这样的生活。

虚拟的影像经过高度的建构带有更强的真实性,更美的观看效果变成了一个可以企及的理想被贩卖给人们,在这股消费热潮中,人际关系和主体身份更加淡漠,人们在自我虚拟的身份想象中追逐所谓的时尚。这种追逐不是为了购买物品所包含的使用价值,而是体会到出人头地的虚荣满足和心理幻想,在这个过程中,完成人与自我、人与社会、人与世界关系的重新编码。

人们在现代社会构建起的"成功学"的自我想象中沉醉,被这种文化商品包装的准则所驯服。这种心理的失衡使人们迅速放弃了千百年来沉淀的价值观和行为尺度,进而仅仅认同这种消费主义价值体系。屏幕在待机状态下是一块"黑色"的镜子,它冰冷、神秘,一旦打开就让人目眩神迷,被裹挟其中而无法自拔。被它呈现的立刻家喻户晓,被它忽视的则似乎从未发生。它即将占领我们生活的每一寸角落,屏幕在闪烁,画面在不断异彩纷呈地捆绑着人类的眼睛,与此同时,人类也被异化了,我们获取信息的方式被狭窄化、幻觉化、趋同化。

我们看到这样的图景:理性和法制被媒介绑架获得了汹涌的民意;庄严与神圣被娱乐所瓦解;生活的意义在极端高科技所带来的便捷中被置换、被消解。媒介化的观看使得信息的传播如此迅速,人们被困在观看媒介之中,一个看似矛盾的现象出现了。观看媒介在日常生活中发挥着更持久的作用,它把我们这些生活在由媒体和消费社会构筑的世界中的人带进了一个由娱乐、信息和消费组成的符号世界之中。媒体和消费深刻地影响着每一双眼睛,每一个大脑。用法国理论家古登堡的话来说:"当真实世界化为简单视像时,后者就变成一种真实的存在,其催眠和麻痹的作用十分有效。奇观影像成为一种趋势,使人们通过各种特定的中介物认识世界(世界不再是用直接的方式来理解的)。"[①]有鉴于此,人类的体验和日常生活是由观看媒介和在此基础上形成的消费社会所塑造的。在古登堡看来,观看媒介创造出的影像将观看者的注意力从现实生活中最紧迫的任务——具有创造性的生产和实践上转移开了,没有了生产和实践,人类就失去了活力。从这个意义上说,观看媒介制造了观看主体的

---

① 凯尔纳.媒体奇观——当代美国社会文化透视[M].史安斌,译.北京:清华大学出版社,1997:3.

"分离"和"被动",媒介化观看制造"屈从式消费",而这种消费使得劳动力和商品分离,人被局限在私人空间,这个空间狭小得只需要放下一台电脑,人们借由它获得生活的全部——网络购物、网络聊天。

媒介化的观看制造出新的感性消费形式,人们在这样的生活方式中沉溺。在全球化语境下,媒介化的观看给人们带来新的存在体验和时空感受。如果说传统的观看在于区分人和世界,人们借助观看创造了人所认识的客观对象,那么现在这种区分随着观看被一步步媒介化而变得模糊不清了,观看主体成了观看媒介的客体形式,而观看技术则被赋予了感性的肉身。在观看媒介和肉体融合渗透的过程中,事物形式之间的界限被消解了,而体验则变成了决定性的东西。一瓶水和一辆汽车,一本书和一瓶香水,无论是生产方式还是表现形式,在传统的生产领域,是不具有可比性。但是,如果把它们放在人的感觉领域中,它们之间是没有什么差别。作为图像世界中的事物,当它的存在被媒介化展示后,它的价值性不依据生产本身,也无关乎是否有使用价值,而在于它是否能被看到,能否刺激观看产生体验。事实上,只有被人看见的东西才会成为商品,才能具有价值。传统社会形成的基础——那种借助生产、交换和消费而运行的社会模式逐渐被瓦解,取而代之的是一个现代图像生产运行模式。世上万物和一切信息都因为观看媒介赋予了真实性而变成可用于生产和交换的商品。同时,所有的有形物质最终都变成了一种无形的体验。这不是说,体验可以成为一种产品,而是说,商品的价值,不再取决于它作为工具和媒介的使用价值和交换价值,而是取决于它的体验价值和观看价值。从实物商品生产到体验生产的转化,深深影响着现代人的日常生活。"物质生活中的一切生活经验——每一种感觉,每一个生活细节,都变成供我们消费的产品。"媒介化观看建构的图像世界,就是许诺每一个人,给他们一个从未体验过的抽象世界。在这个自我理想的幻境中,人们把匮乏化为观看的欲望,并最终转化为购物和消费。一个大的商品社会运转起来,每个人都被裹挟其中,无处可逃。

五、数码焦虑下的脱离肉体效应

新媒体技术把一切信息转化为 0 和 1，人们通过观看变成信息的接收和发射器，一切都可以被量化为信息计算。在信息接收中，一切都变得可量化、可统计，物质世界变成了票房价值、收视率和点击率，人们变成了中转站，他们接收信息、传输信息，再把信息投射到他们周遭的世界。信息化的图像只是符号，"图像"人只对它解码，而不需要全身心地感受或凝神观看。"图像人"像一只贪婪的怪兽，不停地吞噬信息，囫囵吞枣，完全不顾质量而追求数量，信息获得了比物质更重要的实在感。对于"图像人"来说，信息就是金钱，就是生命。被信息填满的"图像人"穷忙，不是忙于具体事务，而是忙于观看，超负荷的信息堵塞导致的信息焦虑和信息紊乱，遮蔽了人性的健康发展。在这样的观看中，我们在电子媒体中沉醉，所有的身体实践都被数字影像做了替代满足，我们将网络当作自己的外脑，靠搜索获得外部信息。观看被媒介化后，人与人之间的联系不再依靠直接交流，而是转化为信息符号，情感的深厚、关系的亲疏都可以作为同质性的信息进行计算。众所周知，信息是用来交换的而不仅仅是一种存在，交换的前提是其有着明晰的差异性，但是当下的人际交往呈现了一种自相矛盾。

媒介化观看使得信息超载，信息的超载又对记忆过程产生影响。安德里亚斯·胡伊森说："数据库和图像磁道里储存的记忆越多，我们的文化就越不愿也无法去铭记。"久而久之，我们将自己个人、集体的记忆能力弃之不用，转而依赖由技术支持的中介型的人造记忆库。只要有台电脑和网络接口，过去、现在和未来的编码知识对于我们来说唾手可得。这种"存档的同步性"消解了时间，让记忆迷乱。怀特多年前预测到了今天发生的事情，他认为在不远的未来，我们的技术将会迫使我们忘记那些原初的、身边的东西，而选择附属的、遥远的东西。他说："我们会渐渐习惯于消化各种观念、声音和图像——它们是遥远的，被编造出来的，……诸如空气中传来的关门声,视频上一张一样的人脸,它们才是真的;可是一旦我们关上自己房间的门,瞧瞧另一张人脸时,这时的印象反而是假的了……我已经看见了一个时代,那时,实体世界没人相信,一切颠倒,我们都疯了,看见正常人反而觉得他怪里怪气。"①人被赛博知识权力结构所主宰的世界所异化,在这个看似非中心化的赛博空间里,主体逐渐丧失了把握自身的能力,在观看中逐渐丧失了创造力和行动力。

"每过一年,我们眼见的复制品又多了一些,每过一天,我们花在观看真实世界上的时间又少了一些。映入我们眼帘的,不是男人和女人的真实身体,而是广告里的模特;不是真实的风景,而是电视里的风光片。……处于后现代社会里的都市人,将人生的大部分时间沉浸在超现实中,沉浸在电话聊天、电视机、计算机屏幕和广告世界里,我们无法离开它……幻想已经变成我们栖居的家园。超现实,对我们来说,远比我们想象的要真实。"②网络信息技术使人们的观看陷入信息密集的社会当中去,人们忙于观看,赛博空间里庞大的数据流使得人们不分昼夜地搜索、浏览观看,这样为了观看而观看使得注意力无法持久,使得原本是整体的自我被分裂成碎片,人们呈现出一种碎片化的生存——人们的注意力碎片化,人们的阅读和观看碎片化,人们的时间碎片化。这样的碎片化生存使得人们出现了一系列数码焦虑症候——视力模糊、思维混乱、挫折感提升、判断力下降等。海姆说:"即使我们学会了与经过计算机处理的物理进行交互,并且对难以忍受的虚拟实在系统无所牵挂,我们是否还能保持足够的力量同时来感受原始的和次生的世界呢? 最起码我们需要重新训练我们的注意力,目的是为了长期保持精神和身体健康。"③

媒介化的观看看似强大,它无处不在的空间"脱域"机制和瞬间延伸性使得观看随时发生,无所不在,但是也最大可能地破坏了人们的生活场

---

① 斯劳卡.大冲突[M].黄铭坚,译.南昌:江西教育出版社,1999:89.
② 斯劳卡.大冲突[M].黄铭坚,译.南昌:江西教育出版社,1999:166.
③ 海姆.从界面到网络空间——虚拟实在的形而上学[M].金吾伦,刘钢,译.上海:上海科技教育出版社,2002:29.

域和文化情境的连续,而这又使得人们在生活场域和文化情境丧失后感到焦虑和恐惧。人的主体自主性渐渐丧失,在超越了地理空间的赛博空间里,交往的匿名性和表达自我的随意性都使得人们形成了强烈的沉溺感,人们在多种角色中穿梭,在游刃有余地享受第二人生的时候,自我逐渐丧失,这直接导致以下几种后果:第一,人的责任感被削弱。人们没有能力为自己的行为负责,自我不能在真实世界发展,在网络中毫无规则地任意妄为,在各个论坛空间中的各种"喷子"就是这样的代表,无理性的谩骂和情绪的任意宣泄成为他们的常态。第二,在各个化身变换的时候,当主体性被削弱到一个程度,那么哪个是虚、哪个是实,就很难分辨清楚了,甚至对自己的化身产生"自恋",这往往导致网络"精神分裂症"。第三,媒介化的观看的多样性、互动性会使人们产生虚假的创造体验,很多互动装置和观看内容让人们自认为激发了自己的创造力,但是这种活动并不能使人们真正得到锻炼,反而吞噬人们大量的时间,使其丧失真正的自我发展的机会。这些情况的背后衍生出一系列问题,当人们陷入真实与虚拟,依从观看媒介为他们展现的图景时,对于个人和社会来说,传统的人际关系和权力责任还有没有意义?

麦克卢汉对新媒体的发展无限乐观,但是他依然提出了警告:人类的精神正逐渐脱离所依附的肉体。多伦多大学"麦克卢汉研究中心"主任纳尔逊·塔尔(Nelson Thall)说:"今天,电子技术将人脑加速到一个异乎寻常的速度,而人的肉体却原地不动。这样形成的鸿沟造成了巨大的精神压力。人的大脑被赋予了能够浮出肉体、进入电子虚空的能力,它可以在一瞬间到达任何地方。于是你就不再只是血与肉了。"[1]这段话所表达的就是观看被媒介化后,人们的生存也被虚拟化了,在这样的虚拟化生存中,身体对于图像的反应速度因为跟不上眼球而成了障碍。在《比特之城》中,米切尔(William J. Mitchell)预言了人们通过上网与电子器官连接的情形:"我们都将成为变形金刚一样的电子人,可以随时随地改头换

---

[1] 申克.信息烟尘[M].黄焙坚,朱付元,何芝江,译.南昌:江西教育出版社,2001:36.

面——根据需要的不同,在资源允许的范围之内,租用外在的神经纤维和器官,并重新调配我们的空间延伸部分。"①人们看到,电脑和网络对于信息的处理能力十分强大。当观看媒介达到对现实的仿真和虚拟后,人们油然而生的是一种对媒介技术的崇拜,人们对于半人半机械化的存在着迷,却对孱弱的身体感到厌弃。日本的宅男文化发展到了极致,宅男宅女沉醉在媒介社会所营造的虚幻当中,已经无法适应真实的社会。面对现实生活他们无法融入,有着各种社交障碍,有人甚至和虚拟人物恋爱结婚。2010年,日本的漫画迷集结在一起发起网上请愿活动,希望政府修改宪法,允许人类和动漫人物结婚,并承认这种行为的合法性。2013年,日本男子李进奎成为第一个和动漫角色结婚的人类,他的新娘是动漫《魔法少女奈叶》系列中的女主角菲特·泰斯塔罗沙。他坦承道,在现实生活中,他不善于与人接触,也不喜欢社交。在他的眼中,卡通形象菲特·泰斯塔罗沙非常完美,是理想的结婚对象。对于现实生活中的女性,他觉得远远比不上动画角色可爱、美丽。如果有可能,他希望自己变成动画角色,进入到熟悉的动漫空间,可以与自己的新娘真正匹配。

媒介化的观看为人类提供了从内部观察自身的手段,同时也使人类迷失在现实世界和虚拟世界之间。在迷失之中,躯体从上帝创造的最尊贵的容器变成了被厌弃的躯壳,人们从未如此憎恶自己的肉体,除了眼睛之外,其他则无足轻重。在这种趋势之下,究竟是人类的自我进化,还是被机械异化,人类陷入深深的矛盾当中。

六、从身处世界转变为身处视界——对世界的认知

世界观是人们对世界或宇宙的基本看法和观点。世界观具有实践性,人的世界观是不断更新、不断完善、不断优化的。人类对世界的观看和理解经历了从感性到理性的过程,而这个过程也是一个人们把世界从

---

① 米切尔.比特之城:空间、场所、信息高速公路[M].范海燕,胡泳,译.北京:三联书店,1999:31.

生活的物质世界变化成可视世界的过程。

中文"世界"一词来自梵语，佛经中用这个词指称全部时间和空间的总和。《楞严经》中说："世为迁流，界为方位。汝今当知：东、西、南、北、东南、西南、东北、西北、上、下，为界；过去、未来、现在为世。"世侧重于时间，界侧重于空间，这和现代物理中相对论所提出的"四维空间"相似。佛家在形容人世百态的时候，对世界进行了更具体的划分，如"三千大千世界"，其中一个"大千世界"包含着一千个"中千世界"，而每个"中千世界"又包含着一千个"小千世界"。佛祖用"一尘中有尘数刹"来解释宇宙本相。世界和人的存在息息相关，脱离了人，世界的存在缺乏内容而变得没有意义，而对于物来说，单纯的物与物之间是孤立的，离开了人的运用，它就不是世间之物。从这个意义上讲，世界就是人们此身存在的世界，虽然世界的存在不以人的意志转移，并且先于每个个体意识的认识就存在了，但对于每个个体来说，人的出生才是这个个体世界的建立，而他的死亡也标志着世界的消亡。世界有形，因为一切物质的存在都是它的存在方式，同时世界无形，认识世界何其困难。世界像一个巨大的气场，世间万物皆依赖于人的在场来建立起联系，人们可以根据身体的在场感觉到这个场的存在，却很难明确地指出场的形状和它们之间的关系。如同老子所说，"道可道，非常道，名可名，非常名"。在各个国家的创世神话中，对于人们所处的世界的想象都是混沌的。中国是"天地混沌如鸡子，盘古生其中"；欧洲的先民则认为世界是有一棵神树支撑的一个球体；古印度人在典籍中有明确记载，世界是一个球体，由几个巨兽驮着。因为对于未知世界的不确定，人们把对世界的理解化为诗意的想象，人类用感性的方式了解世界，通过肉眼的观看去揣测、去思考世界，把周遭发生的事情看成内在生命的联系，可以相互感应的存在。

媒介化观看后，世界变成了有序的图像的世界，混沌状态被科技之光澄明。世界向图像转向，并不是简单地阐释为事物的一幅画或某个摹本，而是标志着现代社会的本质和现代化的进程。随着科技理性的崛起，人借助机械之眼来观察图像。人们以为自己获得了一种正确的观看方式，

"正确的观看"的先决条件是把人作为主体放在世界面前,而世界则变成了图像摊开给人看。在图像世界里,事物之间神秘的联系消失了,事物之间不再依靠身体的互相维系,而是靠因果关系有序连接。这样的转变体现了人们从感性走向理性,人不再把所处的世界理解为全部,而是将它视为观看对象。在人们的观看中,世界被客观化、对象化,在这个过程中人们走出蒙昧,在有机的、统一的图景下建构秩序,制定并遵守规范,人们向文明迈进了一大步。然而,人类的欲望并不止于此,人们并不安于简单地将自然视觉经验作为全部,人们还想继续迈进超越自然,成为宇宙的中心和世界的主宰,现代社会的图像转向正是基于此。主体的凝视,万物均被摊开,眼睛为观看提供尺度和准绳,并勾勒它们必须遵循的路径。在"造型"或"表象"的观看要求下,世界毫无悬念地沦为玩物,对于海德格尔来说,这是可怕的,是对存在世界本身的翳蔽。他说:"唯当存在者成为表象之对象之际,存在者才以某种方式丧失了存在。"①这个所谓的图像世界,不再是生命的世界,有的只是精于盘查的主体和被工具化的客体。这个世界和古代世界完全不同,世界被收缩为图像,人膨胀为上帝,两者相互交叉,照亮了现代社会荒谬的本质。

自从世界图像转向之后,如何显现存在,通达外观的世界观便脱颖而出,并以观照"物"的方式开始"观照"人。人们通过观看媒介设置场景,不仅使世界沦为可计算之物,也使人类自身沦落为可测度之物。虚拟现实领域的研究型艺术家布伦达·拉莱尔博士说:"每个人都想创造某种让人全身心投入的梦幻,让自己沉浸在其中忘乎所以。每个人都想得到一种能够蒙骗自己的完美幻觉,我们就像撞到玻璃窗户上的鸟一样,把它误认为仿物的原物。"②媒介技术的空间化扩散以及媒介的人性化演进,创造出了一个无所不在的景观社会。在这个社会,到处充斥着图像人和图像物,世界图景展现为积聚着的庞大的图像景观,真实存在全都转化为一个虚拟的表象。生产的进一步发展,最终使图像景观从工具变成了目标。

---

① 海德格尔.海德格尔选集[M].孙周兴,译.上海:三联书店,1996:911.
② 斯劳卡.大冲突[M].黄镕坚,译.南昌:江西教育出版社,1999:166.

美国军方开发了一个著名的游戏"Go Army",玩家可以在网上与真正的士兵交手、交流、学习,体验模拟的军事基本训练,游戏在为军方造势的同时,还能普及军事知识和格斗技能,为招募新兵做宣传。这样一来,每个玩家都由平民变成一个潜在的军人,模拟和真实之间的界限越来越模糊了。正如居伊·德波在《景观社会》中所认识到的:"分离(separation)本身是统一世界的一部分,是分裂为现实和影像的全球社会实践的一部分。自主景观所对抗的社会实践,同时也是包含了景观在内的现实总体性。但是这一总体性的内在分裂危害到如此程度,以至于景观似乎就是它的目标。景观的语言由生产体系的符号(signes)所组成,这些符号同时也是这一生产体系的最终和最后的目标。"[①]科技发展将时空"缩小",使万物趋向于"零距离",表面上看我们离"事物"很近,可事实上我们离事物越来越远。观看媒介使人们对于事物表象的认知越来越方便、快捷,但是掩藏在"事物"之中的本质却被表象"掩盖"了起来,人们似乎看见了事物的"表象",却背离了事物"本身"。媒介化观看提供给人们的是"零距离",这直接导致了万物皆是"等距离"或"同一距离",所有的事物都是"屏幕"呈现出的一种表象,观看者可以根据需要不停地回放,然而真实,却早已"过去"。所谓"真实"是"时间性—空间性"的,媒介化观看制造出的种种幻象使得"过程"消失,那么真实被掩藏在图像之下,存在的只是虚拟的表象。在这个意义上,观看媒介手段越多、越先进,我们看到的越多,真实就离我们越远。一方面,虚拟现实标志着我们丰富的感官经验被彻底地缩减到0和1的数字序列当中,变成了电子信号;另一方面,观看媒介又产生了关于现实的"模拟的"经验,这种经验往往变得与现实无法区分,结果导致对真实这个概念的不断破坏。

在电影《黑客帝国》中,主人公尼欧面临一个艰难的选择,他究竟选择吃红色的药丸还是吃蓝色的药丸。墨菲斯告诉尼欧,他所认为的世界不过是一个虚构的世界,如果选择红色药丸,他就会看到事情的本质。相

[①] 德波.景观社会[M].王昭凤,译.南京:南京大学出版社,2006:4.

反,蓝色药丸可以让他回到稳定的生活中。墨菲斯这样描述这个母体:"它就在我们身边,随处可见。即使是现在,它就在这个房间里,你可以从窗户外看到它,你打开电视的时候也能看到它。你上班的时候能感觉到它,甚至是你上教堂时,纳税时也一样。它就是虚拟世界,在你眼前制造假象、蒙蔽真相。尼欧,你是一个奴隶。像其他所有人一样,你一生下来就注定要被奴役,一生下来就生活在一个没有知觉的牢笼里。一个心灵的牢笼。"这段描述,正是导演对被媒介虚拟化的景观社会的一个讽喻。墨菲斯对着踌躇不决的尼欧喊出:"尼欧,你曾经做过这样的梦吗? 在梦中,你的感觉如此真实! 要是你醒不过来怎么办? 你如何分辨梦中的世界和真实的世界?"正是这振聋发聩的拷问将尼欧从被囚禁中解救出来,像是从柏拉图的洞穴里释放的囚徒,从无知到启蒙,这种解放带来的也是痛苦。影片中用一种巧妙的隐喻,尼欧觉得最痛的就是眼睛,墨菲斯告诉他,那是因为,他从来没有好好用过它,也就是说,在虚拟世界中,所有的观看都是无效的。尼欧开始意识到,真实世界比想象的可怕,在迈向真实和达到真实的过程中,伴随着极大的痛苦。

与尼欧的选择不同,影片的另一个角色塞弗则背弃了最初的选择,在母体的虚幻和现实的残酷中,塞弗无法承受真实的存在方式所带来的生存压力,因此,他出卖了反抗组织的同伴,换取一个重回虚拟母体的机会,在那里他可以被抹去记忆,重新设定程序,过上一种虚假的但是惬意的人生。他对着电脑人史密斯说了一段耐人寻味的话:"我知道这块牛排并不存在,我知道当我把它放在嘴里的时候,是母体(电脑矩阵)告诉我它有多么鲜嫩多汁。整整九年,你知道我明白了什么吗? ——无知就是福。"

塞弗的选择正是当下很多"图像人"的选择,面对真实,他们宁肯选择在虚拟的世界中沉醉。现在,红色的药丸和蓝色的药丸放在了你我的面前,我们应该如何选择?

本章结语

卢梭认为仪器越精巧，人类的感官就越蠢笨；海德格尔认为，技术制度之下，人们听与看的能力都被损毁了；霍克海姆则说，随着望远镜和显微镜等各种视觉机器的日益敏锐，个体的感受却趋于更瞎、更聋了，感官越来越缺少反应的能力。媒介技术的进步既是眼睛的胜利与狂欢，人们的视觉经验似乎更丰富了，但也同时宣告了眼睛的消逝与死亡——人们不再以肉眼去亲近事物。机械之眼的出场标志着肉身之眼的出局。视觉机器取代感官体验，双目的裸视能力被放逐，形成了技术性视观。对真实的认知都来自中介的翻译和预设。过去以自然之眼瞩目世界，如今世间万物被技术中介过滤后交付双眼，通过媒介对现实的摄取和显现，视觉被重新规范和设定。世界变成图像，时间的纷繁芜杂变得简单和趋同，因为视觉机器只提供某一片段或某一视角，现实的丰富多彩被编码为光点和字符，电脑把万物转换为像素。大众的视觉经验变得单一和趋同。技术构筑对现实的理解同时消弭了差异，强调同一的特性，媒介化的观看变得似乎很多元，但是更单调一律。德国哲学家布鲁门博格在《光作为真理的隐喻》一文中把现代社会比喻成为夜的空间，媒介的观看排除自由视见，人们回到了柏拉图的洞穴之中。媒介似乎延伸了人类的感官，但并不是自由的保障，视觉文化流行的背后却反映出观看能力的丧失，我们的观看出现了严重偏差，是时候从技术的狂热中冷静下来，重新审视观看媒介技术对眼睛乃至人类生活方式的异化。

海德格尔说，现代科技是我们的天命。天命(destiny)并不是宿命(fatality)。对于媒介技术进步带来的图像化生存方式对我们生活的侵袭，我们不是无法抗拒，而是要主动地将人类眼睛从视觉机器的束缚中解救出来，否则在被图像包裹的虚拟世界中，真实会离我们越来越远，我们的存在感会越来越弱，我们被自然赋予的知觉与感受能力也会越来越衰退。

对于媒介化观看带来的新的生存方式——虚拟生存,我们应该认真考察其中所昭示的意蕴,我们应该看到,观看的困境其实是后现代社会里人们的生存困境。我们质疑观看范式被媒介化,其实是质疑对科技理性盲目乐观的生活态度;我们反思我们在赛博空间的种种困惑,其实是想在虚拟和现实中过得更真实和美好。我们相信,在当代文化图景当中,对观看范式的研究和反思或许能帮助我们走出困境,实现生活方式新的变革,在对媒介技术的利用和推进的过程中,恢复先前弥漫于生活世界的人性化氛围,找回人类的主体性。

结　语

我们每天都在看,可是却从不思索我们为什么看;我们每天都在看,可是从不关心自己看到了什么;我们看了千年,可我们从不回望过去,当初我们是如何看的。当今的社会是图像的社会,一切都在向视觉转向,这是我们主动的选择还是历史演变的被动接受？"看之方式"亦即"视觉范式",成为当代人在今天所面临的观看困境中最值得关注的问题。本书从源到流,通过梳理古往今来种种观看的行为,发现这样一个线索,从宏观到微观,人们为了看得更清楚、更准确,借助各种介质辅助着观看的行为,因而得出这样的结论:人类的观看史就是一个被媒介化的历史。媒介的发展使人们的观看发生了天翻地覆的变化,尤其是新媒体发展的今天,人们被图像的世界所裹挟,我们看得越来越多、越来越广,可是同时我们也越来越迷惑了。因为,"看"从来不是一个孤立单纯的生理行为,它是人的主动性选择,带有深深的社会性和文化性,被媒介改变的观看范式背后反映的是人在社会实践基础上看待世界方式的变化与演变。本书希望通过梳理观看范式是如何被媒介的发展一步步改变的,研究在新媒体普及和广泛运用的今天,观看范式的特点的形成以及给人们的观看带来的改变和影响。

观看媒介是人类创造出来的,人类走进了一个自己建制起来的信息时代,并利用媒介去观看自己缔造的虚拟世界,在陷入前所未有的景观时也逐渐割断了与自然世界的感性联系,在沉醉中成为赛博空间的奴隶。人们产生这样的疑问:究竟是媒介变得更人性化了,还是人性在技术进步中慢慢被机械化了?身处新媒体时代的我们再也没有想到,媒介化了的观看范式的变革从根本上改变了人与人之间的信息交往,在这个过程中,被改变的不仅仅是观看行为本身,观看的心理、观看的主客体等都在相应地发生着深刻的变化,而这一系列的变化又一步步逐渐改变着人类本身和人类所处的环境。在技术的变迁之中,观看范式被媒介化了,由此带来了一系列的改变,本书在"媒介化观看实践"的哲学范畴里展开思索,是对当下高科技价值危机的一种关注。

今天的观看是一种技术化、中介化了的间接观视,"纯真之眼"已经被"机械之眼"所替代。究其本质,技术崇拜似乎使人们走向一条不归路——先是在创造中彰显自己的灵性和智慧,后来对自己创造的机器臣服,最后沦为技术的囚徒。如何处理我们的自主性和计算机的灵性之间的关系?如何在虚拟实践中保持理性?人类必须在缥缈的赛博空间中找到坐标,超越虚拟生活的认知误区,了解技术的边界,收敛在自然与社会系统的狂妄,用谦卑承认宇宙的广袤,敬畏自然的无垠。新媒体环境下观看的被媒介化展示了一个光芒万丈、完美温暖的世界,但这是一个主体缺失的世界,观看主体被限制在一个不能自主的状态和环境中。每个人的观看看似自由,但其实早已被预设,主体的权利被架空了。我们要认识到,无论媒介技术的演进多么令人瞠目,它不过是人类和工具理性的延伸。只有人类主体性的介入,虚拟世界才是一个丰富的、活的世界;只有有人类灵魂关注的自然之眼的观看,赛博空间才能摆脱它虚无的本质。虚拟不是虚无,归根结底,它是人生存价值的体现,和自然有着难以割断的联系,必须永远根植于现实世界和自然环境之中。企望走向绝对的虚幻接触梦想的天堂,都会导致虚妄和荒谬。在赛博空间里巡游的我们,需要的不只是技术的护持,更是主体信念的加强,那种人类独具的自省和反思、自我审视和自我纠错的理性精神,勘破所有的错误与矛盾。海德格尔在半个多世纪前对当下的社会生活就有预见,人类已经走到"历史的交叉路口",技术的乌托邦带来的不是天堂的入口,而是梦魇般的现实,媒介技术威胁、奴役甚至要毁灭它的主人,如果我们还在万物灵长的沾沾自喜中沉醉,灾难将笼罩世界。只有从梦中醒来,重建人和自然的关系,在实践中彰显自己思维的理性,才能获得救赎。

参考文献

一、哲学与美学类

柏拉图.理想国(第十卷).文艺对话集[M].北京:人民文学出版社.1963.

威廉姆斯.艺术理论:从荷马到鲍德里亚[M].许春,阳汪瑞,王晓鑫,译.北京:北京大学出版社,2009.

西门尼斯.当代美学[M].王洪一,译.北京:文化艺术出版社,2005.

海德格尔.时间概念史导论[M].欧东明,译.北京:商务印书馆,2009.

豪厄尔斯,视觉文化[M].葛红兵,等,译.南京:凤凰出版传媒股份有限公司,译林出版社,2014.

德波.景观社会[M].王昭凤,译.南京:南京大学出版社,2007.

朗格.情感与形式[M].刘大基,等,译.北京:中国社会科学出版社,1986.

麦茨.想象的能指[M].王志敏,译.北京:中国广播电视出版社,2006.

福柯.不同空间的正文与上下文[M]//都市与文化:第1辑.陈志梧,译.上海:上海教育出版社,2001:18.

苏贾.第三空间:去往洛杉矶和其他真实和想象地方的旅程[M].陆扬,等,译.上海:上海教育出版社,2005.

索雅.后大都市:城市和区域的批判性研究[M].李钧,等,译.上海:上海教育出版社,2006.

列斐伏尔,等.现代性与空间的生产[M].上海:上海教育出版社,2003.

海德格尔.海德格尔选集[M].孙周兴,选编.上海:三联书店,1996.

哈维.后现代的状况:对文化变迁之缘起的探究[M].阎嘉,译.北京:商务印书馆,2003.

詹姆逊.文化转向[M].胡亚敏,译.北京:中国社会科学出版社,2000.

詹姆逊.后现代主义与文化理论[M].西安:陕西师范大学出版社,1987.

海德格尔.海德格尔选集[M].孙周兴,选编.上海:三联书店,1996.1.

海德格尔.存在与时间(修订译本)[M].陈嘉映,王庆节,译.上海:三联书店,1999.

丹纳.艺术哲学[M].傅雷,译.北京:人民文学出版社,1963.

鲍德里亚.象征交换与死亡[M].车槿山,译.南京:译林出版社,2006.

MICHAEL J.D.后现代都市状况[M].李小科,等,译.上海:上海教育出版社,2004.

米尔佐夫.视觉文化导论[M].倪伟,译.江苏人民出版社,2006.

哈维.后现代的状况:对文化变迁之缘起的探究[M].阎嘉,译.北京:商务印书馆,2003.

马尔库塞.单向度的人——发达工业社会意识形态研究[M].张峰,等,译.重庆出版社,1988.

豪厄尔斯.视觉文化[M].葛红兵,等,译.桂林:广西师范大学出版社,2007.

波斯特.信息方式:后结构主义与社会语境(中译本)[M].范静哗,译.北京:商务印书馆,2000.

鲍德里亚.完美的罪行[M].王为民,译.北京:商务印书馆,2000.

波德里亚.消费社会[M].刘成富,全志钢,译.南京:南京大学出版社,2001.

阿法斯.美学谱系学[M].阎嘉,译.北京:商务印书馆,2011.

卡洛尔.大众艺术哲学论纲[M].严忠志,译.北京:商务印书馆,2010.

莫利,罗宾斯.认同的空间[M].司艳,译.南京:南京大学出版社,2011.

詹和平.空间(第二版)[M].南京:东南大学出版社,2011.

吴国盛.时间的观念[M].北京:北京大学出版社,2006.

高新民.心灵与身体——心灵哲学中的新二次元论探微[M].北京:商务印书馆,2012.

张尧均.隐喻的身体.梅洛——庞蒂身体现象学研究[M].杭州:中国美术出版社,2006.

陶建文.视觉艺术——基于图像和身体的现象学科学哲学[M].北京:中国社会科学出版社,2012.

张尧均.隐喻的身体[M].杭州:中国美术学院出版社,2006.

孙周兴,高士明.视觉的思想——"现象学与艺术"国际学术研讨会论文集[M].杭州:中国美术学院出版社,2003.

周冬莹.影像与时间.德勒兹的影像理论与伯格森、尼采的时间哲学[M].北京:中国电影出版社,2012.

北京大学哲学系外国哲学史教研室,编译.古希腊罗马哲学[M].北京:商务印书馆,1982.

苗力田,编.古希腊哲学[M].北京:中国人民大学出版社,1989.

苗力田,主编.亚里士多德全集[M].北京:中国人民大学出版社,1991.

彭吉象.影视美学[M].北京:北京大学出版社,2002.

张明仓.虚拟实践论[M].昆明:云南人民出版社,2005.

汪民安.身体、空间与后现代性[M].南京:江苏人民出版社,2005.

包亚明.后现代与地理学的政治[M].上海:上海教育出版社,2001.

包亚明,主编.都市与文化.第1辑.后现代性与地理学的政治[M].上海:上海教育出版社,2001.

程孟辉,主编.现代西方美学(上编、下编)[M].北京:人民美术出版社,2001.

童强.空间哲学[M].北京:北京大学出版社,2011.

孔明安.物·象征·仿真——鲍德里亚哲学思想研究[D].安徽师范学院,2010.

谭长流.空间哲学[M].北京:九州出版社,2009.

包亚明,主编.现代性与空间的生产[M].上海:上海教育出版社,2003.

二、传统艺术理论类

豪厄尔斯.视觉文化[M].葛红兵,译.桂林:广西师范大学出版社,2007.

维利里奥.视觉机器[M].张新木,魏舒,译.南京:南京大学出版社,2014.

埃尔金斯.视觉研究 怀疑式导读[M].雷鑫,译.南京:江苏美术出版社,2010.

史特肯,卡莱特.观看的实践[M].陈品秀,译.台北:城邦文化事业股份有限公司,2009.

巴纳德.理解视觉文化的方法[M].周宪,许钧,主编.北京:商务印书馆,2005.

埃尔金斯,视觉研究——怀疑式导读[M].雷鑫,译.南京:江苏美术出版社,2010.

多克尔,后现代与大众文化[M].王敬慧,王瑶,译.北京:北京大学出版社,2011.

布洛克.以眼说眼:影像视觉原理及应用[M].王弋岚,译.北京:世界图书出版公司北京公司,2012.

切利.艺术、历史、视觉、文化[M].杨冰莹,梁舒涵,译.南京:凤凰出版传媒集团、江苏美术出版社,2010.

米歇尔.图像学[M].陈永国,译.北京:北京大学出版社,2012.

梅尔维尔,里汀斯.视觉与文本[M].郁火星,译.南京:江苏美术出版社,2009.

拉康,鲍德里亚.视觉文化的奇观 视觉文化总论[M].吴琼,译.北京:中国人民大学出版社,2005.

乔丽.图像分析[M].怀宇,译.天津:天津人民出版社,2012.

贡布里希.图像与眼睛[M].范景中,杨思梁,徐一维,劳诚烈,译.南宁:广西美术出版社,2013.

罗伯森,迈克丹尼尔.当代艺术的主题 1980年以后的视觉艺术[M].匡骁,译.南京:江苏美术出版社,2012.

西卡尔.视觉工厂[M].杨元良,译.长沙:湖南文艺出版社,2001.

朗格.艺术问题[M].滕守尧,朱疆源,译.北京:中国社会科学出版社,1983.

贝尔.艺术[M].周金环,马仲元,译.北京:中国文联出版公司,1984.

贡布里希.艺术的故事[M].范景中,译.南宁:广西美术出版社,2008.

巴什拉.空间的诗学[M].上海:上海译文出版社,2009.

布鲁克.空的空间[M].北京:中国戏剧出版社,1988.

莱辛.拉奥孔[M].朱光潜,译.合肥:安徽教育出版社,2006.

卡冈.艺术形态学[M].凌继尧,金亚娜,译.上海:学林出版社,2008.

亚里士多德.诗学[M].陈中梅,译.北京:商务印书馆 1996.

贡布里希.艺术与错觉[M].杭州:浙江摄影出版社,1987.

阿恩海姆.艺术与视知觉[M].滕守尧等,译.成都:四川人民出版社,1998.

阿恩海姆.视觉思维——审美直觉心理学[M].滕守尧,译.成都:四川人民出版社,2005.

阿恩海姆,霍兰,蔡尔德,等.艺术的心理世界[M].周宪,译.北京:中国人民大学出版社,2010.

格鲁.艺术介入空间[M].姚孟吟,译.桂林:广西师范大学出版社,2005.

希尔德布兰德.造型艺术中的形式问题[M].潘耀昌,译.北京:中国人民大学出版社,2004.

康纳.后现代主义文化:当代理论导引[M].严忠志,译.北京:商务印书馆,2007.

海姆.从界面到网络——虚拟实在的形而上学[M].金吾仑,刘刚,译.上海:上海科技教育出版社,2000.

波斯特.信息方式[M].范静哗,译.北京:商务印书馆,2000.

艾布拉姆斯.镜与灯[M].郦稚牛,等,译.北京:北京大学出版社,2004.

波兹曼.技术垄断:文化向技术投降[M].何道宽,译.北京:北京大学出版社,2007.

周诗岩.建筑物与像——远程在场的影像逻辑[M].南京:东南大学出版社,2007.
本雅明.迎向灵光消逝的年代[M].许绮玲,林志明,译.桂林:广西师范大学出版社,2011.
本雅明.机械复制时代的艺术作品[M].王才勇,译.北京:中国城市出版社,2002.
威廉姆斯.艺术理论:从荷马到鲍德里亚.2版[M].许春阳,汪瑞,王晓鑫,译.北京:北京大学出版社,2009.
詹和平.空间[M].南京:东南大学出版社,2006.
米歇尔.图像学:形象,文本,意识形态[M].陈永国,译.北京:北京大学出版社,2012.
巴拉兹.电影美学[M].何力,译.北京:中国电影出版社,1982.
麦基.故事——材质、结构、风格和银幕剧作的原理[M].周铁东,译.北京:中国电影出版社,2001.
巴赞.电影是什么[M].崔君衍,译.北京:文化艺术出版社,2008.
舒尔兹.存在·空间·建筑[M].尹培桐,译.北京:中国建筑工业出版社,1990.
赛维.建筑空间论[M].张似赞,译.北京:中国建筑工业出版社,1985.
布朗肖.文学空间[M].顾嘉深,译.北京:商务印书馆,2003.
爱因汉姆.电影作为艺术[M].邵牧君,译.北京:中国电影出版社,2003.
戈德罗,若斯特.什么是电影叙事学[M].刘云舟,译.北京:商务印书馆,2005.
伯奇.周传基译,电影实践理论[M].周传基,译.北京:中国电影出版社,1992.
周登富.银幕世界的空间造型[M].北京:中国电影出版社,2000.
马尔丹.电影语言[M].何振淦,译.北京:中国电影出版社,1980.
波兹曼.娱乐至死[M].章艳,译.桂林:广西师范大学出版社,2004.
巴尔.叙述学:叙事理论导论[M].谭君强,译.北京:中国社会科学出版社,2003.
阿伯克龙比.电视与社会[M].张永喜,等,译.南京:南京大学出版社,2002.
伯格.观看的视界[M].吴莉君,译.台北:麦田,城邦文化出版社,2010.
斯道雷.文化理论与大众文化导论[M].常江,译.北京:北京大学出版社,2010.
史特肯,卡莱特.观看的实践——给所有影像世代的视觉文化导论[M].陈品秀,译.台北:英属盖曼群岛商家庭传媒股份有限公司城邦分公司,2009.
高鑫.电视艺术美学[M].北京:文化艺术出版社,2005.
胡智锋.电视传播艺术学[M].北京:北京大学出版社,2005.
苗棣.电视艺术哲学[M].北京:北京广播学院出版社,1997.

谢宏声.图像与观看[M].桂林:广西师范大学出版社,2012.

陈永国.视觉文化研究读本[M].北京:北京大学出版社,2009.

李鸿祥.图像与存在[M].上海:上海世纪出版社,2011.

胡易容.图像符号学:传媒景观世界的图式把握[M].成都:四川大学出版社,2014.

曹方.视觉传达设计原理[M].南京:凤凰出版传媒集团,江苏美术出版社,2005.

彭吉象.中国艺术学[M].北京:北京大学出版社,2007.

彭吉象.艺术学概论[M].北京:北京大学出版社,1994.

谢宏声.图像与观看[M].桂林:广西师范大学出版社,2012.

王岳川.艺术本体论[M].北京:中国社会科学出版社,2005.

施旭升.艺术之维[M].北京:北京广播学院出版社,2002.

金元浦,曾军.视觉美学史——从前现代、现代到后现代[M].济南:山东文艺出版社,2008.

孟建.视觉文化传播研究[M].南京:南京师范大学出版社,2013.

刘悦笛.视觉文化的奇观[M].北京:中国人民大学出版社,2005.

李鸿祥.图像与存在[M].上海:上海世纪出版集团,上海书店出版社,2011.

维利里奥.视觉机器[M].张新木,魏舒,译.南京:南京大学出版社,2014.

胡易容.图像符号学:传媒景观世界的图式把握[M].成都:四川大学出版社,2014.

汤筱冰.视觉构建——以申奥片为例的视觉文化传播研究[M].南京:南京出版社,2009.

周宪,许钧.理解视觉文化的方法[M].北京:商务印书馆,2013.

陈怀恩.图像学.视觉艺术的意义与解释[M].石家庄:河北美术出版社,2011.

王济生.系统进化论美学观[M].北京:北京大学出版社,1987.

蔡勇.美的诉说——基于媒介演变的图像传记[M].北京:中国传媒大学出版社,2013.

黄宗贤,鲁明军.视觉研究与思想史叙事(上)(下)[M].桂林:广西师范大学出版社,2013.

段炼.观念与形式——当代批评语境中的视觉艺术[M].北京:文化艺术出版社,2009.

孙周兴,高士明.视觉的思想"现象学与艺术"国际学术研究会论文集[M].杭州:中国美术学院出版社,2003.

高燕.视觉隐喻与空间转向——思想史视野中的当代视觉文化[M].上海:复旦大学出版社,2009.

王一川.大众文化导论[M].北京:高等教育出版社,2013.

周宪.视觉文化的转向[M].北京:北京大学出版社,2008.

陈怀恩.图像学:视觉艺术的意义与解释[M].石家庄:河北美术出版社,2011.

三、新媒体与艺术理论类

林迅.新媒体艺术[M].上海:上海交通大学出版社,2011.

黄鸣奋.数码艺术学[M].上海:学林出版社,2004.

黄鸣奋.新媒体与西方数码艺术理论[M].上海:学林出版社,2009.

黄鸣奋.西方数码艺术理论史.数码编程的艺术潜能[M].上海:学林出版社,2011.

黄鸣奋.西方数码艺术理论史.数码文本的艺术价值[M].上海:学林出版社,2011.

曾国屏,李正风,段伟文,黄镕坚,孙喜杰.赛博空间的哲学探索[M].北京:清华大学出版社,2002.

何明升,白淑英.虚拟世界与现实社会[M].北京:社会科学文献出版社,2011.

刘丹鹤.赛博空间与网际——从网络技术到人的生活世界[M].湖南:湖南人民出版社,2007.

张明仓.虚拟实践论[M].昆明:云南人民出版社,2005.

方玲玲.媒介空间论[M].北京:中国传媒大学出版社,2011.

廖祥忠.数字艺术论(上)(下)[M].北京:中国广播电视出版社,2006.

黄鸣奋.互联网艺术产业[M].上海:上海世纪出版股份有限公司,学林出版社,2008.

赵勇.大众媒介与文化变迁——中国当代媒介文化的散点透视[M].北京:北京大学出版社,2010.

胡泳.另类空间——网络胡话之一[M].北京:海洋出版社,1999.

张文俊.数字新媒体概论[M].上海:复旦大学出版社,2011.

王宏,陈小申,张星剑.数字技术与新媒体传播[M].北京:中国传媒大学出版社,2010.

贾秀清,栗文清,姜娟.重构美学:数字媒体艺术本性[M].北京:中国广播电视出版社,2006.

谷时雨.多媒体艺术[M].北京:文化艺术出版社,2005.

张雷.虚拟技术的政治价值论[M].沈阳:东北大学出版社,2004.

王贞子.数字媒体叙事研究[M].北京:中国传媒大学出版社,2012.

陈玲.新媒体艺术史纲:走向整合的旅程[M].北京:清华大学出版社,2007.

金惠敏.媒介的后果[M].北京:人民出版社,2005.

德克霍夫.文化肌肤:真实社会的电子克隆[M].汪冰,译.保定:河北大学出版社,1998.

段伟文.网络空间的伦理反思[M].南京:江苏人民出版社,2002:19.

艾尔雅维茨.图像时代[M].长春:吉林人民出版社,2003.

莫斯可.数字化崇拜迷思、权利与赛博空间[M].黄典林,译.北京:北京大学出版社,2010.

尹鸿,熊澄宇.新媒体技术文化商业前景[M].北京:清华大学出版社,2005.

本雅明.机械复制时代的艺术作品[M].王才勇,译.北京:中国城市出版社,2002.

弗里林,丹尼尔斯.媒体艺术网络[M].潘自意,陈韵,译.上海:人民出版社,2014.

格劳.虚拟艺术[M].陈玲,译.北京:清华大学出版社,2007.

莫利.传媒、当代性和科技"新"的地理学[M].郭大为,译.北京:中国传媒大学出版社,2010.

格罗伊斯.揣测与媒介:媒介现象学[M].张芸,刘振英,译.南京:南京大学出版社,2014.

米肖.当代艺术的危机乌托邦的终结[M].王名南,译.北京:北京大学出版社,2013.

穆尔.赛博空间的奥赛德——走进虚拟本体论与人类学[M].麦永雄,译.桂林:广西师范大学出版社,2007.

海姆.从界面到网络空间[M].金吾伦,刘钢,译.上海:上海科技教育出版社,2000.

斯劳卡.大冲突——赛博空间的高科技对现实的威胁[M].黄锫坚,译.南昌:江西教育出版社.

陈玲.新媒体艺术史纲[M].北京:清华大学出版社,2007.

拉什,卢瑞.全球文化工业物的媒介化[M].贾新乐,译.北京:社会科学文献出版社,2010.

尼葛洛庞帝.数字化生存[M].胡泳,范海燕,译.海口:海南出版社1997.

特纳.数字乌托邦从反主流文化到赛博文化[M].张行舟,等,译.北京:电子工业出版社,2013.

斯劳卡.大冲突——赛博空间和高科技对现实的威胁[M].南昌:江西教育出版社,1999.

巴尔,埃梅里.我知道什么? 新媒体[M].张学信,译.北京:商务印书馆,2005.

米肖.当代艺术的危机——乌托邦的终结[M].王名南,译.北京:北京大学出版社,2013.

莫利.传媒、现代性和科技——"新"的地理学[M].北京:中国传媒大学出版社,2010.

伯格.理解媒介——媒介与文化研究的关键文本[M].秦洁,译.北京:清华大学出版社,2013.

穆尔.赛博空间的奥德赛:走向虚拟本体论与人类学[M].麦永雄,译.桂林:广西师范大学出版社,2007.

尼葛洛庞帝.数字化生存[M].胡泳,范海燕,译.海口:海南出版社,1997.

贾秀清.重构美学:数字媒体艺术本性[M].北京:中国广播电视出版社,2006.

格劳.虚拟艺术[M].陈玲主,译.北京:清华大学出版社,2007.

欧兮.黑客帝国与哲学[M].张向玲,译.上海:三联书店,2006.

莫斯可.数字化崇拜——迷思、权利与赛博空间[M].黄典林,译.北京:北京大学出版社,2010.

卡斯特.网络社会的崛起[M].北京:社会科学文献出版社,2001.

莱文森.新新媒介[M].何道宽,译.上海:复旦大学出版社,2012.

莱文森.软利器[M].何道宽,译.上海:复旦大学出版社,2011.

莱文森.莱文森精粹[M].何道宽,译.北京:中国人民大学出版社,2007.

舍普等.技术帝国[M].刘莉,译.北京:三联书店,1999.

特克.虚拟化身:网络世代的身份认同[M].台北:台湾远流出版公司,1998.

米切尔.比特之城[M].北京:三联书店,1999.

四、新闻与传播学类

凯尔纳.媒介奇观——当代美国社会文化透视[M].史安斌,译.北京:清华大学出版社,2003.

麦克卢汉.理解媒介——论人的延伸[M].何道宽,译.北京:商务印书馆,2000.

波斯特.第二媒介时代[M].范静哗,译.南京:南京大学出版社,2000.

莫利,罗宾斯.认同的空间——全球媒介、电子世界景观与文化边界[M].南京:南京大学出版社,2001.

曾耀农.艺术与传播[M].北京:清华大学出版社,2007.

王岳川.媒介哲学[M].郑州:河南大学出版社,2004.

麦奎尔.受众分析[M].刘燕南,李颖,杨振荣,译.北京:中国人民大学出版社,2006.

五、其他

朱良志.南画十六观[M].北京:北京大学出版社,2013.

六、主要论文文献

孙为.交互式媒体叙事研究[D].南京:南京艺术学院,2011.

魏佳.视听艺术空间的数字化重构[D].南京:南京艺术学院,2014.

胡小安.虚拟技术若干哲学问题研究[D].武汉:武汉大学,2006.

冯务中.网络环境下的虚拟与现实关系研究[D].北京:清华大学,2006.

张世英.现实·真实·虚拟[J].江海学科,2003(1).

殷正坤."虚拟"与"虚拟"生存的实践特性[J].哲学动态,2000(8).

胡敏中.论"虚拟"的哲学涵义[J].求索,2002(2).

陈志良.虚拟:人类中介系统的革命[J].中国人民大学学报,2000(4).

张之沧.第四世界论[J].学术学刊,2006(2).

高鑫.技术美学研究(下)[J].现代传播,2011(3).

杨春时.现代性空间与审美乌托邦[J].南京大学学报,2011(1).

周诗岩.框错觉:影像传媒时代空间多义性研究[J].郑州大学学报,2008(5).

黄河涛.艺术的时空结构与艺术感知[J].文艺研究,1988.

邱志勇.媒体影像、科技空间与沉浸身体之间——论新媒体艺术中的体现美学[J].时代建筑,2008(3).

孙绍谊.重新定义电影影像体感经验与电影现象学思潮[J].上海大学学报,2012(5).

周宪.图像技术与美学观念[J].文史哲,2004(5).

黄河涛.艺术的时空结构与艺术感知[J].文艺研究,1988(6).

王妍,李颖.从传统艺术的意境创生到遥在技术的虚拟现实[J].自然辩证法研究,2009(1).

柴秋霞.论数字游戏艺术的沉浸体验[J].南京艺术学院学报,2011(5).

曾仲权.身体美学的现象学研究[D].华中师范大学,2013.

赵战.新媒介视觉语言研究[D].西安美术学院,2012.

商应丽.新媒体艺术研究[D].东北师范大学,2006.

方睿,董斌.新媒体艺术交互性的时空特质[J].安徽师范大学学报(人文社会科学版),2013(3).

黄鸣奋.位置媒体:赛博文化的回归[J].现代传播,2008(5).

鲍远福.网络与新媒体艺术的时间观[J].现代视听,2007(9).

卞冬磊,张稀颖.媒介时间的来临[J].新闻与传播研究,13(1).

沈丽珍,甄峰,席广亮.解析信息社会流动空间的概念、属性与特性[J].人文地理, 2012(4).

卞冬磊.媒介时间的来临——对传播媒介塑造的时间观念之起源、形成与特征的研究 新闻与传播研究[J].2006(1).

七、英文资料

HENRI L.The production of space[M].Oxford:Blackwell,1991.

JOSEPH K.Secondary illusion:the Novel and the spatial arts[M].Spatial Form in Narrative. eds.Jeffrey R.Smitten and Ann Daghistany.Ithaca:Cornell University Press,1981.

MURRAY J H.Hamlet on the holodeck[M].New York,NY:The Free Press,1997

RYAN M L.Narrative as virtual reality:immersion and interactivity in literature and electronic media[M].Baltimore and London:The Johns Hopkins University Press,2001.

MICHAEL B.Cyberspace:first Step[M].The Cyberculters Reader,London and New York.

GIBSON W.Neuromancer[M].New York,1986.

MARTIN L,JON D,SETH G,IAIN G,KIERAN K.New media:a critical introduction.[M]. London:Routledge,Taylor& Francis Group.2003

MARTIN D,ROB K.Mapping cyberspace[M].London,2001.

BURDEA G, COIFFET P. Virtual reality technologies [M]. New York, NY: John Wiley&Sons,Inc,1994.

CHARLOTTE D. Virtual Space [M]//Space: in science, art and society. Cambridge, England:Cambridge University Press,2004.

MITCHELL, W J. City of bits: space, place, and the infobahn [M]. Cambridge Massachusetts:The MLT Press,1995.

JEAN B. Simulacra and simulation [M]. Ann Arbor: The University of Michigan Press,1995.

MARK P.The mode of information[M].Oxford:Polity Press,Basil Blackwell,1990.

CARL M. Thinking through technology: the path between engineering and philosophy[M]. Chicago: The University of Chicago Press, 1994.

JOHNSON S. Interface culture: how new technology transforms the way we create and communication[M]. San Francisco: Harper Edge, 1997.

PAUL, C. Digital art[M]. New York: Thames&Hunson (World of Art), 2003.

HOLTZMAN, S. Digital mosaic: the aesthetics of cyberspace [M]. New York: Simon&Schuster, 1997.

MORSE M. Virtualities: television, media art, and cyberculture[M]. Bloomington and Indianapolis: Indiana University Press, 1998.

BJORK S, JUSSI H. patterns in game design[M]. Boston: Charles River Media, 2004.

GREENE R. Internet art [M]. London and New York: Thames & Hudson (World of Art). 2004.

HEIM M. Virtual realism[M]. New York: Oxford University Press, 1998.

HOLTZMAN S. Digital mosaic: the aesthetic of cyberspace [M]. New York: Simon &Schuster, 1997.

KELLNER D. Media spectacle[M]. NY. Routledge. 2003.

DAVID H, et al. Routledge encyclopedia of narrative theory[M]. London and New York: Routledge, 2005.

八、网站

http://depthcore.com/高端数字艺术分享平台

http://thinkspacegallery.com/新兴艺术作品网

http://www.artslant.com/现代艺术门户网

http://www.tfaoi.com/美国艺术资源库

http://www.vangoghmuseum.nl/vgm/index.jsp?lang=nl 荷兰梵高美术馆官网

http://www.contemporaryworks.net/21世纪当代艺术摄影网

http://www.greatbuildings.com/世界建筑作品大全

http://dropr.com/多媒体艺术作品分享平台

图书在版编目(CIP)数据

新媒体环境下观看范式的重构/陈琰著.--北京:中国传媒大学出版社,2019.6
(媒介与实验·传媒艺术博士文库)
ISBN 978-7-5657-2454-1

Ⅰ.①新… Ⅱ.①陈… Ⅲ.①传播媒介—研究 Ⅳ.①G206.2

中国版本图书馆 CIP 数据核字（2019）第 035840 号

新媒体环境下观看范式的重构
XINMEITI HUANJINGXIA GUANKAN FANSHI DE CHONGGOU

著　　者	陈　琰
策划编辑	黄松毅
责任编辑	欧丽娜
责任印制	阳金洲
封面设计	拓美设计

出版发行	中国传媒大学出版社		
社　　址	北京市朝阳区定福庄东街 1 号	邮编：100024	
电　　话	86-10-65450528　65450532	传真：65779405	
网　　址	http://cucp.cuc.edu.cn		
经　　销	全国新华书店		
印　　刷	北京玺诚印务有限公司		
开　　本	670mm×970mm　1/16		
印　　张	16.75		
字　　数	240 千字		
版　　次	2019 年 6 月第 1 版		
印　　次	2019 年 6 月第 1 次印刷		
书　　号	ISBN 978-7-5657-2454-1/G・2454	定　价　78.00 元	

版权所有　　翻印必究　　印装错误　　负责调换